27675

HOMELIES
QVADRAGESIMALES
DE
MESSIRE IEAN PIERRE CAMVS, Euesque & Seigneur de Belley.

A ROVEN,
Chez la VEFVE DV BOSC, dans la Court du Palais.

M. DC. XXXVI.

A
MONSEIGNEVR
L'ILLVSTRISSIME ET
REVERENDISSIME CARDINAL
de Sourdys, Archeuesque de
Bordeaux, & Primat d'Aqui-
taine.

MONSEIGNEVR,

*Les premices, selon l'an-
cienne Loy, estoient deuës au
grand Prestre. Et ie vous consacre ces
premieres Homelies, comme à vn grand
Primat, & Archeuesque, & grand
Prestre Cardinal de la Saincte Eglise Romaine.
Les moindres Astres ont de la re-
deuance aux Planettes, vous m'estes*

á ij

EPISTRE.

vn clair Apollo. Les Anciens dedioient à ce Pere du Iour les premiers cheueux de leurs enfans : cheueux symboles des pensees : Et voicy, que comme vn autre Nazarien, ie vous apporte ces miennes Conceptions, & Productions Spirituelles.

Miennes, non, mais vostres, s'il est vray que les effects soient enfans de leur cause. Je tiens de vos mains sacrees ma mission en l'office d'Euangeliser.

Tu mihi quodcumque hoc regni est, tu Sceptra Iouemque Concilias, tu das epulis accumbere Diuûm.

Ce que i'ay, par la grace de nostre Seigneur, de facilité & d'aisance en ceste fonction, qui rompt au peuple le Pain sacré, & sucré de la Diuine Parolle : J'ay tousiours creu qu'il m'auoit esté influé par la saincteté de vostre be-

EPISTRE.

nediction, comme Israel attribuoit toutes ses felicitez aux benedictions de ses Patriarches.

Dieu opere toutes ses merueilles par benedictions, comme il appert en tant de lieux des sainctes Pages : & principalement en la conduite du Corps mystique de son Eglise, & en la dispensation de sa parole.

Permettez, comme elle est venuë en ma bouche par vos mains, que ma gratitude luy en face la recognoissance par vostre entremise, afin que sa faueur, par mesme milieu, reioigne son Principe : Il m'a communiqué ce Talent par vous, par vous qu'il en reçoiue l'apport.

Les fleuues, dit le Sage, retournent à la mer d'où ils viennent, ils en deriuent par des conduits sousterrains, ils y reuont par des Canaux surterrains, ce que i'ay receu par vous du Ciel couuertement,

EPISTRE.

que par vous ie luy rende ouuertement, protestant auec l'Apostre, que ie suis incapable de penser rien de moy, comme de moy, toute ma suffisanfance venant d'enhaut du Pere des lumieres.

Si ie vous presente les premiers fruits d'vn ieune arbre que vous auez enté & greffé par vos benedictions, que fais-ie, sinon vous rendre ce qui est vostre?

Que fais-ie sinon rapporter les rays à leur Soleil, les branches à leur tronc, les ruisseaux à leur source, les lignes à leur centre, les membres à leurs corps, les arteres à leur cœur, les accessoires à leur Principal, les consequences à leur Principe?

Platon defere tant à son maistre Socrates, que par tout il raisonne de luy, il raisonne par luy, inscriuant de son nom ses plus excellens Dialogues. Ce Payen s'esleueroit contre moy

EPISTRE.

en iugement de mescognoissance, si ie ne grauois vostre nom Tres-illustre en teste de quelqu'vn de mes ouurages, pour faire voir à la posterité, que si ie sçay ressentir les obligations que ie vous ay, ie les sçay encores retenir.

Que ie me sens plein d'heur & d'honneur, d'auoir comme vn Samuel esté enuoyé par vn tel Hely, comme vn Elisee, auec le double esprit d'vn tel Elie, comme vn Timothee par vn Prelat si Apostolique.

Du temps de nos Maieurs, le ieune Gentil-homme respectoit tousiours, comme son parain, le vieux Caualier qui luy ceignoit la premiere espee, & comment vous dois-ie honorer puis qu'il vous a pleu, comme à l'Espouse, bander mes levres d'vn ruban vermeil, & ceindre à ma langue le glaiue de l'esprit, qui est la parole de Dieu, parole plus affilee qu'vn cousteau

EPISTRE.

tranchant des deux parts, paruenant iusques à la diuision de l'ame, & de l'entendement des moëlles, & des cartilages.

Les Locrois & les Crotoniates furent demander secours aux Lacedemoniens, contre les inuasions de Phyrrus, ceux là haranguans, publioient leurs seruices rendus, ceux-cy leurs asistances receuës, ceux-cy furent asistez, ceux-là renuoyez sans aide, tant l'humilité a d'auantage sur le sourcilleux reproche : Que d'autres vous vantent leurs seruices, pour moy i'estalle mes obligations, tenant à plus de gloire de vous estre hypothequé, que si plusieurs m'estoient redeuables. Iamais rassasié de publier que vous m'auez inspiré en la face le spiracle de vie, qui m'a rendu distributeur du pain de vie, & d'intelligence.

En voicy des eschantillons, que soufmettant à vostre iudicieuse censure, ie

EPISTRE.

range aussi sous vostre protection, comme pour les abrier sous le laurier de Cesar des foudres de la Calomnie.

Il n'est ny de vostre modestie, ny de mon humeur d'estirer ceste lettre en Panegyrique, sçachant que loüer vne personne en face, pour tres-loüable qu'elle soit, c'est la toucher en la prunelle.

Ie laisse à vn stil plus releué que le mien, de soustenir le recit de ces rares & exquises perfections qui vos decorent, & sousleuent à vn degre de gloire si eminent que tout ce qu'on y peut contribuer est bien loin au dessous de vostre merite.

Disent les Encomiastes, L'vrim & Thumin, de vostre Thiare, la doctrine & la verité, les esclairs & esclats, la pieté & la suffisance, la probité, & la science, auec quoy vous remplissez de Fulgurations & coruscations, comme vn autre Moyse, ceux qui vous considerent.

EPISTRE.

Difent les Panegyriftes, les vertus heroyques defquelles vous honorez voftre charge Paftorale, qu'ils publient voftre amour enuers voftre troupeau, vos facrifices ordinaires, vos vifites exactes, frequentes & laborieufes, voftre zele incomparable, vos charitez pieufes, vos abftinences & autres aufteritez, vos deuotions & contemplations, voftre affabilité, voftre courtoifie & humanité, voftre patience, voftre courage, voftre conftance, vos pieux inftituts, vos falutaires reiglemens, vos doctes & fainctes Predications, voftre prudence qui nous a tant paru en la perilleufe conduite de ces Eftats generaux, defquels comme Pilote & Prefident vous auez tenu le gouuernail.

D'autres narrent le different de la Palme, qui eft entre vos hautes qualitez & vos infignes merites, & comme la Pourpre Royalement Sacerdotale, eft iointe dignement aux Canaux

EPISTRE.

des diuines graces que Dieu découle en vous, & par vous.

Pour moy ie me contenteray de protester à tout le monde que ie n'ay rien de plus precieux, que de me conseruer le tiltre qui me qualifie,

MONSEIGNEVR,

De voſtre S. Illuſtriſſime, &
Reuerendiſſime,

Tres humble & tres affectionné
Seruiteur, IEAN PIERRE,
Euefque de Belley.

DISCOVRS
PREAMBVLAIRE.

AV LECTEVR.

C'EST voguer sans voile, Timon, Charte, & Bouzolle, que s'embarquer à la lecture d'vn liure sans sçauoir les motifs de l'ouurier, la matiere, la forme, & la fin de l'ouurage. Moüillez donc l'anchre à ceste rade pour vn moment, mon Lecteur, mon amy, & suspendez vostre censure auant que cingler en la mer des opinions preoccupees & precipitees. Le paistrir va deuant la prouë, le iuger requiert vn preiugé, autrement *Graue praiudicium est quod iudicium non habet*. Et prenez langue des 4. causes qui ordonnent & donnent au public ces Homelies.

L'Efficiente c'est Dieu souuerain principe, d'où tout bien deriue, dont voicy *la parole qu'il a mise en mes mains, pour en estre*

au Lecteur.
dispensateur selon ma portee.

Ses inspirations ont esté les motifs qui m'ont fait *percer la muraille* des oppositions qui seront obiectees à la seule ouuerture de ce Volume.

Ce siecle est fort bizarre, & ie pressens que plusieurs iugeans sur l'etiquette du frontispice diront.

1. Qu'apres tāt d'excellens Ecclesiastes anciens & modernes, & vn millier d'Homiliaires, vouloir reietter en moule des ouurages de pareille fonte, c'est monter sur le Theatre apres Roscius, couler de l'eau en la mer, rouler des sables en Lybie, porter vn chādelle au soleil, recuire vn chou lauer vne tuille, rēplir le tonneau des Danaides, & surcharger le monde de redites.

2. Qu'escrire des sermons, requiert plus de loysir que n'en peut auoir vn Euesque, dont la charge formidable aux *espaules mesmes d'vn Ange*, est accablee de beaucoup d'autres empeschemens contraires à ce dessein.

3. Que ce n'est pas iudicieusement fait de coucher sur le papier, ce qui ne ritqu'en la bouche, que les plus celebres predicateurs par là ont perdu leur estime, pour l'extréme disparité de leur bec & de leurs ongles

Discours preambulaires

Et moy, mon cher Lecteur, comme ie subis condemnation en ces 3. veritez, ie te supplie de passer la carriere en ces trois autres.

1. Que l'aire & le grenier du Seigneur, ne sont point si pleins, le reth de S. Pierre si remply, le Gazophylace si comblé, que ie n'y puisse encores ietter vn grain, vne Sardine, & deux oboles. Ce Caresme est si court, que côme il ne chargera gueres les mains, il vuidera moins les bourses, & grossira peu les Bibliotheques.

2. Que les anciens Euesques nos deuanciers, estoient bien autant soigneux, empressez & empeschez de leurs charges que nous, & neantmoins ils ne laissoient de faire des plans racourcis, des discours plus diffus qu'ils auoient oré à leurs peuples, pourquoy si nous ne pouuôs mieux, ne roulerons nous nostre tonneau?

3. Comme i'ay peu acquis de reputation en ce diuin mestier pour mon indignité & insufffiance, i'en ay peu à perdre, ie n'ay que faire de baisser la teste pour parer à ce coup, *ie ne cherche pas icy ma gloire, mais celle de mon Maistre, & si ie plaisois au monde ie ne serois pas son seruiteur.* Si i'eusse voulu aggreer au siecle, ie me susse mieux

paré.

Vous diray-je l'encloüeure? ces gens n'ont soin ny du public, ny de ma condition, ny de ma renommee suffit qu'ils contentent leur humeur, laquelle comme vne importune gratelle leur excite vne perpetuelle demangeaison de reprendre. On ne vit iamais tant de delicats, si peu de suffisans, tant de controlleurs, & nulle mise, tant de iuges, & moins de causes.

Maiores nusquã, ronchi iuuenesq; senesque,
Et pueri nasum Rhinocerotis habent.

Pour belle que soit vne beauté, il y a tousiours quelque mais, pour bon que soit vn ouurage, il y a sans cesse du si, dictes Predicateur, qui d'entre vous va reuoir les Homelies des Peres? ô que peu! quoy donc? la Manne sera-elle insuaue aux degoustez? non: mais on a changé d'air, de façon, de procedé, nous reste bien l'estoffe de la mesme doctrine, la mode de l'employ est variee.

Ceux-cy se plaindront que quelques prescheurs ont trop de paroles & peu de suc, des autres qu'ils sont trop entassez, de ceux-là qu'ils sont trop grossiers au discours, appelleront ceux-cy confus, les

Discours preambulaires

autres trop contēplatifs & subtils, diront que ceux là font des commentaires non des harangues, que ces autres sont des beaux diseurs qui quittent les choses pour les paroles, que ceux-là ne font que repeter & sont ennuyeux à lire, voire & de ceux-cy qu'ils sont methodiques à l'antique, ce n'est iamais fait, plus de sens que de testes, plus d'opinions que d'opinans, les yeux malades contagient les sains, les palais corrompus accusent les viandes douces d'amertumes, & les liseurs reiettent leurs imperfections sur les autheurs.

Quelle pitié d'auoir affaire à tant de Momes, qui mesme trouueroient à mordre sur la Minerue d'Appelles, voire & par de là la pantouffle.

O qui pourroit à l'imitation de ce peintre, qui de toutes les beautez des dames de Grece composa sa Venus dame de toutes les beautez, aussi sur les tares des autres, former la parfaite Homelie ou le Predicateur accomply; mais ceste Idee est plus à desirer qu'a esperer comme la Republique de Plato, & l'Orateur de Cicero.

Nostre vol est bien esloigné de cét eslan-

Au Lecteur.

eslancement trop heureux ; si soldat de troupe ie me peux sauuer en la presse, & n'ayant qu'vn demy talent, du moins ne le laisser inutile, aussi n'y a-il icy aucune dragme de Rhetorisme.

II.

Car (pour venir à la 2. cause & materielle) c'est icy vn entassement de bonne foy, vn ramas & congraire pareil à la corne d'abondance poëtique, ou au grain de moustarde Euangelique, qui en peu de monstre, comprend grandement.

C'est vn consommé, vn precis, vn suc, vne quintessence alambiquee, qui en peu de mots a beaucoup de sens, i'y ay tant visé à la briefueté que i'y redoute l'obscurité.

Matiere cruë, massiue, informe *rudis indigestaque moles*, raisons, similitudes, concepts, tout pressé & serré : chaque lopin y fait son corps, & telle ligne se peut estirer en vn discours de longue haleine.

Nul fil ny agencement oratoire, pas vne digression ny dilatation, mots expressifs & energiques le plus que i'ay peu, pour peu qu'on vueille tirer le cuir on l'allongera à l'infiny : pour peu de leuain de paroles ceste paste s'esleuera &

Discours preambulaire

estendra plus qu'on ne voudra.

Sur tout, ruminez, pesez, remaschez, relisez, car autrement vous ferez peu, chargeant vostre memoire & remplissant vostre entendement de cruditez.

Reuoyez, mon Liseur, exactement les citations & sur tout les renuois, & vous trouuerez que vostre esprit s'y ouurira comme le soucy au Soleil, i'ay dit prou de choses à moitié sur l'attente de vostre diligence.

Des trois parties essentielles de l'Orateur, l'Inuention que regarde la matiere, la Disposition & Elocution qui concernent la forme, i'ay plainement & entierement laissé celle cy comme morte sur le papier, voire & peut estre indecente.

III. Pour m'arrester aux deux autres, dont premiere, quoy qu'on conte des redites de nostre siecle, comme si la nature estoit deuenue brehaigne, sera ie m'asseure par l'enuie mesme recognuë pour mienne en la plus grande part, & la seconde en tout, car quant aux deux accidentelles, l'action & la prononciatiō chacun a son escot & sa guise.

Au Lecteur.

Il me suffit (pour venir à la cause formelle) de donner vne grappe, vn épy, vne pomme de grenade, dont les grains soient proprement arangez, car à vray dire c'est à quoy ie me suis plus peiné & estudié qu'à la Methode, & à l'ordre que ie croy auoir obserué iusques à l'extréme, & religieusement, voire & peut estre superstitieusement.

C'est vn mets tout tranché, vn pain tout couppé, il ne faut que mascher, aualler, digerer, ingerer, ces morceaux sont tout partis.

Les profez sçauent combien il est plus facile ou d'inuenter entierement, ou d'adiouster aux inuentions anciennes, que d'ordonner ou reigler les choses confuses.

Dieu mesme en vn instant crea la matiere de l'Vniuers, & fut six iours à la disposer.

Les buscherons grossiers coupent les bois, les maistres menuisiers les sçauent ajencer.

Les manœuures tirent les pierres des carrieres, mais pour les façonner & mettre proprement en besogne, il n'appartient qu'aux architectes.

Discours preambulaire

I'ay esté exact à cela iusques aux pointilles, patissant tout en diuisions, sous-diuisions, voire & sous diuisions encores, ce que les chiffres dechiffreront à l'œil, & aideront à la memoire comme vne Gamme, bien dur qui n'apprendra aisément si facile leçon.

Les chefs principaux y sont diuisez en pieces, les points en lopins & morceaux, d'autres mettent leurt art à couurir l'art, i'ay mis au rebours mon industrie à le descouurir, & mettre au iour de toutes parts ; comme la maison percee de ce Romain.

Ie fournis donc la matiere en bloc & la forme principalle qui est l'ordre, laissant & renonçant tout à plat à l'accessoire de l'agencement de la polisseure, de la garbe & du fil. Ie laisse cela à la discretion de celuy qui se voudra seruir de ceste besongne, sans estouffer sa liberté dans les entraues des paroles, aussi à vray dire tout homme qui se mesle d'orer les doit auoir acquises, sinon il fait temerairement de s'ingerer au pulpite.

Il ne faut lier la bouche au bœuf qui trauaille en l'aire, il faut laisser quelque

Au Lecteur.

chosette aux glaneurs, comme Boos à Ruth, & ce contentement au Prescheur, que si vous luy subministrez les choses il puisse au moins dire les paroles siennes.

Saltem aliquid possit dicere iure suum.

Ma cause finale & le but de ma visée, a esté d'aider aux nouices, & rudes, mon pouuoir ne va que iusques à leur portee, & principalement aux pauures Curez de ce petit Diocese que Dieu m'a consigné. Si la commodité de la presse en pousse des coppies plus auant, ie crains nouuel Icare, la confusion de ma plume: toutesfois ie vole trop bas pour fondre mes aisles, à peine me leuay ie de terre ie ne fay nul essor.

Il en sera comme il plaira à N. Seigneur, *sans que ie luy reuele ma cause, il sçait mon cœur, il m'espreuue & me cognoist, il entend mes pensees de loin, voit mes pas, mes routes, & mes desseins,* & comme mon vœu n'est autre, si mieux ie ne peux, du moins d'apporter du fiens pour ameliorer sa vigne.

Ie suggere aux apprentifs la matiere & l'Art tout à nud: ce sont diamans de roche, que ie baille aux plus aduancez à tailler & polir. Ie trace le crayon, que

Discours preambulaire

d'autres y mettent les couleurs, le fonds de l'image, d'autres fourniſſent les enlumineures; le corps du tableau, d'autres y adiouſtent les croteſques & corniches des entrees, ſorties, Apoſtrophes, Proſopopees, ſaillies, figures oratoires, cadences, fleurs, digreſſions, extenſions, deſcriptions, perſuaſions, & des grands helas & exclamations, qui ſouuent ont plus de force ſur l'auditoire que les raiſons. Content de donner au iugement dequoy s'exercer, à la memoire dequoy s'employer, à la volonté dequoy ſe laiſſer perſuader par la doctrine, à l'imagination dequoy ruminer, à tout l'eſprit dequoy repenſer & faire ſes beſongnes.

Ie groſſoye qu'vn autre adouciſſe, ie baille l'eſtoffe toute taillee, qu'on y attache la broderie du langage, car à ces ornemens de beaux mots, ie n'y ay pas ſeulement voulu penſer, voire & ie les ay fuy & euité comme ceſte longuerie & languerie, de traits & d'attraits, eſtant tout à faict contraire à la ſuccincte briefueté que ie profeſſe & affecte.

Voyla mes quatre cauſes, Lecteur mon bien aymé, ſi ce liure vous eſt ou vtile ou

Au Lecteur.

agreable loüez en l'efficiente, accommodez-vous de la materielle, aydez vous de la formelle, & n'oubliez pas la finale qui est la gloire de Dieu.

Si vous estes liseur simple, seruez vous en comme de Meditations.

Si Predicateur, ô mon frere, vostre profession est grande, d'estre l'organe viuant par où la parole de Dieu passe dans les oreilles & les cœurs des hommes, faites que vostre bouche soit vn Oracle, & vostre poictrine vne fournaise de zele qui pousse vne langue ignee (doüaire sacré de l'Eglise) auec des *paroles de feu vehement & flambant*, capables *d'embraser les charbons amortis*.

Ces Homelies ne seront plus miennes, mais vostres, quand vous les sçaurez autrement ou mieux dire que moy, aussi bien sont-elles sorties tout d'vn autre air de ma bouche en la chaire.

Outre que les fidelles *n'ont qu'vn cœur & vne ame*, toutes leurs richesses notamment spirituelles, doiuent estre en communauté. *La charité est benigne & sans emulation.*

Arrosez principalement de ces sources que ie vous presente, le territoire de ce

Discours preambulaire au Lecteur.
petit parc, où Dieu m'a commis à la garde des ames qui y sont encloses Sinon enuoyez y les influences de vos prieres, qui me soulageront en ce grand faix qui m'honore en m'honorant.

Pour elles ie vous quitte toutes obligations & vains applaudissemens, & vous ne les pouuez ce me semble bonnement refuser à cet indigne Euesque, qui les vous demande, auec instance, par les entrailles de la misericorde de *Iesus*, nostre vnique & Sacré-sainct Amour.

TABLE DES HOMELIES QVADRAGESIMALES

HOMELIE I.

I. ES Cendres, I. Mercredy de Caresme, 1.
II. De l'Humilité, I. Ieudy, 15.
III. De fuyr les Errans, I. Vendredy, fol. 16.
IV. Du Ieusne, I. Dimanche, 37
V. Du Iugement Vniuersel, I. Lundy, 46
VI. Du Zele, I. Mardy, 56
VII. De la Curiosité, II. Mercredy, 67
VIII. De l'Oraison, II. Ieudy, 76
IX. De la Paralysie vicieuse, II. Vendredy, 86
X. De l'Aduancement en la Perfection, II. Dimanche, 96
XI. Du Progrez en la vertu, II. Lundy, 106
XII. De la vaine Gloire, II. Mardy, 115
XIII. Les Espines preferables aux Roses, III. Mercredy, 124

XIV.	Du Iugement particulier, III. Ieudy,	133
XV.	De la necessité de la Passion de Iesus Christ, III. Vendredy,	143
XVI.	Des playes du Peché, III. Dimanche,	150
XVII.	Du mespris de la Patrie, III. Lundy,	164
XVIII.	De la correction fraternelle, III. Mardy,	173
XIX.	De l'Hypocrisie, IV. Mercredy,	181
XX.	Des Passions desreiglees, IV. Ieudy,	191
XXI.	De la Conuersion, IV. Vendredy,	200
XXII.	De l'Aumosne, IV. Dimanche,	207
XXXIII.	De la Colere, IV. Lundy.	216
XXIV.	Du Iugement temeraire, IV. Mardy,	227
XXV.	De la Cognoissance de Dieu, V. Mercredy,	237
XXVI.	De la Mort & de l'Amour, V. Ieudy,	244
XXVII.	De la Mort d'Amour, V. Vendredy,	252
XXVIII.	De la Penitence, Dimanche de la Passion,	262
XXIX.	De la Communion, V. Lundy,	273
XXX.	De tirer profit de l'Heresie, V. Mardy,	282
XXXI.	De l'Eternité, VI. Mercredy,	292
XXXII.	La Pecheresse Penitente, VI. Ieudy,	301
XXXIII.	De la Malice de l'Heresie, VI. Vendredy,	301
XXXIV.	De la Palme de Perfection, Dimanche des Palmes,	321
XXXV.	Preambulaire de la Passion de N. Seigneur Lundy Sainct,	331
XXXVI.	I. Station au Iardin, Mardy Sainct,	340
XXXVII.	II. & III. Stations chez Anne & Cayphe,	

	Mercredy Sainct,	350
XXXVIII.	IV. & V. Stations chez Pilate & Heroaes, Ieudy Sainct,	361
XXXIX.	VI. & VII. Stations, au Pretoire & au Caluaire, Vendredy Sainct,	371
XL.	De la Resurrection de Nostre Seigneur Dimanche de Pasques,	389
XLI.	De la Recheute au Peché, Lundy de Pasques,	398
XLII.	De la Paix, Mardy de Pasques,	407

HOMELIES
QVADRAGESIMALES
DE
MESSIRE IEAN
PIERRE CAMVS
EVESQVE ET SEIGNEVR
DE BELLEY.

PREMIER MERCREDY
de Caresme;

Des Cendres.
HOMELIE I.

Memento homo quia cinis es:
Genef. 3.

E Phœnix renaissant de ses cendres tire sa vie de sa mort. Iob s'y compare en ces termes, *Ie mourray en mon nid, & comme vne Palme*, vne autre lecture porte, *& comme vn Phœnix, ie multiplieray mes iours*.   S. Am. l. 5. Hexam. c. 23. Iob. 29. Bed. li. exp. in Iob

A

Ephes. 4. L'Eglise ne desire rien tant que de voir ses enfans despoüiller le vieil homme, & reuestir le nouueau, conforme à son Espoux nostre Sauueur. Pour ce tout à l'entree du temps qu'elle a destiné à la Penitence, par vne saincte ceremonie, elle espand la cendre sur nos chefs, pour nous esperonner par la representation de nostre fin, de resusciter de la mort du peché à la vie de la grace, grace porte de ceste vie, qui ne cognoist point de mort. Ce sera autour de ce souuenir cendreux que s'employera toute cet' Homelie, sans nous esloigner d'vn seul poinct des paralelles de la cendre, où nous ferons voir que c'est vn antidote general pour extirper de nos ames ces sept vicieux monstres, qui nous rendent capitalement criminels de leze diuine Maiesté. Et cela par vn ordre si facile qu'il se manifestera clairement au progrez du tissu. Commençons.

Archimede Geometre incomparable ne demandoit qu'vn poinct hors de la terre pour enleuer toute la terre. L'Eglise, mes freres treschers, ceste femme habilemét forte, industrieuse, & domptereste du Dragon à sept cornes, ne veut qu'vn grain de cendre, qui n'est propremét qu'vn poinct pour metamorphoser les hómes, & enleuer au Ciel leur terrestreité, ce que l'œil peut remirer, & l'esprit admirer en l'extréme difference des iours d'hier & d'auiourd'huy, changement miraculeux en sa soudaineté.

Exod. 9. Contre le procedé de Moyse dont les cendres esparpilees engendroient des vlceres, & des playes, l'Eglise, douce Mere, guerit auec les siennes. Il changeoit la poussiere en moulcherós, &

celle-cy les mousches bourdonnantes d'hier és abeilles sagement mesnageres d'auiourd'huy.

Elle espanche ses cendres comme vne onction d'Aaron, qui *de nos chefs vient descouler iusques aux bords de nos vestemens*, nous rédant exterieurement modestes par vne interieure recognoissance. Psal.131.

La Panacee puluerisée estoit le remede qui rendit Æsculape si signalé, redonnant auec ceste drogue la vie aux morts, & la santé aux languissans, & ces cendres seruent d'vn Alexipharmaque souuerain contre la mortelle maladie du peché, & rendent la saincteté à l'ame polluë. C'est vn remede vniuersel applicable à toutes les vicieuses attaintes de l'esprit, ce que nous allons monstrer en detail.

Quelqu'vn est-il enflé de Superbe, qui est vne mauuaise presomption de sa propre excellence; le Paon luy fera la leçon, & luy apprendra, en voyant la poudre des pieds de son chetif corps, à ne s'endimancher des plumes de son ame. II.

La cendre est la matiere premiere de la terre, & le souuenir de nostre extraction, & de nostre resolution, nous remettra en nostre estre pur naturel, selon le iargon de la Philosophie.

Philippe luittant, & porté par terre, renoyant sa mesure imprimee dans le sable, en autant d'espace, fit-il, aboutiront toutes mes vaines pretensions, & regardant d'autre part son ombre plus grande que son corps, voila la vanité, fit-il, mais dans la poudre de la verité; *nous sommes poudre & cendre*, chante vn Poëte. *Dequoy t'enorgueillis-tu terre & cendre*, dit le Sage, *sçais tu pas que tout homme n'est que poussiere?* Eccle. 10. & 17.

Les grands, quoy qu'esclattans, ne sont que Cendre, mais Cendre purifiée comme du verre par le feu de la prosperité, mais prosperité fragile cōme du verre, *mer de verre fresle comme cristal*.

Apoc. 4.
Leuit. 3.

Les plumes des oyseaux sacrifiez estoiēt mises auec les Cendres du temps de la loy, les Monarques esleuez comme les oyseaux du Ciel ne laissent d'estre sacrifiez par la mort, & de se conuertir en Cendres, fussent-ils dans des Mausolees.

Ils ressemblent à ceste pierre d'Alexandre pesante plus qu'aucune, & la plus legere de toutes couuerte de poudre, apres la mort le Roy & le faquin sont de mesme escot, si dissemblables en la course, si semblables au but.

Le feu reduit beaucoup de bois en peu de Cédre, & ne cesse qu'il n'aye tout rongé, la mort reduit vn Roy à neant, & ne la pardonne à nul.

Et ces Cendres dont nos testes sont auiourd'huy empoudrees, sont elles pas faites de rameaux des palmes, pour signifier que la mort triomphe des triomphateurs?

Cinis est dit *à cadendo*, tous tombent sur ceste arene, les hommes vont & viennent comme les fueilles des arbres, *les Rois vont à la mort, comme la pauure tourbe*, dit quelque Poëte.

Agathocles fils d'vn potier se seruoit en poterie, pour se souuenir de son extraction, & particuliere, & de la commune des Roys auec le reste des viuans.

C'est là ceste salutaire boüe, auec laquelle le Sauueur guerit l'aueugle né, & auec cela l'Eglise ouure les yeux à ceux que l'orgueil aueugle de mescognoissance.

Ioan. 9.

C'est vne poudre mordicante, & acre auec quoy elle ronge la taye de superbe. La poudre de l'Esté est de la fange en Hyuer, l'homme n'est que vanité en sa vie, que vilité en sa mort.

La Cendre est d'vne couleur mesprisable, & le souuenir du trespas nous engendre vn sainct mespris des honneurs du monde.

Est-il bien possible qu'vne creature vile comme Cendre se reuolte par la vaine gloire contre vne si haute Maiesté que celle de Dieu? n'apprendrons-nous iamais l'humilité par le Symbole de nostre bassesse?

Vn verre plein d'eau ne s'enfle point par l'iniection de la Cendre, desenflons donc la tumeur de nostre presomption par la susception de ceste salutaire Cendre, aussi bien ne sommes-nous que *Cendre balottee du vent, nostre gloire n'est que poudre, & poudre de mort, nous ne sommes que poussiere, & retournerons en poussiere*, humilions dont nos ames en ceste poussiere. *Psal.* 17. 21.102. 1.143.

III.

Quelqu'vn est-il atteint d'enuie, ce monstre ronge-cœur, & qui fait son mal du bien d'autruy, qu'il sçache que comme les vers meurent dans la Cendre, ainsi que le souuenir de la mort fera mourir son enuie.

Ceste vipere & ce scorpion puluerisez seruiront de Theriaque à leur propre poison.

Le Corbeau ne retourne iamais en son nid quand on y a semé du verre brisé & reduit en Cendre, ni l'enuie ceste beste monstrueusement noire, en vn cœur couuert des Cendres, & apprehensions de la mort.

Il n'est rien si vil que la Cendre, on la iette

A iij

toufiours en quelque coin, & il n'eſt rien ſi vil & abieƈt que ce vice, lequel cherche les tenebres de la malignité, ayant honte de ſe decouurir, on le pourra guerir par la conſideration de ſa propre miſere.

La Cendre eſt vne matiere extrémement ſimple & eſloignee de compoſition, l'enuie au contraire eſt double, & malicieuſement contrefaire, de ſorte qu'elle ne ſe peut mieux extirper que par vne grande ſimplicité de cœur ſeparé de tout artifice.

IV. Quelqu'vn eſt-il ſubiet à la colere, qu'il face des tablettes auec noſtre Cendre, & il ne trouuera rien de meilleur contre ſa bile.

La Cendre froide eſteint le feu, & la memoire de la froide & paſle mort eſt vn tres vtile cataplaſme contre les ardantes fureurs de l'Ire.

Ceſt ancien qui entre les remedes de ce mal, ordonnoit de ſe mirer, pour le fuir par l'horrible aſpect des alterations qu'il excite en la face, outre les ſymptomes & conuulſions eſtrãges dont il renuerſe l'eſprit, deuoit faire ce miroir d'vn Chriſtal de ces Cendres pures & fines, où nous remirons auiourd'huy l'inanité de noſtre eſtre.

Quand les abeilles ſont en bataille, vne poignee de Cendres diſſipe tout leur combat. Le grand Poëte depeint ceſte meſlee excellemment, & la cataſtrophe ainſi.

Geor. l. 4.   *Hi motus animorum atque hæc certamina tanta,*
pulueris exigui iaſtu contracta quieſcent.

Le peuple qui ſembloit hier vn exaim de freſlons bruyant par des cris inſenſez, picquant par mille inſolences, eſt auiourd'huy tout accoiſé par l'iniection de cette Cendre beniste, & ses faueurs rasserenees.

Marcellinus fait mention de certaine huile incendiaire, où quelques barbares trempoient leurs dards, dont les coups excitoient vne telle inflammatió és playes des blessez, qu'elle estoit intolerable & inextinguible par tous medicaments, sinon par l'application de la Cendre: si nos forcenez duellistes, qui d'vn courroux endiablé se portent si precipitamment au coupegorge, sçauoient comme il faut se representer les horreurs de la mauuaise mort, & de ce qui la suit, ceste Cendre, ie m'asseure, refroidiroit grandement l'ardeur qui bout dans leurs veines.

Pline fait mention d'vne fontaine dont l'eau ardente ne s'esteint que par le sable qui l'enuironne, le temperament du courroux est la consideration de la mort qui nous inuestit, & qui s'auoisine autant de nous que nous poussons de respirations.

Quoy, les Empiriques auront bien trouué des pouldres pour dissoudre le calcul dans les reins, & nostre Cendre n'auroit pas le pouuoir de resoudre vne rancune? demandez le à Saül, qui pardonna à Dauid duquel il tenoit la vie, & deposa la haine mortelle qu'il luy portoit, l'appellant *plus iuste que soy*. 1. Reg. 4. V.

Si la Paresse, ce Lethargique assoupissement, ceste mort viuante, detient quelqu'vn dans ses entraues engourdies, nostre Cendre le resueillera bien, que le feu de sa viuacité soit changé en bouë, comme fut trouué celuy du Tabernacle 2. Mac. 1. au retour de la captiuité de Babylone, neant-

A iiij

moins ceste bouë se rallumera, si on l'expose aux rays du Soleil, il est impossible que celuy ne se depesche de bien faire qui a deuant les yeux la briefueté de sa vie, & la proximité de sa mort.

Il se releuera plus vigoureux comme vne Antee de l'attouchement de ceste terre nostre grande Mere.

Cesar tombé au riuage d'Affrique, *Ie te tiens*, dit il, *o Affrique*, comme en prenant la possession, *per glebæ susceptionem*.

Vn arbre sec & infructueux se rauigore & produit du fruit si on laboure & fume sa racine, le fiens de nostre abiection est vn grand esguillon pour nous exciter à faire *des fruicts dignes de penitence*.

Plin. 10. cap. 14.
Baruch. 6.

L'Aigle esueille ainsi le Cerf se perchant sur son ramage, & luy secoüant ses aisles empoudrees sur le chef, ainsi se resueillét les pecheurs, dit Baruch, *quand les yeux sont remplis de poudre*.

Ericton fils de la terre, nourry dans vne boëtte se mit bien aux champs auec Ceres, pour chercher Proserpine, & quand nous serons endormis de mille pauots que ne deuons nous faire pour retirer nostre ame auec l'aide des Sacremens des pattes de Pluton?

Helas nous ne sommes voirement que cendre, & nos Peres estoient des charbons ardens en ferueur, zele, & deuotion. *Le peuple de maintenant n'est que la cendre du pieux embrasement* de l'Eglise primitiue.

Isa. 53.

Nunc seges est vbi Troia fuit ———
At veluti segetem cum flamma furentibus Austris

Exurgit.

Ainsi que nostre lascheré deuore nostre vigueur que peussiós nous au moins ressusciter quelque flammesche de ces cendres, & renouueller ceste pristine ferueur : mais quoy Roboam ce meschant monde a fait *des boucliers de cuiure en lieu de ceux d'or, nostre or s'est noircy, nostre bonne couleur ternie, & nos faces de reluisantes comme le saphir, sont deuenuës noires comme des charbons esteints & amortis.* *Thren. 4. VI.*

Quelqu'vn est-il subiet à sa gueulle ce vice de beste, qu'il prenne le pain d'Helie *cuit sous la cendre,* le souuenir qu'il sera la viande des vers, qu'il imite le Roy Prophete, *qui mangeoit son pain comme de la cendre,* ou de la cendre pour pain, & il sera tantost purgé de gourmandise.

Que comme à tous banquets & toutes viandes nous entremettons le pain, aussi qu'à toutes nos actions, voire delicieuses (comme le squelette presidant aux festins des Egyptiens) nous ayons à entremesler la memoire de la mort. *Tren. 3. Dan. 14.*

La cendre est amere au goust, mais abstersiue, elle rend sterile la terre où elle est sursemee. *si nous mettons nostre bouche en la poudre,* la gueulle deuiendra sobre, & sterile nostre appetit.

Daniel recogneut par les cendres la fourbe des Prestres de Baal, & le peu qu'il faut à nostre cendreuse nature, tesmoigne assez l'inegalité de nostre insatiable friandise. *Exod. 30.*

Nous n'adorerons iamais le veau d'or de nostre sensualité, si par la consideration nous aualons sa misere puluerisee.

Fol celuy qui iette du bois en vn feu qu'il veut esteindre: nostre concupiscence est vne fournaise qui nous reduit en Cendre, miserable qui l'entretient.

Que di-je concupiscence, mais nous mesmes que sommes nous, sinon des arbres renuersez, disoit Platon, *des arbres cheminans, fructueux ou infructueux, automnaux, morts, arrachez*, quant au corps, & quant à l'ame, *du feu*, selon Empedocles, duquel le Poëte dit ainsi l'opinion.

Psal. 1.
Hier. 17.
Isa. 1.
Iud. 1.

Igneus est ollis vigor & cælestis origo.

De la fable de Promethee, sinon vne bluette de flamme celeste, vn souffle diuin, se faut-il esmerueiller si par ceste gloutonne chaleur naturelle est reduite en fin nostre humeur radicale en Cendre?

Sap. 2.
I. Reg. 22.
Genes. 1.

Dilapsa in cineres face.

Somme l'abstinence & la Cendre sont bessons & esclos en mesme iour, car ce fut au mesme que Dieu prohiba le fruict de science, & prononça contre Adam ceste sentence de mort qui sert de Theme à ceste Homelie. *O homme tu es poudre, & retourneras en poudre.*

Genes. 3.
VII.

Quelqu'vn est-il entaché de la luxure, vice engeance des deux precedens, car le manger est son pere, & l'oysiueté sa mere, qu'il prenne de nostre Cendre, & il recognoistra, comme dit sainct Gregoire, *que la chair n'a point de plus rude frein que la pensee de la mort.*

C'est cet Antheros qui reduit en Cendres les armes malheureuses du Cupidon.

La Cendre est tres-pure & guerira l'impureté de ce vice, & corrosiue elle rongera ses titillations; ces Cendres veulent vn cœur net, comme les Cendres des sacrifices deuoient estre mises en vn lieu tres-monde. *Leuit. 6. Num. 19.*

Ces poudres d'Iris, messagere de mort, qui nous representent de si riches considerations, & de Cyprez, arbre destiné aux funerailles, sont fort recommandees aux Dames, si elles en vouloient saupoudrer leurs perruques. *Ce sont là les poudres du parfumeur de la saincte Espouse.* C'est dans ceste poudre qu'Isaye conuie les filles de Syon de s'asseoir pour temperer leurs lasciuetez. *Cant 5. Isa. 47.*

Ces Cendres conseruent le bon feu du diuin Amour, & amortissent le pernicieux de la chair. Ce sont les Cendres du feu de Vesta consacré à la deuotion & à la chasteté. Et celle de l'herbe dite *Agnus castus*, dont ceux qui se font des oreillets sont deliurez des tentations sensuelles.

La Cendre laue les taches, la lexiue s'en fait, qui mondifie toutes ordures ; les autels en la loy Mosayque deuoient estre nettoyez auec de l'eau & des Cendres, rien ne purge tant vn corps & vn cœur, temples du sainct Esprit, & autels viuans, des soüilleures de la chair, que l'eau des pleurs meslee auec le souuenir de la mort. *Num. 4.*

Quelqu'vn est-il preuenu de l'hydropisie d'auarice, qui est vne soif inextinguible d'en auoir, qu'il pense à la petite pierre qui reduisit en poudre ce Colosse composé de diuers metaux que Nabucadnezar vit en songe : qu'il se represente le ver qui rongea le verd lierre de Ionas, & le desseicha en Cendre. *VIII. Dan. 2. Ioan. 4.*

Qu'il sçache que nostre Cendre est la poudre d'or des Chimistes spirituels, qui conuirtit *Cantic. 3.* tout en soy, l'Espoux sacré pour s'en estre empoudré la teste, elle deuint de *tres-bon or*.

Heb. 9.
Num. 19.
Les immondes estoient anciennement purgez auec les Cendres de la genisse rousse, & pour le souuenir de l'idolatrie du veau d'or, & encore pour representer qu'Adam auoit esté creé de terre rouge, ce que signifie son nom qui sonne, *vn pot de terre rousse*.

2. Cor. 4.
Et dans ces vases d'argile que nous tirons de luy, *nous portons*, dit l'Apostre, *vn grand thresor*, qui est nostre ame, de laquelle si nous auons le soin que nous deuons, cesseront bien tost les solicitudes des biens du monde.

Lesquels ressemblent à ces pommes de Gomorrhe belles & specieuses en apparence, mais qui deuiennent poudre au premier attouchement.

L'or & l'argent ne sont que poussiere, & ceux qui resuent apres ressemblent aux Geometres, qui tracent sur leur sable mille figures, qu'il ne faut qu'vn moindre vent pour effacer.

En fin sous chante à Seneque sainct Hierosme, *Celuy mesprise aisément tout, qui pense tousiours à son trespas*.

IX.
Voila comme nostre Panacee puluerisee s'applique à tous maux: des Cendres de Saule auec du vinaigre font mourir la vermine, & la consideration de la mort iointe à vne salutaire penitence, racle tout peché de nos cœurs.

Penitence dont le vray & essentiel Hieroglyphe sont ces cendres, & par consequent s'y peuuent d'vn seul traict contourner toutes ces cendreuses conceptions. Penitence & souuenir de la mort inseparables, & qui se conuertissent l'vn en l'autre par vn cercle spirituel, & vne consequence necessaire, estant vne mesme meditation de bien viure que de bien mourir.

La cendre aussi leur sert de marque & symbole cômun, Abraham, Iudith, Esther, Iob, Dauid, les filles de Hierusalem, Achab, les Niniuites en sont des exemples tous notoires.

Germanicus ayant esté empoisonné, son cœur ne peut se consommer au bucher de ses funerailles: ceux que la pensee de la mort ne peut reduire aux cendres de la penitence, sont enuironnez d'vn pestilent poison de peché, puisque comme Salemandres ils demeurent froids & comme Pyraustes durs & impenetrables aux flammes du sainct amour de Dieu, qui les appelle à la pieté & recognoissance.

Il estoit commandé en l'ancienne loy d'auoir pestrepieds fort nets pour deposer les cendres, *Exod. 26.* la penitence est ce trepied composé de ses trois parties integrantes, tout propre à tirer vtilité de ces sacrees cendres.

Nous n'aurions iamais fait non plus que les Geometres, à tracer des paralelles sur ces cendres aussi fertiles en considerations que celles que Moyse ietta en l'air pour remplir toute l'E- *Exod. 8.* gypte de mouscherons, ce sont les dents de Cadmus capables de produire de vifs effects de componction.

Sus donc que les flammes du diuin amour

nous induisent à ces Cendres salutaires de Penitence, qui est vne mort spirituelle au peché.

Imitons cest Aiglon genereux qui se brusla dans le funeste buscher de ceste fille qui l'auoit esleué, au rapport de Pline : *Si nous voulons corregner & conionyr de la gloire de Iesus, il nous faut commourir & comparir auec luy*, fussions-nous si courageux que de mourir de compassion aux pieds de la Croix, buscher triomphant de la saincte Passion.

2. Tim. 2.

Les Romains Apotheosoient leurs Empereurs, comme on peut remarquer en Herodian, auec des buschers pompeux remplis de parfums & de cassolettes, estimans envoyer leurs ames auec les demy Dieux sur les aisles de ces odoriferantes flammes, & immortaliser leurs Cendres par ces honneurs funebres: que n'exhalons-nous ainsi nos esprits dans les enseignes aromatiques de la Passion de nostre Sauueur toutes flambantes de son amour ? ô heureux buscher, nous ne meritons pas ce Mausolee par nostre ingratitude, mais du moins nouueaux Phœnix, (pour arrondir ceste Homelie dans les voltes de sa premiere comparaison) amassons des vertus odorantes & consommons nous dans la pensée de nos Cendres, & de là faisans de nostre tombe nostre berceau, renaissons en ceste penitente saison à vne meilleure vie.

Ainsi, mes freres, auons-nous fait voir 1. comme la Cendre est le remede de tous maux, & particulierement 2. des tumeurs de l'orgueil, 3. des vlceres de l'enuie, 4. des inflammations de la colere, 5. des engourdissemens de la Paresse, 6. des cruditez de la Gueule, 7. des putrefactions de la Luxure, 8. des alterations de l'Auarice, 9. que par la Penitence nous en pouuons ressusciter les flammes de l'Amour de Dieu, 10. Amour vnique, blanc de nos affections plus saines & plus sainctes.

PREMIER IEVDY.

De l'Humilité.

HOMELIE II.

Domine non sum dignus. MATTH. 8.

LA prospectiue d'vn verre triangulaire repre'ente à nostre veuë la mesme bigarreure qui decore l'Iris, & l'Euangile du Centurion que l'Eglise nous propose en ce iour estale les riches beautez de trois vertus, la foy, la charité, l'humilité qui brillent en vn monde de lustres. Mais comme en la multitude des couleurs nostre œil en a quelqu'vne plus fauorite à laquelle il s'attache, aussi nostre consideration semble plus volontiers portee à ceste derniere, mais principalle vertu d'Humilité, comme plus sortable à nostre misere. D'elle sera nostre discours, où nous verrons auec l'aide du Ciel, 1. quelle elle est, 2. sa beauté, 3. sa bonté, 4. les marques de la faulse, & 5. de la vraye,

Matth. 8.

& 6. les moyens d'acquerir ceste perle Euangelique. Ie commence.

I.
Ep. 48 & tract. de gra. hum.

Apres S. Bernard ie l'appelle *vn mespris de nostre propre excellence, & vne sincere recognoissance de nostre abiection*. Ceste definition est de deux pieces, l'vne marque ce qu'elle n'est pas, l'autre remarque ce qu'elle est. *Ainsi c'est la Vertu que de fuir le vice*, dit ce Poëte.

D'vn visage elle atterre l'orgueil, de l'autre elle s'enterre dans sa vilité, & s'enfoüit dans le fiens pour fructifier d'auantage.

Pareille aux Israëlites qui combattoient d'vne main, & bastissoient de l'autre.

Elle a deux yeux, de l'vn elle voit le mal, & le fuit, de l'autre le bien, & le suit; d'vn seul de ces yeux l'espoux de l'ame humble, se sent blessé, que sera-ce si elle les ouure tous deux? ce ne seront qu'embrasemens, que transports, aussi le

Cant. 4. mesme mot qui dit *vulnerasti*, porte en la paraphrase *auulsisti cor meum*, l'vn elle le ferme au monde, l'autre elle l'ouure à son bien aimé, contente que son espoux caché voye seul ses cachettes.

Ie te veux faire, dit le sainct Amant, *des lamproyettes d'or surchargees de vermisseaux d'argent.*

Cant. 1. Ainsi faut il tourner à lettre, d'autres lisent *des templettes*, autres & plus commodément *des pendans d'oreille*, ou plustost des aneaux retors pour attacher aux oreilles, & iceux emaillez d'argent: quelle nouue le Ephemerie de couurir l'or auec de l'argent? enseignement que l'or de la vanité, ou si vous le voulez prendre en bien, de la charité, doit estre couuert de l'humilité.

Les chevrons de nostre maison, dit l'Amante sacree, *sont de Cedre, & le lambris de Cypres*, Il n'est celuy qui ne sçache que le Cedre est plus precieux que cet arbre lugubre & sans senteur, neantmoins il cache l'autre pareille conception qui nous enseigne à couurir l'excellence du manteau de la deneantise.

L'escorce conserue & nourrit l'arbre de la vie des fueilles, la gentillesse des fleurs, le suc des fruicts, & ces fruicts se conseruent sous les fueilles, & s'ils tombent verds, se meurissent sous la paille. Tout cela monstre comme l'humilité est la gardienne tutrice & conseruatrice de toutes les autres vertus.

Elle les ramasse & esleue comme la geline les poussins sous ses aisles.

Elle est representee par les courtines & les voiles du tabernacle, *par les tabernacles de Cedar* Cant. 1. *& les peaux de Salomon*, laide au dehors, belle au dedans, & qui recelle mille threfors & choses precieuses, & sainctes.

II.

Que si elle est laide, comment pretendons nous parler de sa beauté ? Et commét de son excellence si elle est *vn mespris d'excellence?* ouy elle ne laisse d'estre excellemment belle en effect, bien que l'apparence semble monstrer le contraire.

Ne regardez pas que ie suis brune (dit ceste saincte Cant. 1. 2. espouse) dont la bassesse a agreé au Tres-haut, car pourtant ie ne laisse d'estre belle, *& le Seigneur a regardé à l'humilité de sa seruante, pour faire choses* Luc. 2. *grandes en elle.*

La violette basse & sombre exhale vne odeur

B

plus suaue que beaucoup de fleurs plus releuees en couleur.

L'Humilité est ceste Dame de Chio, qui rit & pleure en mesme temps, & comme l'Esclante pierre crasseuse par le dehors, mais toute brillante au dedans.

Le verny & la vermouleure la decorent, comme les pieces antiques qui se recommandent, voire par leur roüille.

Les coffres ferrez & laids, ont plustost les riches thresors que les layettes dorees.

Cant. 1. *Nostre lict est tout flory*, dit l'Espouse en son Cantique: vne autre lecture, *est obscur & sombre, condensus*, l'Humilité couchette delicieuse de l'Espoux, ne laisse d'estre florissante, quoy qu'elle ne paroisse gueres: *en tenebres*, dit sainct Iob, *Iob. 17. i'ay estendu mon grabat; i'ay dit à la pourriture, tu es mon pere, & aux vers, vous estes ma mere & ma sœur*, paroles d'extréme humiliation.

Vous estes belle de tout poinct, dit l'Espoux, nombrant les perfections d'vne ame pure, qui *Cant. 1.* luy respond soudain, *mais c'est vous qui estes beau mon bien aimé & agreable*. Comme luy disant, c'est de vous, vnique Soleil de mes yeux, que comme vne Lune i'emprunte tout ce que i'ay de splendeur, car il ne repugne point à l'humilité de recognoistre en nous les graces qu'y a logees sa liberale magnificence.

Psal. 130. Seigneur, chante le Prophete Roy, *mon cœur n'est point enflé, ny mes yeux esleuez, ie ne chemine point en choses grandes, ni n'estime de moy rien de merueilleux, ie suis seulement comme l'enfant qui pend à la mamelle, dont la vie despend de sa mere*: ainsi tout ce qu est de bien en moy, est de vous, à vous, par vous, & pour vous.

Les estoilles du plus haut ciel n'esclipsent iamais, & quoy que bien plus grandes que la Lune, paroissent beaucoup moindres, plus les humbles semblent raualez, plus ils sont releuez, & ils ne perdent iamais la diuine grace.

Ceste vertu est le poinct Geometrique, qui n'estant rien, est le fondement de tout.

C'est le principe sur lequel tourne toute la science du bien & du mal.

Les petites choses ont leurs excellences, l'Agathe de Pyrrhus qui representoit tant de personnes en si peu d'espace, la nauire de Myrmecides, à qui l'aisle d'vne mousche pouuoit donner l'abry, sont autant recommandables que celuy qui ne vouloit former d'Athos qu'vn Alexandre.

Vos ioües, dit l'Espoux, *sont pareilles à l'entr'ouuer-* Cant. 6. *ture d'vne pomme de grenade*, dont l'escorce est laide, mais couronnee, excellence de la bassesse de nostre humilité, *sans ce qui est caché au dedans*, qui sont des grains luisans comme des rubis, symbole de la charité, qui se plaist sous le manteau de l'abiection. Somme, comme ce Rheteur ancien attribuoit toutes les parties de l'eloquence à la prononciation, aussi pouuons nous plus iustement attacher à l'humilité toutes les parties de la perfection Chrestienne.

Aug. ep. 56.

Mais que dirons des vtilitez qui la rendent bonne, sinon en gros, que ce qu'est le fondement en l'edifice, la racine à l'arbre, le pied au corps, la base à la statuë, la substãce à l'accident, la matiere à la forme, le pilotis au soubassement,

III.

c'est l'humilité l'amoncellage des vertus.

Bern. l. de Consid.

C'est vn fonds de terre si gras & fertille, dit vn Pere de l'Eglise, qu'il produit au centuple.

C'est la pomme des valees, dont l'Espouse fait tant d'estat en son Cantique, qui ne croist qu'en lieu bas.

La terre centre du monde, image de l'humilité, centre du neant, est la plus feconde de tous les elemens, la mere nourrice des animaux, du sein de laquelle tous les alimens sortent, c'est le plinthe, le soustien, & comme le pivot de l'Vniuers, dites cela de l'humilité source des perfections, qui decorent l'ame du microcosme.

C'est le leuain de la paste des vertus, c'est la pierre Philosophale, qui couertit en or le plomb de l'infidelité du Centurion, c'est celle qui par la cognoissance de l'homme, l'a mené à la cognoissance de Dieu.

C'est ce grain de moustarde Euangelique, qui de si petit deuient si grand en peu de temps, qui escrasé, espand vne si puissante force.

C'est vn fonds grossier, mais capable de soustenir vne broderie de perles & de brocatel, & propre à releuer l'esclat des vertus plus brillantes, par sa sombre couleur.

Elle est la fourriere du Ciel, & pour nous y introduire, & pour nous y placer, *il faut entrer par vn guichet*, & pourtant s'abaisser, & nous n'aurós autre rang là haut, que celuy que par elle nous nous serons preparé çà bas.

C'est vn flambeau amorty, mais fumant, qui attire à soy la diuine flamme, la sacree Vierge n'a pas plustost dit, *Voila la seruante du Seigneur,* aussi tost le Verbe, *qui est vn son consommant*, descend dans ses entrailles comme la flamme dans le buisson de Moyse, & comme la rosee dans la toison de Gedeon.

Aussi est elle ceste belle *vergette de fumee qui* Cantic. 3. *monte du desert, composee de mille parfums*, & toute ame humble attire à soy la grace sur ceste fumee d'humblesse, comme elle a attiré à soy l'autheur de la grace.

C'est le lin fumant que le Seigneur n'esteint point, Isa. 42. ains l'allume de son Amour, ains le comble de ses faueurs. *Voy tu*, disoit il à vn prophete, *comme Achab est humilié deuant moy, comment le punirois-ie?* les Niniuites s'humilient, les voila exaucez, *Car il regarde l'oraison des humbles, & ne desdaigne iamais leurs prieres.* Quelle vtilité donc plus grande que d'attirer à soy par ceste vertu toute sorte de bien, & courber le Ciel sous la terre.

Celuy qui se rauale de son rang par elle entend ceste voix, *l'amy montez plus haut*, car les *derniers en terre, seront les premiers au Ciel.*

Sans humilité les autres vertus tournent en ruine, dit vn Pere ancien sur le suiect des Vierges folles, à qui faute d'Humilité la Virginité ne seruit de rien.

Mais à quelle marque cognoistrons-nous la bonne d'auec tant de fausses & trompeuses Humilitez qui l'enuironnent? comme l'on fait l'or au son, car s'il tinte trop haut il est faux, s'il sonne bas il est de franc alloy.

Il est des Humilitez qui se rampent à la Vanité par vne fausse porte, & de tant plus aysement que traistreusement.

Ces hypocrites vont au faiste & pinacle du temple de Salomon par vn degré estroit fait en forme de vis tournoyante, visans à l'ambition par souplesses & destours biaisez.

Ce sont des Gyrosols, ou de ces arbres de l'Isle Thylos, qui n'espanoüissent leurs fueilles qu'au Soleil de la veuë du monde, parois reblanchies, temples d'Egypte, ruisseaux sineux qui vont à la mer en serpentant.

Le Vautour rouë aux enuirons de la Colombe, & quand on pense qu'il s'en escarte, il fond dessus tout à coup pour en faire sa proye, plusieurs prennent la gloire, faisans semblant de la refuser. Ils fuyent l'ombre à dessein, afin qu'elle les suiue.

Michol habilla vne statuë des vestemens de Dauid, & les gens de Saül y furent trompez, tous ceux qui portent l'humilité sur le front, ne l'ont pas tousiours dans le cœur.

Les voulez vous tous voir, ces petits mots affetez d'humilité par mode d'agencemét en sont vn grand indice, ils sont esguisez comme dards pour enfoncer les cœurs, & à guise de la Galathee du grand Poëte, ils iettent ces pommes & s'enfuyent pour se faire voir en se cachant.

Sauteurs qui reculent pour se lancer plus auant, danseurs qui frappent la terre pour s'esleuer, balons qui se poussent contre le sol pour rebondir; archers qui arrierent l'arc pour darder la flesche, artificieux qui se font desirer par ce crespe, & qui par ces descoupeures monstrent le lustre fastueux du fond de leurs ames.

Au contraire la vraye Humilité aime le silence, fuyt de se produire, cerche la solitude, craint de paroistre, & si elle osoit feindre, elle le feroit pour se receler.

C'est vne manne cachee, qui recueillie comme il faut, à vn móde de gousts & de douceurs.

C'est vne perle close en vne couche qui vient en des lieux escartez, & qui ne se paist que de la rosee du Ciel, non des flots de la mer.

C'est le baston creux remply d'or, que Brutus contrefaisant l'Insensé, presenta au temple Delphique.

C'est le froment qui ne produit & fructifie que pourry & aneanty dans les sillons de la terre.

C'est ceste Colomne des Israëlites de feu dans les tenebres de l'interieur des nuees, dans le iour de l'exterieur.

Pour empescher que l'escriture fraische ne s'efface, on la couure de sable, & pour empescher que le malin ne racle nostre bonne œuure, il la faut cacher sous la tutelle de l'humilité.

Ainsi Iob faisoit, lequel *redoutoit Dieu en toutes ses œuures*, mesme és bonnes, sçachant que mesme les actions de lumiere qui partent de nous, sont tenebreuses, exposees à la splendeur de la diuine Iustice.

Et disparoissent comme les estoilles au leuer du Soleil.

Le Cerf cache son bois quand il tombe, parce qu'il est precieux, & les animaux sauuages tiēnét leurs repaires & retraites les plus incogneuës qu'ils peuuét: noº deuōs mettre nos thresors spi-

B iiij

rituels à l'abry dans l'humilité, non comme Ezechias pour les euenter, les perdre.

S. Bernard deschargea le cilice pour vn temps quand il sceut qu'on luy auoit descouuert.

Les spirituels qui comme chasseurs expers, recerchent ce bel ornement de l'ame, notent encores d'autres indices, comme, 1. confesser souuent, 2. ne repliquer aux iniures, 3. exercer librement les plus vils offices, 4. auoir les yeux abaissez, 5. pardonner de bon cœur, 6. se defier de soy-mesme, & maintes autres bluettes de ceste lumiere occulte.

IV. Et que sert d'en mettre en appatit, si nous n'ouurons le pas pour nous en mettre en possession? ou si nous ne voulons courir le sort de Talante?

Empoignez ce 1. moyen de repenser à vostre neant, duquel vous venez, où vous estes, & où vous retournez, *nostre substance est vn rien, tout homme viuant est vne vanité vniuerselle.*

Pensez que les bons yeux, comme on dit de ceux de Tybere, voyent dans les tenebres de ce cachot de la deneantise. Est-il possible que ce qui n'est rien vueille estre quelque chose? ô homme, tien toy en ton centre.

Les yeux enfoncez voyent de loin, & toy verras choses hautes du puits profód de l'humilité.

Prens pour 2. preceptes de recognoistre que le mal que tu as est purement tien, & le bien purement à Dieu, tu n'es que depositaire du thresor du Prince: feroit-il beau voir vn Tresorier faire le richard de l'argent du Roy, & le braue des richesses qui ne sont pas à luy? qu'as tu que *tu n'ayes receu*, *& si tu l'as receu, dequoy te peux tu glorifier?*

En 3. lieu. Cache-toy, c'eſt vn grand precepte que les Payens meſmes ont recogneu pour ſouuerain en l'art de Viure.

Si tu vas trop paré, tu irrites les larrons, & les conuies à te deſtrouſſer. Noſtre Seigneur ſe cacha pour ſe transfigurer.

Veux tu attirer à toy la miſericorde de Dieu comme vn mandiant? monſtre luy ta miſere. Le Publicain par là ſurmonta le Phariſien.

4. *Deſtourne tes yeux de la vanité*, & bouche les *Pſal.* 18. oreilles à ces Syrenes pipeuſes de la preſomptiõ & de l'amour propre, oppoſez-y l'humilité comme l'Aigle la pierre Ætites mortelle au Serpẽt à l'entree de ſon nid pour conſeruer ſa couuee.

En 5. inſtance. Imitez celuy qui vous dit, *ap-* *Cant.* 3. *prenez de moy que ie ſuis doux & humble de cœur* (pource s'appelle-il *Lys des valees*) qui eſtant plus que tout, s'eſt *aneanty ſoy-meſme iuſques à la mort de la Croix*.

Reueſtons-nous doncques, mes bien aimez, de ceſte belle vertu, comme de la robbe du grand Preſtre, mettans ſous nos pieds les grenades couronnes de noſtre propre excellence, & les clochettes tintantes de la vaine gloire.

Et remarquons que tout ce que nous auons aduancé ſe ramaſſe comme les rays ſolaires dans vn creux miroir en ces paroles dorees du Centurion, *Seigneur, ie ne ſuis pas digne que vous entriez chez moy*: car voyez comme eſtant hõme de grand commandement il meſpriſe ſa qualité, & recognoiſt ſõ indignité: qu'il ſe releue par ſon raualement, & tefmoigne la beauté de fon ame, proteftant fa baffeffe.

Que cefte humilité luy fait entheriner fa requefte, mefme auec eloge.

Il fe cache dans fon neant, & fon abiection luy fait redouter vne fi honorable vifite.

Il protefte qu'vne *feule parole de* N. S. peut tout grande foy declaree *pour la plus fignalee d'Ifraël*, par l'Oracle de la viue voix de N. S.

Suiuie de fa grande Charité enuers fon Page malade, & reciproquee de celle de Iefus, qui luy donna la guerifon. Admirons ces merueilles: mais que cefte admiration ne demeure pas oifiue, ains qu'elle nous preffe à l'imitation, que fi vous defirez vous informer plus amplement de cefte vertu que nous auós ià nommee, confultez le renuoy de cefte marge, & vous y trouuerez des materiaux pour maintes Homelies.

L. 17. des Diuerfi- teZ, l. 1.

PREMIER VENDREDY.

De fuyr les Errans.

HOMELIE III.

Diligite inimicos veftros. MATT. 5.

Matth. 5.

L'Aymant attire le fer, finon qu'il foit frotté d'ail, & l'ambre toutes fortes de pailles, finó celles de l'herbe dite ferpentine. L'Amour de noftre cœur doit eftre appliqué indifferemment à tous nos prochains, & comme vne Arche de Noé embraffer les animaux mondes & immondes, amis & ennemis, c'eft ce que commande l'Euangile, aimez vos ennemis, ouy nos ennemis, mais nõ les ennemis de Dieu, tels que font ceux qui font cachez, & touchez de l'ail & de la serpentine d'infidelité, d'Apostasie & d'heresie. C'est ce que nous pretendons mõstrer en ce discours, faisant voir 1. comme nous pouuons hayr les *Errans* d'vne haine parfaicte, & 2. sommes obligez de les fuyr, si nous voulons conseruer nostre foy en sa pureté & perfection. Venons.

I. Quand Dieu nous commande d'authorité absoluë, marquee en ces mots, *ego autem*, d'aimer nos ennemis, il n'as pas dit, aimez mes ennemis, car quel enfant bien né pourrot affectionner les contrarians de son pere celeste, & les ennemis coniurez de l'Eglise nostre Mere celestement terrestre? & c'est icy le nœud essentiel de la difference qui est entre nos ennemis, & les ennemis de Dieu: car nous sommes autant obligez de fuyr & hayr ceux-cy, comme de rechercher & aimer ceux-là, si *nous voulons estre fils de nostre Pere, & parfaits comme luy.*

Or puis que nostre constitution nous a sequestrez d'vn long espace d'auec les Turcs, Payens, & autres infidelles, tournons nostre stille contre les Heretiques, qui font comme la zizanie semez parmy nous iusques au iour de la grande moisson, & monstrons par authoritez, & puis par raisons, comme il nous est permis de les hayr; Et de mesme commandé, & recommandé de les fuyr, tant par l'authorité, que par la raison.

N'est il pas escrit *que l'impie sera hay & son iniquité? Seigneur, ne hayssez-vous pas tous ceux qui font iniquité?* Dauid ne declare-il pas qu'il a en hayne les iniques, parce qu'il ayme la loy de Dieu. Dit-il pas *qu'il les hait d'vne haine parfaite, & qu'ils sont faits ses ennemis?* Chante-il pas *qu'en vn matin il destruisoit tous les pecheurs de la terre, pour exterminer de la Cité du Seigneur tous ceux qui œuuroient iniquité?* Dit-il pas *qu'il seichoit de zele contre les ennemis de Dieu?*

Psal. 118.

Dieu mesme ne declare-il pas à son peuple *qu'il sera ennemy de ses ennemis* les idolatres, pour le conuier à la reception? Dit-il pas qu'il luy aidera à destruire *l'Amorrheen, l'Hetheen, le Phereseen, le Chananeen, l'Heueen, le Iebuseen?* Deffend-il pas estroitement à Israël de ne s'allier auec les peuples estrangers?

Exod. 23.

Exod. 34.

Quelle entiere destruction fit-il faire à Saül d'Amalec? le peché d'Acham qui s'estoit reserué quelque morceau de despoüilles, comment l'irrita-il?

Comment se courrouça il de l'accord fait auec les Gabaonites, quoy que frauduleusement extorqué de Iosué?

Doncques, *Exurge Deus in præcepto quod mandasti, & synagoga populorum circundabit te.* Comment voudriez-vous, Seigneur, que nous aimassions les Heretiques vos ennemis obstinez, puis que vous mesmes les hayssez? Si nous deuons aimer tous les hommes en vous, comment aimerons nous ceux-cy qui n'y sont pas, *vrays enfans du diable, & qui ne vous peuuent auoir pour pere, puis que l'Eglise vostre Espouse n'est pas leur Mere?*

11. Quelle raison pourroit accorder *la lumiere auec les tenebres, Christ auec Belial?*

Ceux qui font ployer le Ciel sous les reigles de

la terre, ne sçauent pas que la terre ne peut rien sans les influences du Ciel, c'est voguer sans Tramontane, & contre le vent & maree.

C'est vouloir ioindre le feu auec l'eau, les brebis auec les loups, que de temperer les creances antipathiques. *Odisse placuit ignibus iunges aquas* auant que les lier, *Lupis & agnis quanta sortito obtigit, tanta nostra discordia est.* Le Chaos de separation est trop spatieux pour ajuster ses extremitez.

Le proteste de tout Catholique, est celuy-là mesme qu'Asdrubal fit iurer sur les autels à Hannibal, de ne s'accorder iamais auec les Romains, rejetton des cendres de ceste amante desesperee qui disoit:

Exoriare aliquis nostris ex ossibus vltor,   Æneid. 4.
Qui face Dardanios ferroque sequare colonos, &c.
Aussi quelle amitié se peut ioindre entre ceux qui ne veulent aucune communication ensemble, ny en ce monde, ny en l'autre?

Le bulcher d'Eteocle & Polinice se separa bien, Ismaël & Isaac ne pouuoient durer ensemble, Esaü & Iacob s'entrepoussoient dans les flancs de leur mere, presage de leur future auersion.

Les cordes faites de boyaux de loup ne peuuent iamais faire de Symphonie auec celles qui sont faites d'entrailles de brebis.

Ny les plumes d'Aigle deuorantes se peuuent associer auec celles des autres oyseaux.

Voire, & ne remarquez-vous pas que les oyseaux du iour hayssent ceux de la nuict, & sont incompatibles ensemble?

Les Abeilles en veulent aux Freslons.

Ignauum fucos pecus à præsepibus arcent.
Nous n'auons que faire de ceux qui sont de dehors, *quid nobis de his qui foris sunt? Foris canes*, autrement nous serions contraints de dire auec le Poëte.

Iungentur iam Gryphes equis, auoque sequenti
Cum canibus timidi venient ad pocula Damæ.

Nous pouuons tolerer ceste bigarreure qui nous meslange, non l'approuuer, Dieu permet bien le mal, mais ne le veut pas.

Le Firmament de l'Eglise) *erit firmamentum in terra, in summis montium, &c.*) *sepate les eaux des eaux*, les surcelestes de la verité d'auec les souscelestes du mensonge, les sources viues *reiallissantes à l'immortalité*, d'auec les eaux relantes des *cisternes creuassees de l'erreur.*

Non coÿtuntur Iudæi Samaritanis. Et s'estonnoit ceste femme comme N. S. estant Iuif, luy demandoit à boire.

Ioan. 4.

Renforçons ceste haine par preceptes.

Iean le bien aimé du Sauueur deffend tout court, *de ne saluer point ceux qui ont autre creance que nous, de peur de communiquer à leurs œuures malignes.* Sainct Paul à Timothee: *Euite les discours prophanes & vains, car ils aduancent fort l'impieté, & se glissent comme chancres.* Ce que Vincent de Lerinx entend des colloques auec les Heretiques. *Euitez les* fait il, *comme des viperes, des Scorpions, des Basilics, qu'il ne faut ny voir, ny approcher, ils sont prophanes, & hors le Temple de Dieu.*

V. li. 30. des Diuers. c. 1.

Ioan. ep. 2.
1. Tim. 2.
Adu. pro. hær. noui.

III. La fuite est annexee à ceste Haine, comme la consequence à son principe. Or elle nous est commandee d'authorité. *Euite*, dit

Sainct Paul, *l'heretique, apres deux corrections, sça-* Tit. 3. *chant qu'il est peruerty, & qu'il peche, condamné par son iugement propre.* Surquoy S. Hierosme, *si on fuit les pecheurs infames comme adulteres, homicides, fornicateurs, parce qu'ils sont detestez par l'Eglise, combien deuons nous plus fuir ceux qui d'eux mesmes se sequestrent de l'Eglise?*

S. Cyprian, *Declinons puissamment, & rigide-* Epist. ad *ment, mes freres, toutes paroles auec eux, nul commer-* Cornel. *ce, nul conuiue, nul pour parler, soyons autant separez d'eux, qu'ils le sont de l'Eglise.*

S. Augustin, *fuyez les Heretiques de peur qu'ils ne* Epist. 62. *pipent les petits & infirmes.*

S. Leon, *Euitez leur colloques viperins, n'ayez rien* Serm. de *de commun auec eux, ils ne vous peuuent que nuire.* pass. Dom.

Chacun sçait les exemples de S. Iean, & de Iren. l. 3. son disciple sainct Policarpe. cap. 3.

Le grand S. Antoine ne parla iamais aux he- S. Athan. retiques de son temps vn mot de douceur, & in eius laissa par testament, mourāt, à ses freres l'exem- Vita. ple de sa haine, & de sa fuite contre les Arriens, auec vne singuliere recommandation.

S. Hilaire disoit que les Arriens luy sembloiēt autant de diables.

S. Hierosme leur acre persecuteur, se glorifie l. contra de ne leur auoir iamais rien pardōné, mais d'a- Auxent. uoir tousiours eu pour ennemis les ennemis de l'Eglise. Et en quelque Epistre il congratule S. l. 1. in Pel. Augustin, de ce que par ses trauaux il auoit acquis la haine des Heretiques.

L'Extrauagāte, *Ad euitanda*, deffend sous peine d'excommunication de participer auec ceux qui sont notoiremēt excōmuniez, tels qu'on ne peut doubter estre les Heretiques ouuerts.

IV. Ie sçay que tous les Docteurs (pour passer de ces authoritez & exemples aux raisons) distinguent les lieux, & exceptent de ceste rigoureuse obseruance ceux où la *Necessité de la loy*, ou plustost *la loy de la necessité* tient le haut bout.

Mais encores aurions nous à desirer qu'ils nous distinguassent ceste *Necessité*, commodément, ce me semble, *en absoluë*, & *de bien-seance*. car comme s'estimerois ceux là exempts de censure qui frequentent auec les errans par ceste premiere, aussi n'estimerois-ie pas ceux là du tout nets de coulpe, qui ne rabattroient pas vn poinct de *Conuenance*, pour se destourner de leur conuersation, quand elle n'est aucunement necessaire.

Nous sommes si soigneux de nous destourner d'vn chemin fangeux de peur de crotter nos habits, & ne daignerons-nous faire vn peu de destour pour conseruer nos oreilles nettes de la saleté, qui se contracte en la querelleuse conuersation des Pretendans?

C'est icy où la palme gist en la fuitte, non au conteste, nous vaincrons comme les Parthes, en reculant.

Daphné fuyant les sales embrassemens d'Appollo deuient Laurier, arbre de triomphe, & de victoire.

La Loy qui nous cõmande de les tolerer parmy nous, ne nous enioint pas de les frequenter, au cõtraire, elle nous admonneste *de ne leur dire mot*. Elle leur permet *de viure en la liberté de leur erreur*, & ne nous interdit pas de viure en *la seuerité*

seuerité de noſtre rigueur. Iamais nos Superieurs n'ont bracqué les canons de leur pouuoir contre les Canons de l'Egliſe.

Imitons le Rhoſne qui trauerſe le lac de Geneue, ſans meſler ſon eau auec celle de ce Palus, coulons doucement, *expectantes beatam ſpem* de la reünion tant deſiree des Errans, mais ſans participer à leur contagion.

Non plus qu'Alphee, fleuue doux aux amertumes de la mer Erithree qu'il perce.

Suiuons le cours du vent & de la maree, & comme celuy qui eſt dans vn nauire fuyons ſans bouger.

Quoy? nous-nous pouuons bien fuir nous meſmes, ou nous rechercher, ſans pour cela deſtruire noſtre compoſition, & pourquoy non viure auec d'autres ſans frequentation? *& Vſer de ce monde comme n'en vſant point auſſi bien ſa figure paſſe.*

On a bien trouué le moyen de ſeparer le miel de la cire ſans gaſter ny l'vn ny l'autre. *Le precieux du vil, le grain de la paille*, voire, & le vin ià meſlé auec l'eau ſans rien perdre. Le pere de famille ſouffre il pas *Tantam creſcere vſq; ad meſſem?* Mais auant que faire le pain, le crible les ſepare.

Le pain qui nous nourrit eſt diuers, *& nous auons vn autel duquel ne peuuent manger ceux de la Synagogue.*

Les animaux ou quadrupedes, ou volatilles, ne l'attroupent qu'à ceux de leur eſpece, & ne laiſſent pourtant d'habiter la terre, ou les airs en communauté. Chacun doit chercher ſon ſem-

C

blable, & ne s'aggreger qu'auec ceux de sa creance.

Cantic. 5. *Vos yeux* (dit l'Espoux à sa bien-aimee) *ressemblent à ceux d'vne Colombe lauee de laict, & qui habite pres des ruisseaux.* Ce doux net & craintif animal se plaist proche des eaux, afin de se sauuer si tost qu'il y apperçoit de bien loin l'image de l'Espreuier, qui rouë pour le surprendre. L'ame fidelle doit estre fort circonspecte, & aduiser sagement aux aguets & embusches que luy dressent les ennemis de la foy.

Les Errans sont du naturel des Cocodrilles, qui suiuent ceux qui les fuyent, ils reuiendront quand on ne les recherchera pas.

Comment donc les regagner, si nous les fuyons & hayssons? c'est le vray moyen; il les faut hayr d'vne haine mortelle, c'est à dire, qui puisse mourir en nous, quand l'erreur mourra en eux.

Licinius, Consul Romain, ne voulut capituler auec Perseus, que premier il ne se fust rendu au peuple Romain, nous nous conuertirons à eux quand ils seront conuertis à nous, on les instruira, quand ils croiront, car il faut croire auant que sçauoir.

Les monstres si frequents en Afrique s'engendrent, dit Pline: de l'informe accouplage des diuers animaux qui s'assemblēt aux abreuuoirs qui sont rares en ceste chaude contree, & l'extrauagance des creances fantastques qui rouient entant de cerueaux qui se donent loy de pastisser leur foy selon leur caprice, ne vient que de cefte racine de la hantife des Errans, du libertinage, de la difpute, & de la multiplication des conteftes.

Quantes ames deuiennent raualees comme les brebis de Iacob, à l'afpect de la baguette bigarree de noftre police?

Neantmoins comme l'apprehenfion du Deluge faifoit contenir paifiblement en l'Arche les animaux farouches auec les manfuets, ainfi le fouuenir de nos miferes nous doit retenir dans les termes de la modeftie, gardans nos loix municipales, les plus fpecieufes qu'aye peu inuenter l'humaine infirmité. Ou

Nat Lupus inter oues fuluos velut Vnda Leones, qui ne peut ce qu'il veut, doit vouloir ce qu'il peut.

Voguans comme les deux pots de la fable, vn peu efloignez tout ira mieux.

Les Cieux fi differens en Spheres, & en mouuemens naturels, vont toutesfois enfemble, celuy du premier mobile qui les traine.

——— *quò fata trahunt retrahuntque fequamur.*
Neantmoins tenans le timon droict, & en bonace, & en tempefte, euitons le rencontre des bancs & efcueils.

En l'embroüillement du Chaos tout eftoit en confufion.

Frigida pugnabant calidis, humentia ficcis.
Mais fans deftruction par vne douce & mediocree temperature.

Hanc Deus & melior litem natura diremit.
Les Elemens font diuifez en lieu, & qualitez difcordantes, qui ne laiffent neantmoins de s'accorder en la compofition des corps mixtes,

C ij

voire & leur separation congregee, & leur congregation ramassee, c'est l'harmonie de l'Vniuers.

Isa. 5.
Eccl. 24.
Psal. 51.

L'huile ne se mesle iamais auec aucune liqueur, le fidelle *qui est la Vigne plantee au coing des Oliuiers, voire vne oliue specieuse & fructueuse*, ne se peut associer auec aucun sectaire.

Voila donc comme nous auons monstré, 1. la haine de l'Heretique estre conuenable par authorité, & 2. par raison, & 3. la fuite necessaire, par authoritez, 4. par raisons. Nostre S. comande

Matt. 18. que *celuy qui ne voudra entendre l'Eglise nous soit comme vn Ethnique & vn Publicain.*

Fuyons dóc, mes freres, les Errans comme des lepreux, separez de l'Eglise, comme ceux-ci sont sequestrez de la conuersation des viuans.

Fuyons leurs paroles scandaleuses, & leurs contestes, comme les abeilles les puanteurs des charongnes, & les resonnemens des Echos.

Que s'il faut aimer quelque chose en eux, que ce soit (selon la distinction commune des Maistres quand ils traitent de la dilection des propres ennemis) la nature non la coulpe, l'Errant non l'erreur, non ce qu'ils sont, mais ce qu'ils peuuent estre, non leur auersion, mais leur conuersion, prions & crions, non pour leur ruine, mais pour l'abolition de leur doctrine.

Bons Medecins destruisons la maladie, non les malades; traitons-les, non auec Passion, mais Compassion.

l. 17. des Diuersitez cap. 1.

Et quant à l'amour de nos ennemis particuliers, nous en traitons ailleurs copieusement.

PREMIER DIMANCHE
de Caresme.

Du Ieufne.

HOMELIE IV.

Et cùm ieiunasset quadraginta diebus.

L'Athlete Polychronius, celuy dont la roide luitte remporta tant de Palmes Olympiques, tout au rebours des autres qui s'engraissoient : & se gorgeoient de viandes pour le fortifier, prit la sobrieté pour mere de sa vigueur, & nourrice de sa force. Le Chrestien dont la vie est *vne milice & colluctation*, doit prendre le Ieusne pour son armure contre tous assauts & tentations, à l'imitation de nostre Seigneur, qui enseigne vne authentique leçon en cet Euangile, où se voit la description de son Ieusne, & de sa victoire contre les illusions de Satan. D'où nous prendrons occasion de traicter du Ieusne, 1. disant ce que c'est, puis monstrans comme il est, 2. honneste, 3. profitable, & 4. delicieux. Ie viens. *Matt. 4.*
V. 1. Cor.

Le Ieusne donc, mes bien-aimez, n'est pas seulement vne frugale parsimonie, retranchant les superfluitez, comme s'imagine l'heretique de France; mais c'est vne abstinence plus seuere, qui regarde la qualité ou quantité des viandes, soit pour obeyr aux preceptes de l'Eglise, ou pour mater nostre chair, ou pour nous rendre agreable à Dieu.

Ceste saincte vertu d'abstinence dont le Ieusne est l'acte, consume en vn mesme temps, & les mauuaises mœurs de l'esprit, & les malignes humeurs du corps, plusieurs auec son aide ont trouué la santé ensemble, & la sainctété.

Se renouuelans à guise des serpens qui beent affamez au Soleil, apres auoir despoüillé leur vieille peau.

Qualis vbi in lucem coluber mala gramina pastus,
Iam positis nouus exuuiis nitidusque iuuenta,
Arduus ad Solem linguis micat ore trisulcis.

La bellette en la fable, estant entree en vn celier par vn petit pertuis, s'estant trop engraissee y pensa demeurer prisonniere, si l'abstinence auec sa premiere forme, ne luy eust rendu la liberté.

Macra cauum repetes arctum quod macra petisti.

Certes si le Iesune n'estoit autre chose qu'Abstinence simple, nous serions en cela de communauté auec les bestes, qui en leur viure ordinaire vsent d'vne beaucoup plus grande temperature que non pas nous.

Sa commune distinction est en General, Philosophique, Ecclesiastique, Celuy là est l'Abstinence vniuerselle des vices, dont parle Dieu en

Isa. 48. Isaye. *Le Iesune qui me plaist le plus, est que tu quittes toute iniquité, & tous les liens d'iniquité.*

Le second est ceste Temperance, qui a rendu tant de Sages anciens si recommandables, comme Socrates, qui ayant patienté longuement la soif, tiroit plusieurs seaux d'eau, & les versoit auant que boire.

Le troisiéme est celuy que nous pratiquons, mes freres, en ce temps de nostre Saincte Quarantaine, à l'imitation de N. S. Iesus Christ, comme aussi és autres iours commandez par nostre Mere l'Eglise.

Or n'est-il pas grandement honneste à des enfans bien naiz de suiure les traces vertueuses de leur pere, mesme pressez par les exhortations & ordonnances de leur Mere?

Quel honneur reuint à la victorieuse & triomphante Iudith, qui par son Ieusne merita de remporter vn si signalé trophee que la teste du Tyran, & la deliurance du peuple? aussi luy chantoit-on à son retour, *Tu es la gloire de Hierusalem, la liesse d'Israël, & l'honneur du peuple.*

Quel à Esther, qui par le sien trouua grace deuant Assuerus, & accoisa ses indignations contre la gent Hebraïque?

Quel à Moyse, dont le Ieusne de quarante iours preambulaire, & figuratif de celuy de nostre Seigneur luy acquit tant de credit vers Dieu, que de meriter de parler à luy familierement, & frequemment, rapportant de ces Colloques vne face esclattante, & resplendissante: en sorte que les Israëlites n'en pouuoient supporter la lueur.

Vertu Angelique, qui mesprisant les alimens de la terre ne se paist que de rosee du Ciel, & de la Manne sacree, & sucree des inspirations du tres-Haut.

Daniel & ses compagnons acquierent auec le ieusne des beautez Angeliques, & surpassantes beaucoup les visages des autres enfans, qui furent nourris des mesmes viandes dont vsoit le Roy.

Que les Dames donc qui preferent souuent la beauté à la bonté, n'ayent pas peur de perdre leur embon-poinct par ceste vertu, ny de ternir les roses de leurs ioües, si elles ieusnent de bon cœur, nul preiudice en reuiendra à leurs corps.

Midrach, Sidrach, & Abdenago, ces iouuenceaux ieusneurs surmontoient par ceste vertu les ardeurs de l'horrible fournaise de Babylone, dont les flammes s'esleuoient iusques à la hauteur de quarante-neuf coudees, le feu voulut ieusner de leurs corps côme leurs corps auoient ieusné des viandes. Et sa nature deuorante s'abstint de consommer ces abstinens. Spirituellement aussi les flammes des concupiscences ne deuorent iamais les ieusneurs.

La Baleine ieusna-elle pas de Ionas qui alloit prescher de la part de Dieu le Ieusne & la Penitence aux Niniuites? Et combien honorable, & puissant fut ce Ieusne, qui appaisa le courroux de Dieu, qui d'ailleurs estoit en termes de ruiner apres quarante iours ceste grande & fameuse Cité?

Le Ieusne, mes tres-chers, est ce chariot leger & flambant, qui enleua Elie dans le Paradis terrestre.

C'est luy qui a rendu dans les deserts sainct Iean Baptiste si signalé, c'est luy qui a rendu l'Euangeliste en Pathmos, capable de voir tant de secrets mysteres qui sont couchez, mais cachez en son admirable Apocalypse.

Bellerophon, content les Poëtes, à l'ayde d'vn cheual aislé, surmonta la Chimere, ce monstre bizarre en sa triple composition. *Tel est en verité nostre Seigneur* au combat de cet Euangile, où auec le Ieusne (ceste vertu qui donne des aisles legeres au cheual de nostre corps) il terrasse les triples illusions & malicieuses propositions du monstre infernal.

—— *cui nomina mille,*
Mille nocendi artes. ——

O quelle splendeur en reuient, mesmes à nos corps, de pratiquer ceste saincte vertu d'Abstinence, dissipant ces nuages qui offusquent l'ame au dedans de soy.

Elle les rend comme des verres de cristal nets & bien rincez, dás lesquels elle brille & paroist auec vne viuacité fort grāde. Et de mesme comme la chandelle en vne lanterne desgraissee.

Gedeon (pour passer dans l'Vtile) ayant fait casser les cruches à ses soldats, espouuenta l'ost de Madian, par les lumieres qui en rayonnerent: quand les corps sont froissez & mattez par le ieusne, il en sort vne honorable splendeur, & en reüssit vne tres vtile victoire contre le diable, le siecle & la chair.

III.

Les corps, aussi bien que disoit Heraclite des esprits, sont les meilleurs qui sont les plus secs, les humiditez & cruditez des repletions n'engendrent que des corruptions & des maladies.

Nostre chair est vne ennemie que nous ne pouuons vaincre que par la sappe, la mine, & en luy retranchant par vn raisonnable assiegement le passage des viures.

Les cœurs souuent aussi bien que les corps se guerissent par la diette.

Les Catharres, selon le son du mot, sont des fluxions intemperees & nuisibles, qui ne se peuuent mieux guerir que par asseicher, ny mieux asseicher que par abstinence, le cerueau semble dire *desine infundere, desinam effundere.*

Ostez le bois du feu, il sera soudainement assoupy & esteinct, le corps affoibly renforce l'ame qui se rauigore par la debilité de ce sien andabatte. *Car la mortification du corps est la viuification de l'esprit.*

Les vases vuides sont aisez à esleuer en haut, & les esprits à enleuer, *dont les corps ne sont aggrauez de viandes*, *somno vinoque sepulta.* C'est dans ces vaisseaux vuides que se multiplie abondamment l'huile des diuines graces, & où elle ne defaut iamais.

Manne cachee, de laquelle on ne peut apperceuoir les proprietez que par l'experience, & qui ne nous est inspiree du Ciel, qu'après auoir consommé par vn sainct rebut toutes les farines des faux plaisirs.

Vn nauire deschargé cingle plus legerement en mer, & eschappe plus aisément des naufrages. *Et ceux qui humilient leurs ames en ieusnes,* euadent plus facilement les orages de l'ire de Dieu.

Le Soleil ne dissipe point les brouïllards du grand monde, comme ceste resplandissante vertu, les fumees, & vapeurs du petit.

Les terres humides & marescageuses n'engendrent que des crapaux, serpens, & putrefactions, telle est la gourmandise, sentine de tous vices & immondicitez, deffaut dont le ieusne est le coupe gorge.

La saliue de l'homme à ieun tuë le serpent, disent les Naturalistes, & le ieusne est Alexipharmaque souuerain contre tous les pechez de nostre chair.

C'est ceste pierre retranchee de la montagne qui brise & reduit en poudre tout l'amoncelage bigarré de ce Colosse fantasque que Nabucadnezar vit en sa resuerie. *La vanité en est humiliee, la chair changee & affoiblie*, l'auarice insatiable accoisee, toutes les tentations dissipees.

C'est le vray Moly, qui fait esuanoüir tous les prestiges de la Volupté, ceste enchanteresse Circé qui methamorphose les hommes en bestes irraisonnables.

C'est vn Cataplasme profitable pour rafraischir les inflammations du Mont gibel de nostre concupiscence.

Que dis-ie? mais c'est vn defficatoire tres-propre pour nous rendre susceptibles des flammes, mais des flammes du diuin amour, car comme le feu prend volontiers en des matieres seiches & arides, aussi fait le feu diuin és cœurs des ieusneurs.

Ainsi le feu du Ciel s'esprit miraculeusement au sacrifice des chairs mortifiees de Gedeon. *Iud. 6.*

Il n'est point de besoin que la raison & la science s'estende d'auantage en la demonstration des profits qui reuiennent du Ieufne, puis que l'experience la maistresse des plus rudes en rend les effects si recogneus par la pratique.

IV. Mais est-il bien possible, me direz vous, que l'austerité soit delicieuse, le retranchement agreable, & la souffrance plaisante? Tres possible, mes enfans, & ce n'est point vn paradoxe, mais vne tres-essentielle verité.

Demandez à Denis Tyran de Syracuse, s'il ne prefera pas les sobres banquets de Platon aux excessiues delices de sa table, ayant soupé petitement chez ce Philosophe, & s'en trouuant plus dispos le lendemain, *chez Platon*, dit il, *on ne soupe pas tant pour le present que pour le futur.*

Alexandre ce grand Prince, pouuoit bien disner deux fois s'il eust bien voulu, il pouuoit accepter les friandises que luy enuoyoit la Royne de Carie, & les Cuisiniers que Ptolomee luy mādoit, dōt les saupicquets estoiēt capables de faire ronger les doigts, mais il respondit que la meilleure sauce estoit l'appetit, que les Confitures estoient indignes d'vn homme, & que ses deux plus friands Cuisiniers estoient le trauail & le ieusne, capables de transformer le pain plus endurcy en des gousts fort delicieux.

Ce Cuisinier de Lacedemone ne peut iamais faire en Perse le bon brouët noir des souppes Spartaines, parce, disoit-il, que les violens exercices qui se faisoient iouxte la riuiere d'Eurote y manquoient.

Epimenide trouuoit vne oliue excellente, parce qu'il ne mangeoit que cela par iour, &

se baignoit en ceste parsimonie.

Socrate deschargé de ses fers, apres auoir aualé la Ciguë, prend plaisir à se gratter la iambe deliurée de ses entraues, comme la volupté en son plus haut poinct à quelque espece de douleur; aussi à la douleur extréme quelque sorte de delice, ce a est visible aux pasmez.

Que sera-ce donc si l'ame par abstinence du corps vient à estre renduë plus apte à sauourer les choses spirituelles? ô que les porreaux de l'Egypte du monde luy seront à contre cœur, si vne fois elle taste de ce Man.

Iob hurloit quand il luy falloit manger, & S. Bernard ploroit quand il luy conuenoit repaistre son corps allant au repas du refectoir, comme les indeuots aux disciplines du Chapitre.

Les vapeurs plus pures sont celles que le Soleil attire plus legerement.

Le corps & l'ame sont deux bassinets qui s'esleuent ou abaissent selon la depression, ou surhaussement de l'vn ou de l'autre.

Le ieusne est le frein, le gouuernail, & le sceptre auec lequel l'ame maintient sa regence, & son Empire sur le corps.

Il fait bon voir en l'Homelie que S. Chrysostome escrit du ieusne, comment il paranymphe & pytonise les sainctes delices, qui se trouuent en ce pieux exercice, l'appellant le printemps de l'ame, & le despeignant en bouche d'or.

Et de vray, comme les beaux iours sont ceux où le Soleil dominât chasse les nuages de l'air, illumine la terre & la tapisse de verdure, de fleurs, & de fruicts, tels sont ceux des ieusnes en l'ame &

qui la defcrient de nettes contemplations de fleurs de bons defirs, de verdeur, de lieffe, & de fruicts de bonnes œuures.

Sus donc, *freres foyez fobres & vigilans* (car l'abftinence, & les veilles pieufes s'entrembraffent) *d'autant que voftre aduerfaire le diable comme vn Lyon rugiffant rode pour vous deuorer* (& il vous efpargnera, fi vous ieufnez, comme les Lyons firent le ieufneur Daniel en la foffe) *auquel refiftez fermes en la foy*, à l'imitation de noftre Seigneur, duquel vous auez vn fi riche patrõ en l'Euangile.

Vous auez ouy, 1 que c'eſt du ieufne, 2. fes honneurs, 3. fes profits, 4. fes plaifirs, Dieu nous doint la pratique de cefte Theorie.

PREMIER LVNDY.
Du Iugement vniuerfel.
HOMELIE V.

Congregabuntur ante eum omnes gentes.
MATTH. 25.

BAldezzar mourut d'effroy, ayant leu le iugement de fon extermination efcrit par vne main miraculeufe en vne muraille. Et n'eſtes vo9 point tranfis d'eſtonnemét quand vous auez ouy la trompe efpouuentable du Iugement vniuerfel qui a retenti en l'Euangile qui vous a efté leu és facrez myſteres. Matiere de feu capable d'amollir ce fiecle de fer, & de purger la roüille, & fcorie de ce dernier aage. C'eſt icy où les Rheteurs defployent les reffors de leur eloquence, & efclattent les refonnemés de leurs plus violentes perfuafions, nous trop foibles trompettes pour fouſtenir vn fi puiffant fuiet cõtentõs nous de traiter humblement, & à la sourdine, 1. quád sera ce iour affreux, *cùm venerit*, 2. quel Iuge, *filius hominis*, 3. quelle l'assemblee, *cōgregabuntur ante eum omnes gentes*, 4. l'ouuerture des consciences: serrans dans ces bornes estroits, ce discours illimité.

Esse quoque in fatis reminiscitur & afore tempus,
Quo mare, quo tellus, conuexaque regia cœli
Ardeat, & mundi moles operosa laboret.

Ce Poëte fait honte à l'Aristote qui s'est imaginé ce monde auoir esté sans principe & deuoir estre sans fin.

Plus ridicule encore l'opinion de ceux qui ont pensé que ceste grande machine auoit bien eu commencement, mais qu'elle ne finiroit iamais car cela repugne à la lumiere naturelle.

Et par trop curieuse aussi la recherche de ceux qui profondans les secrets *que Dieu a reserué en son sein*, s'alembiquent l'esprit pour deuiner plustost que sçauoir quand sera ce grand iour final, iuge de tous les iours de la duree du monde.

Plusieurs donnent 6000. ans de cours au Megalocosme, & attribuent autát de iours à sa vie, que d'instans à sa creation, & font ces iours de mille ans, *mille anni ante oculos Dei tamquam dies*.

Et il semble que le 6. sceau de ce liure mystique de l'Apocalypse, tesmoigne representer ceste dissolution. *Apoc. 5.*

Aucuns prennent garde à la decadence de la Nature, & disent qu'elle est en son extréme decrepitude, que tous ses iours sont Critiques, & ses annees Climacteriques.

Qu'elle soit fort vsee, vieille & proche de son

trespas il est tout visible, bien que la mort soit par l'incertitude de son heure aussi proche du ieune que du vieux, si est-elle infailliblement tres-voisine au vieillard, ou par nature, ou par accident.

Disons vray, toutes ces côiectures ne font que tournoyer autour du bout, *c'est en vouloir sçauoir plus que nostre Seigneur, qui comme fils de l'homme, declare qu'il ne sçait pas, & qu'il n'est pas expedient de sçauoir le temps & le moment de ce iour.*

Lequel viendra sans doute à l'improuiste comme le deluge, comme l'embrasement de Sodome, & comme vn larron de nuict.

Nous sçauons de plus, *que les iours en faueur des esleus seront plustost abregez qu'allongez. Que veniens veniet, & non tardabit, ecce venit citò.*

Sainct Paul & sainct Iean Apostres, ià desia de leur temps publioient cet aduenement comme fort voisin. Tirons de l'ignorance de ce iour vn soin continuel de bien faire en tous ceux de nostre vie.

Et demandons à Dieu ce que Philippides à Philippus, plustost sa grace que ses secrets.

II. Nous en aurons grand besoin quand en ce grand iour des vniuerselles assises, il faudra côparoistre deuant la redoutable face de ce Iuge inflexible, & qui vengera exemplairement le sang de sa Passion.

2. Æneid. *Hei mihi qualis erit, quantum mutatus ab illo Hectore, &c.*

Il n'aura plus des bras emmaillotez en des drappeaux, ou cramponnez en vne Croix, mais des mains foudroyantes, armees de mille carreaux

reaux des tempestes.

Ce sera lors que ce Iupin descendra icy bas, non plus en pluye d'or, comme en son Incarnation, mais comme enfant du tonnerre pour accrauanter Semelé.

Ce sera lors que le pauure Mardochee sera esleué en Roy.

Que Daniel tiré de la fosse, regnera sur les Satrapes.

Que Ioseph osté de la Cisterne, gouuernera toute l'Egypte.

Ce sera lors que ce Tamerlan, la terreur du monde; cet Attilla le fleau de Dieu, ce Xerxes la terreur de la terre, ce Scandeberg vn foudre de guerre, espouuentera si fort tout l'vniuers que les colomnes des Cieux crouleront deuant sa face.

Il aura depesché en moins de rien, nouueau Cesar, il pourra arborer en son triomphe : *Ie suis venu, i'ay veu, i'ay vaincu.*

Son trosne comme celuy de Salomon, sera entouré de Lyonceaux executeurs de sa seuere, & impardonnante iustice, leur nombre est inombrable & passent *les milliers de millions.*

C'est icy que Bersabee que la Royne du Midy, qu'Ester, c'est à dire la Vierge, s'inclinera & adorera deuant ce puissamment iuste Salomon, ce redoutable Assuere.

Il sera assis sur les Cherubins, sera porté sur les aisles des vents, l'arc en ciel signe de paix aux bons, & de guerre à outrance aux peruers; sera le marchepied de son lict de Iustice.

Les sieges qui seront là autour departis &

D

la sacree Vierge, aux saincts Apostres, & à ceux *qui auront tout quitté icy bas pour suiure* les traces de cet Agneau seront autant disproportion‑nez, qu'il y a peu de conference entre le Createur, & les Creatures, ils y collauderont & approuueront ses arrests, comme assesseurs, ainsi qu'icy bas ils ont esté coadiuteurs de ses souf‑frances.

O Iuifs, vous verrez celuy que vous auez crucifié.

Si encore vous pouuez supporter les esclairs de ses yeux courroucez, vous qui ne pouuiez regarder la face lumineuse & douce de Moyse.

C'est Ioseph vostre frere, que vous auez vendu, tran‑sissez-vous point d'effroy?

O beau Soleil, que vous serez gracieux aux Aigles, qu'insupportable aux hiboux!

Beaux Anges, comme les estoilles, vous l'ac‑compagnerez, *& omnes Angeli eius cum eo*, qui ne craindra de tels soldats?

Il n'en faut qu'vn pour debeller tout vn ost: tesmoin celuy de Sennacherib

Que de milliers de premiers nez passent sous le glaiue d'vn seul.

Que di-ie? il n'en faut qu'vn pour rouler la plus vaste Sphere des Cieux, & y seruir d'intel‑ligence motrice.

Que ferons-nous à cet Holopherne, qui fera ployer sous le poids de ses armees l'vn & l'autre Element?

O Croix, bien-heureux qui te suiura en ceste vie pour se ranger lors hardiment sous ton estendart.

Bien-heureux qui sera marqué de ce *Tau le*

signe du fils de l'homme.

Oriflambe salutaire qui protege ceux qui se rangent à toy, que ie sois de ta banderolle, sois tu à iamais grauee au plus profond de mon cœur.

Verge d'Aaron soyez florissante, *& de direction* pour moy, nullement verge de fureur.

Ce sera le glaiue de Goliath de la mort, remporté par le victorieux Dauid, & conserué dans l'Ephod de sa prouidence.

Ce sacré bois arrosé du sang de l'Agneau sera miraculeusement recueilly, ramassé, & conserué de l'embrasement vniuersel, & comme ressuscité par le ministere des Anges.

Qui auront aussi (nostre 3. poinct) la charge de sonner la resurrection. sainct Hierosme, pasmé icy au seul penser de ceste trompe Archangelique, & en perd le repas, & le repos.

Que ne tresbuchez vous à ce son murailles de mes pechez qui me diuisez de mon Dieu, puis que les fondemens du monde (Mystique Hiericho) croulent *à l'esclat de ceste sommante, & sonnante trompette?*

III.

Ce brisement de l'Vniuers, cet embrasement, ceste cruche froissee, ceste lampe d'ardeur, ceste trompe horrible à l'imitation de Gedeon, rompront-ils point l'armee des Madianites, i'entens la multitude de mes maudites imperfections.

Mais que di-ie, renuerser? ce son edifie, car voila qu'à ceste iussion tous ressuscitent, nouuel Amphion qui rebastissez en sonnant.

Voila les os que vit le Prophete Ezechiel qui *Ezec.* 37. reprennent la chair & la vie.

Voila que la poudre touchee de la verge de la Croix, engendre non plus des moufcherons, mais des hommes ouy encore des moufcherons & qui voleront à la lumiere, *rapiemur obuiam Chrifto in aëra*, & d'autres qui comme Pyrauftes voleront dans les eternelles flammes.

Voila que les grains de nos corps enterrez par les fepultures germeront de nouueau.

Quoy? Pompee frappant la terre du pied fe iacte en faire fortir des hommes pour tefmoigner fa creance.

A Neptune, difent les Poëtes,

Fudit equum tellus magno percuffa tridente.

Les dents femees par Cadmus deuiendront gens d'armes, & hommes, les pierres iettees par Deucalion, & le Dieu de verité & de toute puiffance ne pourroit fufciter des Enfans *à Abraham auec des pierres*, non que refaire ce qui a ià efté? Ce myftere eft trop affermy par la foy, pour fe mettre en quefte de preuues.

L. 6. des Diuerfi- teZ cap. 6. Mais las en quelle difference reffufciteront ces corps? *Omnes quidem refurgemus, fed non omnes immutabimur.* Ie laiffe à dire les qualitez des corps glorieux, dequoy ie parle ailleurs bien au long. Quant à ceux des damnez il y a plufieurs queftions fubtiles que i'abandonne à l'efchole, mais ils feront fi miferables que cela a fait prendre trop cruement à quelques vns ce mot du Pfalmifte, *non refurgent impij in Iudicio*. Car ils ne reffufciteront, c'eft à dire, fe releueront finon *vt lapsu grauiore ruant*, non qu'en verité ils ne reſſuſcitent, mais ce ſera pour remourir d'vne immortelle mort.

La terre nouuelle Rebecca, produira & des Iacobs eſleus, & des Eſaüs reprouuez.

Icy l'eſchanſon de Pharaon ſauué, là le panetier damné, ſortans d'vne meſme geolle.

Les deux boucs, les deux paſſereaux de ſacrifices anciens, les vns tuez, les autres laiſſez en vie. Vaſes d'honneur icy & d'ignominie, de là & tout de meſme terre.

Ce ſera vous, ô grand regiſtre des conſciences, qui par voſtre ouuerture cauſerez ceſte difference. Ce ſera lors que le clair flambeau du monde chaſſera les ombres des actions plus cachees en la nuict de ceſte vie. *Illuminabit abſcon-* Luc. 12. *dita tenebrarum, & reuelabit conſilia cordium, nil occultum quod non ſciatur.*

IV.

L'eſcriture de l'Allun ne paroiſt que chauffee, le feu de la conſommation du monde fera paroiſtre maints caracteres incogneus & auparauant inuiſibles.

Lors nos pechez plus occultes, nous ſeront plus apparens que le iour, *illumina oculos meos & conſiderabo mirabilia*. Les mouuemens plus ſimples, les intentions informes, les affections preſque imperceptibles ſeront deſuoilees.

Ce ſera le grand liure de l'Agneau, tant de mort que de vie, eſcrit dedans & dehors. Et ceſte peau de Iuppin appellee Diphtere par les Poëtes, où ils s'imaginoient qu'il eſcriuoit tous les deportemens humains qui contiendra fidellement toutes ces choses.

Là se verront toutes les bonnes & mauuaises actions des bons, comme aussi des peruers, mais auec vn succez tout dissemblable, car ceux là beniront la misericorde diuine au pardon de leurs offences, & les autres, *comme geans gemiront sous les eaux* de la Iustice, ceux là magnifieront la diuine bonté és pieuses actions qu'ils auront œuurée, & les autres auront vn creue-cœur intolerable de n'auoir perseueré au bien.

Car de questionner icy comme font quelques scolastics, si les pechez confessez se descouuriront lors, *puis qu'ils sont plongez au profond de la mer que Dieu proteste de ne s'en souuenir plus, qu'estans confessez & remis.* Il n'est plus lieu de les rappeller en memoire, cela me semble superflu, puis que ceste chose contingente n'apporte aucune vtilité en sa determination.

Comme il en soit, *tout coopere en bien à ceux qui sont bons*, aux meschans *le ver* du bourellement interieur *ne doit iamais mourir*.

La Confession tourne le peché en gloire, & fait que *nous loüons Dieu en nos infirmitez*. Car comme nous deshonorons Dieu en pechant, aussi le plus grand tribut d'honneur que nous luy puissions rendre, *est de confesser contre nous nostre iniustice deuant luy*, & luy dire auec le prodigue, *I'ay peché deuant le ciel & contre vous*.

Qui est celuy qui ne loüe pluftost la penitence de la Magdaleine que de blasmer ses pechez & les larmes de sainct Pierre, pluftost que son reniement.

Les gestes de sainct Paul conuerty, sont haut loüez, ses persecutions de l'Eglise enseuelies.

Nostre Seigneur reprend le Pharisien, qui appelloit la Penitence pecheresse. Quelle ioye aux Saincts qui ont esté pecheurs, comme Dauid, le bon Larron, sainct Augustin, de dire *fecit nobis magna qui potens est, videte quanta fecit animæ nostræ, quia confirmata est super nos misericordia eius.*

Mais quelle confusion & vergongne insupportable sera-ce aux peruers, de voir eschafaudees sur le Theatre du monde vniuersel tant de honteuses imaginations qui leur faisoient horreur seulement à penser.

O traistres Architophels, irez vous point vous pendre de desespoir & de honte, plustost que de comparoistre deuant ce Roy victorieux, *dont le courroux est plus formidable que le rugissement de mille Lyons*, ouy ce vous sera encores vn soulagement de vous precipiter & aller cacher dans les enfers.

Mais il n'y a icy ny poison, ny aspics, ny cousteaux, pour enleuer la vie à ces Mitridates, à ces Cleopatres, à ces Brutes, & les exempter de ce Triomphe du Iuge souuerain des viuans & des morts.

Preoccupons, mes freres, *sa face en confession*, puis que ce Sacrement sera si aduantageux pour nostre salut, voire nostre gloire en ceste iournee.

Et recueillez de ce discours, 1. l'incertitude de ce iour dernier, 2. la Maiesté du Iuge, 3. la generalle resurrection, 4. l'ouuerture des cõsciences,

Si vous auez sa crainte, ie vous signifie que vous recourriez à la Penitence pour fuir les flesches de son art.

PREMIER MARDY.
Du Zele.
HOMELIE VI.

Eiiciebat ementes & vendentes. MATT. 21.

LEs vents sousterrains reclus pour vn temps en ces cachots, esclattent en fin par de terribles terre-trembles. Le Zele de nostre Seigneur retenu tousiours dans la Mansuetude, fait cesser auiourd'huy en chassant d'vne force extraordinaire les maquignons du temple. *Ce que voyans ses*

Matt. 21.   *Disciples, se souuindrent de ce qui est escrit, le Zele de*
Marc. 11.   *ta maison me deuore.* Surquoy nous traiterons, 1.
Ioan. 2.   de la nature du Zele, 2. de ses qualitez, 3. de ses
serm. 18.   fruicts, & 4. de son acquisition. Matiere profi-
in Ps. 118.   table, mes bien aimez, en ce siecle de fer & de grace, entendez.

Le Zele, à parler proprement, n'est qu'vn effect, selon S. Augustin, *dont l'Amour est la cause.*

I.   C'est comme la flamme de ce feu. C'est la cresme de ce laict. Si l'Amour est vn bouton, le Zele en est la fleur, si vne exhalaison, s'en est la vapeur si vne substance, s'en est la plus subtile essence. Si vn traict, le Zele en est la pointe, si vn glaiue, s'en est le trenchant & le fil, si vn Soleil, s'en est le rayon, si vn diamát, s'en est le lustre, si vne rose, s'en est l'odeur, si du vin, *meliores sunt amores tui vino*, le Zele en est la mere goutte. Si du moust *mustum malorum granatorum*, le zele en est l'ebullition. En fin, si l'Amour vole, c'est auec l'aisle du Zele.

Or comme l'Amour est double, aussi le zele bon ou mauuais. Quelquefois il est pris pour enuie & malignité, comme aux lieux qui bordent ceste marge. a

D'autrefois il est pris en bien, comme quand sainct Paul dit, *æmulamini χαρίματα meliora.* En ce sens, c'est vne belle vertu par laquelle nous sommes esguillonnez à imiter, voire, & surmonter les perfections que nous prisons en autruy. S. Paul appelle cela *ialouser le bien en bien.*

Ou bien ce mot designe vne indignation conceuë contre ce qui contrarie à ce que nous aimons, soit createur, soit creatures. Tel le zele de nostre Seigneur en ce texte, & celuy des Corinthiens pour sainct Paul.

Quant au nom de Zele, il est metaphorique, tiré de ceste colere amoureuse, ou de cet amour fieureux, qui possede les mariez, ombragez de leurs femmes, que l'on nomme ialoux, qui est proprement vn amour malade, excessif, violent, furieux, aueugle, frenetique, les vrayes pasle couleurs de l'Esprit.

Et Dieu ne desdaigne pour tesmoigner l'extremité de son amour vers nous, de se dire *Dieu ialoux*, & passionné de l'integrité de nos ames. *Zelans Zelabo Hierusalem Zelo magno.*

Le Lyon en Ruth est tousiours en chaude fiebure, & il est peu d'Amour excessif qui ne soit accompagné de ceste frenesie, amour malade, & mal ordonné, ce sont les figues tres-douces, &

2. R. 19. 12. 17. Rom. 13. 1. Co. 3. 2. Cor. 12. Gal. 5. Iacq. 3. 1. Cor. 12. vers. Hier. in cap. 1. Nahum. Galat. 4 Gal. 4. v. & 2. Co. 9 Tit. 2. 2. Cor. 7.

Exod. 20 Au. l. 2. in exo. ca. 158. & li. 83. q. 9. 52 D. Dion. de diuin. no. cap. 4.

tres-ameres que le Prophete gousta en mesme temps.

Les Escritures sont toutes farcies de beaux exemples de ceux qui ont excellé en ceste signalee vertu. Comme de Moyse, Phinee, Iosué, Helie, Iehu, Ezechias, Iosias, Zacharie fils de Iojadas, Esdras, Nehemias, Dauid, Mathatias, en l'ancienne Alliance.

Exod. 32.
Num. 25.
Psal. 105.
Ios. 7.
1. Reg. 18.
& 19.
2. Reg. 10.
& 18. 23.
2. Par. 24
1. Esdr. 9.
Nehe. 13.

Et en la nouuelle de sainct Iean Baptiste, de Saint Pierre, de Saint Estienne, de Saint Paul, & de nostre Seigneur, le Coriphee des zelez.

II. Vne des qualitez inseparables du zele, c'est la feruer, car sans cela il ne peut estre appellé zele, ce seroit vn corps sans ame, & sans chaleur, c'est son mouuement, & son poux.

Psal. 69.
1. Mach. 2
Matt. 3.
Act. 3. 7.
13. & 17.
Rom. 9.
Galat. 3.
Psal. 78.
Ezec. 36.
& Soph. 1
Luc. 12.

Aussi est-il nommé feu pour ceste actiueté en diuers lieux des sacrez Cahiers. *Vsquequo accendetur velut ignis Zelus tuus.* C'est ce feu que IESVS *est venu ietter en terre, pour embraser l'vniuers.*

Ce sont les langues de feu, dot de l'Eglise aussi a elle esté ramassee, dit sainct Ambroise, acquise, dilatee, & fondee par le zele.

Act. 2.
Am. 18.
in Ps. 118.

Ce fut ceste ardeur que nostre Seigneur inspira dans le cœur des Disciples d'Emaüs.

L'Horloge va lentement en ses minutes, mais au poinct de sonner l'heure, elle fait vn grand fracas, marque de la discretion preambulaire à la feruer du zele.

Ce sont les esclairs qui precedent le tonnerre, Dieu menace les pecheurs, mais si son zele

Homelies Quadragesimales.

s'embrase vne fois, le carreau de sa iuste indignation est pour escraser bien des testes, *nisi conuersi fueritis gladium suum vibrabit, &c.*

La seconde qualité annexee au Zele, c'est la douleur. Sainct Paul, *I'ay vne grande tristesse & douleur continuelle en mon cœur, car ie desirois estre anatheme pour mes freres.* Douleur pareille aux tranchees d'vne femme qui enfante, *mulier cùm parit, tristitiam habet. Filioli quos parturio donec formetur in vobis Christus.*   Rom. 9. 2. / Cor. 11. 29

Iob pleuroit *sur celuy qui estoit affligé.* Dauid sechoit de Zele. Ieremie en perdoit les yeux de pleurer, & Samuel se lamentoit de la reprobation de Saül. Et nostre Seigneur *plora-il pas sur Ierusalem?*   Iob. 30. / Psal. 118. / Ierem 9.

La troisiéme qualité du vray zele est le courage. Voyez comme la poulle (symbole du feruent Amour) s'esleue par dessus ses forces pour deffendre ses poussins des ongles de l'oyseau de proye?   1. Reg. 15. / Luc. 1.

Ainsi le bon Pasteur, & zelé, doit donner son ame pour ses oüailles. Il n'est point de plus agreable sacrifice deuant Dieu, dit vn Pere ancien, *que le Zele des ames.*   Greg. ho. 12. in Eze.

S'il y a des difficultez, elles renforcent la force du zele, & seruent aussi peu pour l'esteindre que l'huile iettee sur le feu.

C'est le *front d'airain, & la face du Diamant* qui rendit si asseuré le Prophete.

C'est la *poesle ferree, & le mur de fer,* selon S. Gregoire, que Dieu commanda à Ezechiel de se façonner pour proceder à la reprehension, & reformation de Hierusalem.   Gre. hom. 12. in Ezech.

La 4. qualité du zele est de n'auoir acception de personne. Sainct Paul soudain apres sa Conuersion *non acquieuit carni & sanguini.* S. Bernard appelloit ses parens qui le vouloient destourner de la vie Religieuse, *non parentes, sed peremptores.* S. Thomas de Cantorbie ne fleschit ses rigiditez pour les prieres de ses parens. Quand il s'agit de Dieu il *faut renoncer pere, mere, freres, sœurs, enfans, tout.* C'estoit le vœu des Leuites, de mespriser toute parenté, pour seruir au tabernacle auec plus de zele. Et Melchisedech pour cela est dit né sans pere, & sans mere, non en effect, mais en affection. Le zele de nostre Seigneur enseignant au Temple, luy fait il pas presque oublier sa parenté? *Ses parens sont ceux*, dit il, *qui font la volonté de son Pere.* S. Pierre laisse ses *fils, son pere, & sa femme, & toutes choses pour suiure* nostre Seigneur. Tel fut le zele des Leuites, qui aiderent à Moyse à tuer leurs parens Idolatres.

Galat. 1.

Exod. 32.

Si est ce que ceste mescognoissance n'exclud pas la discretion, 5. Accident qui doit estre inseparable de la substance du zele. *Car s'il est sans science,* c'est à dire, sans prudence, c'est vn glaiue en la main d'vn furieux.

Rom. 10.

Il faut aimer Dieu, dit le Docteur Emmiellé, *& doucement & sagement,* & luy rendre, selon l'Apostre, *vn seruice raisonnable,* autrement le zele pourroit reformer des illusions, l'artifice de Satan, pour oster la vraye dilection, est de luy enleuer la raison.

Bern. ser. 19. in Cant.

Si vous esmoussez la pointe du trait, tout le reste est inutile, le zele est vain, & de nul effet, sans vne cõduite discrete. *Vis cõsily expers, mole ruit suã.*

Homelies Quadragesimales. 61

De ce roolle sont les actes zelez, mais mal reiglez de Iosué, de Ionas, d'Abisai, des disciples de S. Iean, de ceux de nostre S. de S. Pierre & de S. Paul, qui sont cottez à costé d'icy.

Num. 11.
Ioan. 4.
2. Sa. 16.

Et bien que ceste vertu vienne bien à toutes personnes, si faut il aduoüer (6. qualité) qu'elle est principalement en son iour, és Prelats, Princes ou Superieurs. Car comme vn beau Diamant releue son esclat par l'enchasseure, ainsi

Ioan. 3.
Marc. 10.
Matt. 16.
Act. 22.
& 26.
Gal. 1.
1. Tim. 1.

Omne bonum mentis tantò conspectius in se
Lumen habet, quantò maior qui portat habetur.

C'est cela qui les porte à tant d'Heroïques actions, soit pour la consolation des bons, soit pour le chastiment des peruers.

Voyez en Ieremie, Zacharie & Ezechiel, comme les Superieurs sans zele, sont reprimendez, & menacez.

Ier. 2. v. 8
& 50. v. 6.
Zach. 11.
v. 3.
Ezec. 37.
ver. 2.
Apc. 3.
Act. 20.
1. Pet. 5.
Ioan. 21.
34.

En l'Apocalypse il est commandé à l'Euesque de Laodicee de l'auoir, s'il se veut saucer *Pensez à vous, & à vostre troupeau*, dit S. Paul, *puis que le sainct Esprit vous a constituez Euesques pour gouuerner l'Eglise.* Sainct Pierre fait pareille remonstrance aux Pasteurs.

Auquel quand N. S. dit, *Pais mes oüailles*, ne luy inspire-il pas le zele des ames?

Voire mesme (comme Dieu par sa bonté extréme sçait extraire le bien du mal) ne voyons nous pas que ceux qu'il a attirez aux plus grandes charges ont esté auparauant possedez de zele, quoy qu'indiscret, tel que celuy de Moyse, tuant l'Egyptien? de S. Pierre frapant Malchus, & de sainct Paul persecuteur zelé des Chrestiés auant sa Conuersion? mauuais zele duquel apres il enflamme son bon, comme on dit que les Figuiers domestiques fructifient abondamment plantez iouxte de Sauuages.

Ainsi les ronces abondantes en vne terre inculte, sont signes de sol vtile, s'il estoit defriché. Le zele indiscret est vn mauuais effect d'vne bonne cause, au rebours de l'esternuëment.

III.
S. Dyon. à ca. Hær.

cap. 3.
1. Tim. 2.
v. Chrys. hom. 3. in Genes.

Et quel plus grand profit sçaurions nous esperer que d'estre *Cooperateurs auec Dieu*, au salut des ames, & compagnons du mestier que Iesus est venu exercer en terre? Où *il est venu Euangelizer aux paures, corriger les Errans, & sauuer les pecheurs*. N'est-ce pas vn honneur incomparable d'estre par vn sainct zele faits coadiuteurs en vne si haute besongne?

Et de seruir d'eschelle pour guinder tant d'ames au Ciel.

Heb. 1. & ibi Chrys. hom. 3.

Comme aussi, 2. profit, d'estre en cela associez auec les Anges *qui sont esprits seruans à ceux qui cherchent l'heritage de salut*, quelle vertu est celle là qui nous releue, dit le pere parlant d'or, à vn grade Angelique?

A sainct Iean zelé, seruiteur de Dieu, l'Ange ne dit-il pas qu'il n'estoit que son *Conseruiteur*.

Quelle vtilité plus grande, & c'est la troisiéme, sçauroit-on souhaitter que d'absorber en ce fourneau d'Amour la roüille de nos pechez, voire, & ronger ceux d'autruy, *manger les pechez du peuple*, n'est-ce pas les extirper par vn sainct zele?

C'est le glaiue flamboyant du Cherubin, qui chasse les pecheurs du Paradis Terrestre de leurs delices, dans les labeurs de la Penitence.

L'Autruche, par la chaleur de leur estomac amollit, dit-on, & digere le fer, & pourquoy le feu du sainct zele ne flechiroit-il pas les cœurs plus endurcis?

C'est *ceste parole ignee du Seigneur, que Dauid aimoit si esperduement.* Psal. 118. & ibi Ambr.

C'est *ce feu flambant dans les os de Hieremie.*

C'est ce feu, *quo vrebatur rubus & non exurebatur.* Car ce feu salutaire brusle bien pour corriger, mais non pour destruire. Hie. 20. v. 9. 10. Exod. 3.

Le quatriéme profit, est l'attraction de l'Esprit sainct. *Os meum aperui & attraxi spiritum.* Car ouurir la bouche, est vn signe d'ardeur, & de zele, *Os meum patet ad vos, ô Corinthij.*

Il est vn feu, *Fons viuus ignis, Deus ignis est consumens*, qui descend volontiers au flambeau qui fume, & sainct Bernard discourt au large sur les Cantiques, que ces feruuers & ebullitions d'ame ne viennent que de l'intime presence du sainct Esprit. Serm. 70

Mais vous voyant tous esprits de la beauté de ceste perfection Angelique, vostre patiente impatience, mes amis, me semble semondre à vous ouurir le pas pour paruenir à l'acquest d'vn si rare thresor. IV.

Le 1. sera d'auoir vn grand desir de plaire à nostre commun Espoux : car si les femmes mondaines n'oublient aucuns artifices pour se rendre agreables, ou à leurs maris, ou à leurs amis, s'agençât auec toutes sortes d'auantages qui puissent releuer leur grace: que ne deuons-nous faire pour parer nos ames *de ces ornemens interieurs, & de ces agraffes d'or* du zele, attirant & estraignant, & *de toutes les varietez* des autres vertus plus insignes, *car Dieu aime la fille de Sion ornee de ses carquans.*

Le second degré sera de corriger librement, & franchement, sans flatter ny biaiser. Les bonnes & plus purgeantes medecines donnent les plus vertes tranchees.

Le bon amy, comme le bon miroir, nous môstre ce que nous sommes, & nous remonstre ce que nous deuons faire, ou ne faire pas.

Comme bon Architecte il destruit le mal pour y rebastir le bié, auec vne belle symmetrie. Ainsi vouloit N.S. *destruire le Temple, & le reedifier.*

Quoy? pour des querelles pointilleuses, & pueriles, on se coupe la gorge, & on n'oseroit dire vn mot pour la cause de la gloire de Dieu?

Si les hommes 3. grade, *comme aspics, bouchent leurs oreilles,* Allons à celles de Dieu, *qui les a tousiours ouuertes* (comme celles de l'Ancien Iupiter Olympius) *aux iustes prieres, en exauçant les clameurs* des zelez.

Moyse par ce moyen arreste le torrent de son courroux par la digue de ceste protestation zelee, *qu'il vouloit estre rayé du liure de Vie, si le peuple n'auoit pardon.*

Le 4. & plus efficace moyen, ce sera de donner bon exemple: *Fac mecum signum in bonum, sic luceat lux vestra coram hominibus, &c.* Et ne faut redouter

douter où la vanité, ou l'hypocrisie, deux tresbuchets que tend Satan pour perdre nos bonnes œuures suggerant celle là à ceux qui font bien en secret, & faisant peur de celle cy à ceux qui font du bien en public, le vray zele sçait temperer l'vn & l'autre, & seruir Dieu à couuert, & à descouuert.

Si on ne peut donner l'exemple, car il n'appartient pas à tous, du moins, qui est le 5. degré, nul est exempt de le prendre, remaschans ceux que cy deuant nous auons apportez.

Ausquels nous annexerons ceux de ces Anciens Anachorettes, comme sainct Anthoine du temps de l'Empereur Costantius, d'Alphraates, du temps de Valés Arrien, & des autres, du teps de Theodoze, qui abandonnerent leurs cellules solitaires pour venir secourir l'Eglise affligee par les persecutions des Heretiques.

Theodor. l. 4. hist. Eccle. 14. & 25. Chrys. hom. 17. ad pop. Antioch.

Accourans comme des Vierges recluses au feu de la maison paternelle, contre la decence de leur institut, mais par la vraye essence d'vn pur zele.

Mais admirons sur tout l'exemple du zele de nostre Seigneur despeint au tableau de cet Euangile, cet Agneau s'y transforme en Lyon. Il n'est rien plus violent qu'vn zele enflammé, qu'vne patience exasperee, c'est vn torrent,

——*sternit sata læta, boumque labores,*
Præcipitésque trahit mensas. ——

Vn mouton animal si doux estant exasperé, *cornu ferit inde caueto.*

Le Taureau assez benin, n'estant harcelé, eschauffé est vn tonnerre.

E

Mugitus quales fugit dum saucius aram
Taurus, & incertam excussit ceruice securim.

Le Diamant resiste fort aux coups, mais quand il se brise il se puluerise.

Le fer froid estant rougy deuient plus chaud que le feu qui l'a penetré.

Tel est nostre Seigneur, dont la patience lezée le fait sortir des termes de la Mansuetude, pour faire en ceste chasse de traffiqueurs vn acte de Iustice. *Le courroux diuin*, dit cét Ancien, *va lentement de la vengeance, mais il recompense par la grauité de la peine la longueur de l'attente*, *Apprehendite ergo disciplinam nequando irascatur Dominus, &c.* & ceste est la discipline du zele de laquelle sainct Ambroise parle ainsi : *Aduertimini quod mensura quædam, & disciplina sit Zeli, sicut disciplina virtutis, & ideo, beatus qui Zeli nouerit disciplinam.*

Amb. Serm. 18. in Psal. 118.

Retenez de ceste Homelie, 1. que c'est que zele, 2. ses qualitez, 3. ses fruicts, 4. les moyens que ie vous ay proposez pour paruenir à l'acquisition de ceste precieuse Marguerite, de laquelle si vous voulez voir l'Excellence, & la Puissance, vous en trouuerez vne Homelie complette au Traitté des Passions en mes Diuersitez.

l. 31. des Diuersitez, c. 64.

DEVXIESME MERCREDY
de Caresme.
De la Curiosité.
HOMELIE VII.

Volumus à te signum videre. MATT. 12.

GRacieusement ce Lacedemonien à celuy qui luy demandoit ce qu'il portoit caché sous son manteau, ie le porte ainsi couuert, fit il, afin que vous ne le sçachiez pas, c'est propremēt riuer le clou à vn Curieux. Nostre S. clost ainsi la bouche aux Iuifs qui luy *demandent vn signe* en nostre Euangile, ce qui me donne jeu de vous entretenir auiourd'huy de ce vice de curiosité, si commun & incómode parmy le monde. Nous verrons 1. ce que c'est, & puis, 2. sa viperine engeance, & 3. En fin nous descouurirons quelques remedes pour le desraciner. Ie vay.

C'est, dit S. Augustin, *vne conuoitise immoderee de voir, et sçauoir ce qui n'est ni expedient, ni necessaire.* Lib. de vtil. cred. c. 9.

Le vent Cæcias au rebours des autres vents qui baloyent l'air, attire à soy les nuées, & la Curiosité, au lieu de s'esclaircir, s'embarasse de mille troubles.

C'est vn vlcere importun, que le gratter exaspere, bizarre humeur, à qui plus de choses seruēt d'empirement, & moins de choses de remede.

C'est vne ventouse qui ne tire à soy que le mauuais sang, vne sangsuë qui s'enfle iusques à creuer d'humeurs corrompuës.

Le Tic, vn vermisseau fort mordant, ne saisit

E ij

les chiens que par les oreilles, & le taon le Taureau. Le curieux est ainsi pincé par son auertin, & ne peut secoüer ses oreilles de tant d'ouyr dire qui ne font que luy tintoüiner dans le cerueau.

Comme les Vautours qui odorent de loin, voire, & selon Pline, sentent *transmarina cadauera*, il est tousiours dans ses presages, ou dans les enquestes des nouuelles lointaines.

Et souuent à guise de ces oyseaux, il ne conçoit que du vent.

Vn bruit luy sert de pasture, la fumee de substance, l'inanité d'entretien, l'opinion de soustien, il resue en veillant.

——— *velut ægri somnia vana finguntur species.* ———

Il est à son aise par tout ailleurs, comme les Menestriers, sinon chez soy, & pour n'estre pas satisfait de sa propre conscience, il ratiocine sur celle d'autruy, où s'il n'y peut penetre sur ses actions.

Semblable à ceux qui ont laides femmes qui souuent, ou en effect sont adulteres, ou tentees de l'estre.

Ceux qui ont beu du suc de l'herbe Ophiusa songent des resueries estranges : mais ie ne sçay si elles donnent de plus violentes entorses que celles qui naissent d'vne extréme curiosité.

C'est de la chair de Tortuë qui charge l'estomac pour peu qu'on en mange.

C'est vne friandise qui n'engendre que de la vermine dans le cœur.

Les Curieux resemblent aux enfans, qui sur le riuage de la mer, au lieu d'admirer ce vaste sein de bassin, ou l'agitation de ses vagues, ne s'amusent qu'à l'escume, & aux squilles, & Crotesques qu'elle iette sur le sable. Aussi au lieu d'estudier les grands branfles, & mouuemens du monde, & s'en assagir, ils s'arrestent à pontiller sur des nouuelles friuolles, & inutiles.

Peintres dont tout le rauaudage ne consiste qu'en ombres fallacieuses, & deceuantes.

Samson s'amusant à des Ænigmes, & folles amourettes, au lieu d'employer sa prodigieuse force à des effects & efforts de signalee valeur, fut pris en fin, & aueuglé.

Dic quibus in terris inscripti nomina Regum,
Nascantur flores.

Allez faire de l'Apollon apres ce contes. *Ne magno conatu magnas nugas dixeris.*

Eussions-nous comme le Monde, tous ses astres au dedans, ainsi toutes nos cognoissances, & considerations, & lumieres employées apres nostre propre recognoissance, ô vtile Curiosité, cet employ est bien plus serieux que d'aller tournoyant autour ces actions d'autruy.

Que ne profondons nous nostre interieur, sans nous arrester à epiloguer sur la conduite des autres, sans deuiner par leurs discours leurs intentions, & à guise de Lynx, voir dans leurs cœurs à trauers les murailles de leurs poictrines.

Ce sont voirement des pasle-couleurs d'esprit

E iij

V. le 15.
des Diuer-
sitez, c. 1.
de la Cu-
riosité.

que la Curiosité, c'est vne maladie fantastique, à quoy on ne sçait bonnement que faire, seminaire neantmoins de beaucoup de maux.

Elle enfante comme la Vipere par le rongement de ses flancs vne engeance malencontreuse de six Vipereaux que nous allons desduire.

II. Le premier est l'Enuie, ce monstre ronge-cœur, ce ver naist du bois pourry de la Curiosité.

Les sœurs de Psyché dans les Transformations d'vn Philosophe Platonien, curieuses de sçauoir l'estat de leur sœur, furent aussi tost enuieuses de sa prosperité.

C'est la coustume, dit vn docte Ancien, *de guigner de trauers la felicité d'autruy, & de n'exiger point de plus seuere raison de l'eleuation d'aucuns que de ceux qui nous ont esté, ou inferieurs, ou esgaux.* Le Soleil du bon heur d'autruy desplaist aux yeux bordez de la chassie de ce vice. *Dum spectant oculi Solem læduntur.*

Les freres de Ioseph, faschez des Caresses que leur pere luy faisoit, furent saisis de grande Enuie, & le voyant venir de loin en Dothain, disoient : *Voicy nostre songeur qui vient, essayons si ses resueries luy seruiront de quelque chose.*

III. Le secód Vipereau germain de ce premier, est la Malignité, or dit vn ancien Mimiambique.

Aucun n'est curieux qu'il ne soit malueillant.

Si quelqu'vn faisoit quelque indignité ou ignominie à l'Image du Roy, diroit-on pas aussi tost qu'il auroit en l'ame quelque mal talent, & si cet acte estoit public, & scandaleux, seroit il pas apprehendé comme de leze-Maiesté, & si on porte vne dent contre son prochain, viuante Image de Dieu, si on luy procure, ou sourdement, ou ouuertement des desplaisirs, si on considere ses deportemens pour les mal interpreter, n'est-ce pas se rendre coulpable de malice?

Que si, troisiéme vipereau, on baigne sa langue dans la Mesdisance, faisant littiere de sa reputation. Si on le scindicque & controolle en tout, ne sera-ce pas se declarer, ou vn Zoile, ou vn Momus, & vn Censeur inique?

Il est des lunettes qui rappetissent, d'autres qui agrandissent les choses veuës, tels sont les Curieux, Enuieux & Mesdisans, qui disent ce qui leur plaist de l'autruy, soit bien, soit mal, & comment il leur plaist.

Mais, mal aduisez, qui ne prennent pas garde que mouchans la chandelle, ils la font plus luire, se bruslans eux-mesmes, & se salissans les doigts. Ainsi voulans esteindre par calomnie la vertu, elle brille d'auantage, à leur honte & confusion.

Ce sont flots qui ne laissent que de la baue au pied d'vn Roc de l'homme constant, inesbranlable à leurs molles secousses.

Calcaneo insidiantur, mais la vertu en fin *conterit capita illorum*. Dieu ne prit point si puissamment en main la cause de Moyse, que quand Aaron, & Marie, ses frere & sœur, murmuroient contre luy.

La queux qui esguise le fer s'esmousse, &

ronge elle-mesme, le mesdisant fait plus de tort à soy-mesme qu'à l'autruy.

L'Heresie, quatriesme serpent, pullure encores de la Curiosité, quantes gens ont esté pris au tresbuchet sous le faux appast des apparences specieuses de la raison naturelle, de laquelle se targuent les Heretiques?

Car quant à l'Escriture, elle ne leur sert que de Leurre pour attirer ces volages oyseaux qui n'ont point d'arrest, mais *qui s'emportent à tout vent de doctrine*, & attrapez, les aueugler, chapperonner, & enlasser par leurs fausses consequences, & interpretations.

Quantes ames, peu aduisees, ont esté prises à guise d'oysillons au miroir fallacieux de leurs meschans, & detestables Liures? Ils semblent donner du pain, & c'est du poison, ils semblent presenter du bon grain, mais la glus de la maligne intelligence est tout contre.

Le poisson Sargus ayme grandement les Cheures, les pescheurs se trauestissent de peaux de ces bestes pour les attirer, & en faire meilleure pesche. Le Chrestien ne reuere, & cherit rien tant que la parole de Dieu, & les Heretiques n'en efflorans que l'escorce, & la peau, non le corps, & l'esprit de son vray sens, en amusent accortement des insensez, qui leur prestent l'oreille pour surprendre dans leurs rets ces curieux, sans se prendre garde, que ce sont *Anges de tenebres, trauestis de lumieres.*

Ainsi ces esprits inconstans, pareils aux Papillons ne cessent de voltiger autour de la fausse flamme de l'erreur, iusques à ce qu'ils y perdent les aisles de la raison, & le zele de leur religion.

VI.

La Magie, cinquième vipereau, sort encores des flancs de la Curiosité, tesmoin le curieux Apulee, s'il en faut croire ses transformations, espiant & imitant les sortileges de Lydia.

La curiosité de Saul le porta à consulter la Pytonisse ou Sorciere, d'où prindrent source toutes les miseres qui le conduisirent à la mort.

Simon Magus, ne pouuant contre imiter les vertus des Apostres ny leurs miracles, ambitieux de reputation deuint & Simoniaque, & Magicien.

Et les Mages de Pharao taschoient-ils pas de contrefaire par enchantement les vrays miracles que Moyse œuuroit par le doigt de Dieu, & qui portoit Pharao à l'espreuue de tant de signes sinon la Curiosité, de mesme que les Iuifs en nostre Euangile.

Qui fait tant de gens superstitieux, s'amusans à des paroles vaines, & à des chimagrees pour faire des effets occultes, pour operer des malefices sinon la Curiosité, & ceste Magie qui a pact tacite & implicite s'appelle superstitieuse, comme l'expresse & explicite curieuse, ainsi que ie fay voir amplement ailleurs.

D'où sourdent tant de Chimistes, alambicquans & soufflans leurs ceruelles & leurs bources, les Astrologues Iudiciaires, les deuineurs Chiromantiens, Metoposcopes, prediseurs &

l. des Diuersitez.

autre telle racaille sinon de la boutique de Curiosité.

VII. La Haine & la Rancune feront le sixiéme vipereau, qui sera pareil à l'Amphisbena, serpent à deux testes, car l'vne va peu sans l'autre.

Le curieux malin n'est iamais exempt de ceste tache non plus que le febricitant d'alteration.

C'est vn leuain qui trop aigre & corrompu gaste la meilleure paste du cœur où il est infus.

C'est vne vlcere interieur, qui ronge les moüelles, & deuore les parties plus nobles, changeant l'exterieur en defformité, *educitque cutem macies, spiritus malignus exsiccat ossa.*

Vne roüille qui ternit toute la pollisseure de l'ame, vn absynthe qui enfielle toute mansuetude. Abel sentit de tristes effets de la Curiosité de Cain, qui le recognoissant plus fauory du ciel, conceut contre luy vne haine & rancune, qui ne se termina que par sa mort, ainsi *fraterno primùm est pollutus sanguine mundus.*

VIII. Fuyons donc mes freres tres chers ceste fourmiliere de serpenteaux, *& ne soyons point*, dit vn Pere ancien, *si curieux de cognoistre la vie d'autruy, que soigneux de corriger la nostre.*

Le 1. Remede sera de bien recognoistre la vilité de ce vice, qui comme vn hibou, ne cherche que les tenebres, *in tenebris sternit lectulum suum*, & comme vn serpent aime les recoins, les ombres, les halliers, & les cauernes noires.

Le 2. de peser ses punitions, Phaëton, Icare, Promethee, en sont des exemples feints, mais moralement vtiles. Eue, la femme de Loth, &

Dauid nombrant son peuple, de terriblement veritables.

Le 3. de viure à soy dans soy, & prenant garde à soy, ne semans point dans le terrein d'autruy, ce qui est plus iustement deu au nostre. Ceste introuersiõ est si salutaire que c'est vn des meilleurs poincts de la Chrestienne Philosophie.

Le 4. estimons, comme faisoit le bon sainct François, que chacun est meilleur que nous, & nul plus digne de Censure : souuenons-nous, *que les yeux de l'Espouse sont de Colombe*, simples & sans malice, *la Charité est patiente & benigne*, interpretant tout au bien.

Le 5. Remettons-nous dans les bras de la diuine prouidence, *appuyons-nous sur les delicieuses misericordes de nostre bien-aimé, Ceux qui pensent y voir sont aueuglez*, mais ceux qui n'y voyent goutte, sont les plus clair voyans. Ce qui rendit Rome si signalee, fut, disent les historiens prophanes, l'ignorance du nom de son Dieu tutelaire, ne chercher curieusement les mysteres, affermit grandement la foy, *non videbis si videris*.

Le 6. & dernier Antidote sera de ruminer apres les exemples des Saincts, dont la simplicité a terrassé ce monstre.

Abraham *croyant en esperance contre esperance*, alloit par obeissance sacrifier son vnique Isaac sans se soucier comment Dieu accompliroit sa promesse en la multiplication de sa semence. *Rom. 4. & ibi*

La B. V. Marie creut aussi tost à l'Ange qui luy proposoit l'Incarnation du Verbe, & sans s'enquerir respondit: *Voila la seruante du Seigneur, me soit fait selon ta parole.* *Chrisost. serm. 8. Luc. 1.*

Sainct Louys, proche de son trespas auant que communier & receuoir le sacré viatique, enquis s'il ne croyoit pas fermement que le fils de Dieu estoit present en l'Hostie, ouy, fit-il, & plus asseurément que si ie le voyois de mes yeux.

Sainct Elzear Conte d'Arian en Prouence, disoit quelquefois pour fortifier sa foy contre les assauts de toutes vaines curiositez, que si tous les Anges du Ciel, & toute l'Eglise, qui est en terre, changeoient quelque chose aux articles de la foy qu'il ne les croiroit point, c'estoit vn puissant frein pour brider toute vaine enqueste.

Iusques icy nous auons fait voir, 1. que c'est que Curiosité, 2. son engeance sextuple comme l'enuie, 3. la Malignité, 4. la Medisace, 5. l'Heresie, 6. la Magie, 7. la Haine & en 8. lieu nous auons fourny, 6. Antidotes contre ce mal.

DEVXIESME IEVDY de Caresme.

De l'Oraison.

HOMELIE VIII.

Domine miserere mei. MATTH. 15.

NOn le Dictame ne retire point mieux la fleche du corps que l'Oraison l'affliction du cœur. La Chananee, en l'Euangile que vous auez entendu és diuins mysteres, en réd vne peremptoire preuue, en fin elle obtient la guerison de sa fille laquelle tourmentee de corps, la tourmentoit de cœur. Icy donc nostre discours de l'Oraison, faisans voir, 1. que c'est, puis 2. ses Excellences, 3. ses contentemens & 4. ses commoditez. J'entre.

Les Ethymologistes composent ce mot, *Oratio* de ces deux *oris ratio*, comme qui diroit la raison de la bouche ou la raison manifestee par la bouche, deriuation qui ne marque sinon la vocale, non la Mentale, & partant non assez ample, suffit qu'elle soit allusion.

Hom. 1. in Gen. & l.

S. Chrysostome la definit, *Colloquium cum Deo*, vn pourparlé auec Dieu. Voyez à quelle grandeur nous sousleue ceste vertu, nous communiquant la hardiesse & le courage d'aborder vne si adorable Maiesté.

l. de Oratio do Deum.

Elle estoit anciennement representee par les Sages des Gentils par le Mercure aislé, creu par le vulgaire Messager des Dieux, porteur de leurs messages & rapporteur des prieres humaines, par la verge de son Caducee il est feint retirer les ames de l'Orque.

——— *hac animas ille euocat Orco.*

enseignement come l'Oraison ressuscite à la vie de la grace, les ames mortes par le peché.

Quand la Lune se conioint au Soleil c'est lors qu'elle est plus illuminee d'en haut, & qu'elle paroist plus tenebreuse par embas, si les contemplatifs & gens adonnez à l'Oraison, paroissent melancoliques, à cause qu'ils se retiret & sequestrent de la commune conuersation des autres, il faut iuger que c'est lors qu'ils reçoiuent du Ciel de plus lumineuses clartez, plus ils semblent sombres aux yeux du monde.

Autres appellent l'Oraison vne vnion auec

Dieu, ouy bien la parfaite en son plus haut faiste. Car lors l'ame se reioint à son principe, & se reünit à son centre, c'est ce qui faisoit dire à S. August. *Seigneur nous venons de vous, pource nostre cœur est inquieté iusques à ce qu'il se repose en vous.*

Bien-heureuse attraction, douce violence, qui nous transporte à tant de suauitez! ô cher Amant, *tirez-nous apres vous, & nous courrons en l'odeur de vos parfums*, à l'assentiment de vos cassolettes.

O doux embrassement, *læua eius sub capite meo, & dextera illius amplexabitur me*! ô amiable embrassement. *In meditatione mea exardescet ignis*, qui ne s'enflammera à vous voir? ô charbon ardant, sur l'Autel de vostre Croix, n'eslançant que des flammes? *Ignis à facie eius exarsit, carbones succensi sunt ab eo.*

O gracieux Echo, quand frapperez-vous à mes oreilles, quand sera-ce que ma voix exterieure sera reciproquee d'vne interieure repercussion. *Verba mea auribus percipe, &c. Voce mea ad Dominum clamaui.* Et quand viendra-ce que quand, ô! sainct Espoux de mon ame, *vostre voix sonnera à mes oreilles, ceste voix si douce*, l'Vnique contentement de mon desir, & que *vous parlerez à mon cœur des paroles de paix?*

Si de hanter les grands, disoit l'ancien Courtisan Timotheus, auquel sous chante le Pere à la bouche d'or, tous biens arriuent & deriuent aux humains, de quels biens ne doiuent estre participans ceux qui par leurs continuelles prieres sont tousiours *en la boutique du parfumeur*, en l'antichambre, & quelque fois au Cabinet du Roy des Roys, se repaissant de l'Ambrosie, & du Nectar, de ses sacrées inspirations, & influences sacrées.

Combien y a-il de Courtisans morfondus côtens si seulement ils sont veus de leur Prince,& qui seroiét trop glorieux de l'aboucher, soit pour luy parler, soit pour receuoir de luy quelque fauorable parole? Combien dònc est grande l'excellence de la priere, qui nous donne de telles & si faciles priuautez auec nostre Createur?

Laissons ce qu'il y a d'odieux en la fable de Ganymede, & ce qu'il y a d'extrauagant en celle de Promethée, couppons leur les cheueux & les ongles comme le soldat Israëlite faisoit à la fille captiue, & nous trouuerons sous leur escorce des riches tableaux de la priere qui nous rend commensaux auec Dieu, & rongez d'vn sainct desir de tousiours penser en ses perfections.

Les seuls poissons qui auoient escailles & aisleretres en la foy, estoient declarez mondes; & ceux qui *comme poissons noüent en la mer de ce monde,* sont reputez pour les plus excellens qui sont en plus sublime degré d'oraison, & mieux munis de fermeté pour resister aux distractions. *Deut. 4.*

Qui me donra des aisles comme celle d'vne Colombe, disoit le Psalmiste, grand maistre en la priere, *& ie voleray, & ie me reposeray.*

Ceux qui esperent en Dieu (& qui sót ils sinó les assidus en l'Oraison) *prendront les aisles cóme des Aigles, ils voleront, & ne deffaudront point.* Ce sont ceux qui fót, *des montees en leur cœur,* & cóme l'Aigle de la fable, qui couuoit ses œufs dans le sein de Iupin, aussi ils reposent leur attente dans les bras de la diuine misericorde.

C'est la chaîne d'or, imaginee par le bon Homere, & d'vn tō plus serieux, mirez l'eschelle de Iacob car c'est la vraye image de la parfaite Oraison, elle touche de la terre les Cieux, car par son moyen *eleuat se homo ad corarum & sublenat se super se.* Dieu s'appuye sur ceste eschelle, car il *incline ses oreilles aux prieres des iustes.* Iacob en la voyāt dormoit, c'est le rauissement extatique de la saincte Espouse, dont *les paupieres sillees,* representoient le sommeil, *mais son cœur veilloit,* assoupissement si doux que l'Espoux, *deffend qu'on ne l'esueille qu'elle ne vueille.* Les Anges montoient & descendoient par ce mystique escalier: Marque que ceux qui le frequentent sont des Anges humains, ou des hommes Angeliques, enseignement que c'est par là, & que nous nous esleuons au Ciel, & que le Ciel se rauale à nous, vnique conioncture des choses diuines & humaines.

Le feu premier de tous les Elemens, poincte tousiours vers sa sphere, & nostre ame que quelques anciens ont voulu estre de feu, tesmoigne par la priere son mouuement à son principe, aussi le feu estoit-ce l'enseigne de Vesta Deesse de la deuotion, & de l'Oraison.

Et c'est le feu qui fond & confond les cires, les incorporant l'vne en l'autre, & qui s'vnissant au fer l'amollit & le rend flexible, maniable, & soudable auec vn autre. Le feu de l'Oraison a de semblables effects en la transformation des ames & leur vnion auec Dieu.

III. Et en ceste Vnion, quelles delices? telles mes bien-aimez qu'elles se peuuent mieux ressentir
que

que retentir, disent ceux à qui Dieu communique ces gracieuses faueurs, ces fauorables graces.

Il n'y a manne à cent gousts qui merite d'entrer icy en aucune conference.

C'est l'eau de benediction, qui arrosant nostre ame la rend vn paradis.

Tandis que Dieu est par grace, en la couchette de nostre cœur, c'est ce Nard de la priere qui espand vne odeur si sueffue, & plaisante à son flair.

C'est le vin meslé auec le laict, dont l'Espoux enyure ses bien aymez, aux Cantiques.

Ce sont les Mandragores odorantes, dont l'Amante contrechange les faueurs de son bié aymé. 1. la Mandragore flairée de loin, recree & resiouït le cerueau, & l'Oraison nous fait pressentir de loin les felicitez de l'autre vie, & donne des auant gousts de la beatitude. 2. sentie de pres elle assoupit & endort, figure des extases d'vne priere tenduë & supereminente. 3. elle chasse le venin, & la priere est le souuerain moyé de la purgation de l'ame. 4. elle feconde les matieres steriles, tesmoin les Mandragores, que Lia donna à Rachel, qui la rendirent Mere. Et l'ame plus aride en deuotion, plus tiede, voire froide és bonnes œuures, est renduë fructifiante par l'Oraison, sterilis parit plurimos.

Ce sont les Holocaustes moëlleux, que le Roy Psalmiste offroit à Dieu, c'est à dire des Oraisós pleines de sentiment & d'attention, & l'encens des moutons, c'est à dire, accompagnees de candeur, de pureté, & d'innocence.

Car il n'est pas nouueau és sacrées pages d'y

F

lire que l'encens denote l'Oraison, tout clairement, le Royal Chantre, *Que mon oraison Seigneur monte deuant vous, comme vn encens fumant & bruslant*; & comme l'encens ne sent rien, sinon quand il est sur le feu, ainsi la priere ne s'esleue point en haut, que par l'ardeur de l'amour, & par la ferueur du Zele.

Aussi la plus part de ceux qui allegorisent sur les presens que les trois Roys Mages firent à nostre Seigneur, signifient par l'encens l'Oraison, accompagnee du Ieusne, denoté par la Myrrhe, & l'aumosne par l'Or, *bona est oratio cum ieiunio & eleemosyna.*

Apoc. 7.

Sainct Iean, en ses reuelations, ayant veu ces Anciens auec des encensoirs parfumans le trosne de l'Agneau, declare *que ces odeurs estoient les oraisons des Saincts.*

Iacob attira la benediction de son pere Isaac, par les parfums de ses habits, que le bon homme compara *à vn champ flory*, & l'ame ramene sur soy mille benedictions du ciel, par l'entremise de la priere.

Qui est ceste belle, dient les Anges en l'Epithalame sainct, *qui s'esleue du desert surcomblee de delices, appuyee sur son bien-aimé.* Et qui est-elle à vostre aduis sinon l'ame qui se baigne dans les delicieux torrens de la priere? *torrente voluptatis potatit eam Deus, quia apud Deum est fons vitæ, & in lumine eius videt lumen.*

N'est-ce pas celle-là mesme qui est *introduite dans les gracieux celiers où la Charité est ordonnee?*

N'est-ce pas celle, *qui est appellee au iardin plaisant où toutes sortes de fruits abondent à regorger?*

N'est ce pas ceste belle Ame priante, qui cóme vn Tourne Soleil, n'espanoüit les fueilles de ses desirs, qu'aux rays de ce bel Astre, & les clost aux tenebres obscures du *siecle malin*?

N'est ce pas celle qui comme vne paille, disposte ou vn fer disposé, se laisse emporter à l'ambre & à l'aimant de son diuin Amour?

En fin l'oraison, est *la Myrrhe, l'aloes, & la goutte de Cinnamome, qui s'exhale des vestemens de l'Espouse, & de ses maisons d'yuoire, de laquelle les filles des Rois & des Princes*, qui sont les ames excellentes, en icelle *se delectent auec l'honneur & plaisir*. Myrrhe non seulement suaue, mais tres-vtile (& c'est nostre quatriéme poinct) en ce qu'elle preserue de la corruption du peché.

IV.

La Saliue de l'homme à ieun ne tuë point tant le serpent, que l'Oraison du ieusneur estouffe tout peché.

Les bestes ruminantes seules tenuës pour mundes en la loy, ne se paissent que de bonnes herbes, & ceux qui s'adonnent à l'Oraison, *& qui repensent en leur cœur, & prennent garde à leurs voyes*, ne s'adonnent coustumierement qu'à des sainctes actions.

C'est l'eau de benediction, dont ce gracieux arrousement fertilise toutes les parties de nostre ame, l'entendement en est esclarcy, la memoire fortifiee, la volonté embrasee, toutes les perfections formees.

Benit soit le Seigneur mon Dieu, dit le Chantre sacré, *qui n'a point retiré mon oraison ny sa misericorde de moy*. Car nostre Oraison, & la diuine bonté s'entrebaisent volontiers.

Psal. 65.

F ij

En aspirant nous poussons vn air chaud, en respirant, nous en attirons vn frais, pour tempeter l'ardeur interieure, en priant si nous poussons vn esprit feruent nous attirons le rafreschissement de la diuine grace, Dauid dict cela en vn mot : *Os meum aperui & attraxi spiritum.*

Psal. 118.

Que ne peut l'Oraison du Iuste assidué? elle peut toutes choses, donnons luy pour emblesme vne flesche qui atteint à tous blancs.

—*consequitur quodcumque petit.*

Demandez, dit nostre Seigneur, *& vous aurez, frappez & on vous ouurira.* La goutte caue bien la pierre par succession de temps, & comment la pierre perseuerante, ne creuseroit & creueroit elle le cœur amoureux de nostre Espoux, si impatient de nous bien faire?

Demandez sans cesse à vn Roy, pour riche qu'il soit, en fin vous l'importunez, mais nostre Dieu *qui est puissant & riche en misericorde*, ne veut que nostre demande pour la cause de ses prodigalitez, fols si nous ne demandons.

Et la parabole du Iuge inique, que ie surseoy d'estendre, tesmoigne assez que ses plus cheres delices, sont nos importunitez.

Demandez à Iosué, s'il luy cousta plus que de prier pour faire arrester le Soleil, & à Ezechias, pour le faire retrograder?

Que ne pouuoit Moyse sur Dieu, par la priere, iusques à luy lier les mains, ores que Dieu luy dit, *laisse moy que ie me courouce*, il perseuere à prier, le voila appaisé, leue-il ses mains & ses yeux? voila des victoires, cesse-il? Israël succombe.

La Cananée, en l'Euangile que nous manions,

lutte auec nostre Seigneur, comme vn autre Iacob, auec l'Ange, & ne le laisse point quoy qu'il die, que premierement *elle n'aye receu, & sa benediction*, & l'entherinement de sa requeste, flechissant l'inuincible, & le ployant à sa volonté.

Demande, ô Esther, disoit Assuerus, *& tu auras tout ce que tu voudras, demandez, ô ma mere*, disoit à Bersabee Salomon, *& rien ne vous peut estre desnié*, & que pourroit refuser celuy qui est plus que Salomon, ny Assuere, à vne ame iuste?

Mais il faut que l'ame soit iuste pour efficacement, & vtilement prier : car de quel front demander des faueurs à vn Prince, de qui on a lezé la Maiesté, & duquel on doit plustost craindre des supplices, que d'esperer des recompenses?

Le serpent pour se ioindre à la Morene, desgorge son venin sur le bord d'vne viue fontaine où il se laue & purifie, faisons le mesme auant qu'entrer en Conference auec Dieu. *Aug. l. de perf. iust. ad Iul.*

L'Arbre qui produit le meilleur encens est extrémement droit, & l'ame doit estre bien rectifiée qui veut faire vne vtile Oraison.

Car comme la pierre dite Diascoride, qui s'esclaircit dans la bouche d'vn homme vif, perd tout son lustre mise dans celle d'vn hôme mort, ainsi est-il de l'oraison, qui prend la qualité de l'estat auquel elle est faicte.

Iusques icy vous auez entendu, 1. que c'est qu'Oraison, 2. ses Excellences, 3. ses Contentemens, 4. ses Commoditez.

F iiij

DEVXIESME VENDREDY.

De la Paralyſie vicieuſe.

HOMELIE IX.
Domine hominem non habeo. Ioan. 5.

Ceux anciennement qui ſe baignoient en la fontaine des Nymphes Ionides, gueriſſoient de toutes maladies, diſons cela auec plus de verité, de la probatique Piſcine qui eſtoit en Hieruſalem, dont parle l'Euangile de ce iour. Là vn Paralytique fut guery par la viue ſource de la grace de noſtre Seigneur. Surquoy nous traiterons de noſtre ſpirituelle Paralyſie, dont la cure ne ſe peut faire que par l'aide de la Penitence, canal ſalutaire de la diuine miſericorde, nous viſiterons nos cinq ſens naturels; leurs maladies & leur gueriſon. Entrons.

1. Chacun ſçait que nous auós en nos corps cinq principaux Organes appellez Sens, d'autant que par iceux nous apprehendons toutes les choſes ſenſibles, ils nous ſont naifuemẽt repreſentez aux cinq portiques qui eſtoient aux enuirons de ceſte Piſcine de la ſainɔte Cité, ſon eau c'eſt la molle & fluide caducité de noſtre chair, ce nom de probatique denote la penitence eſpreuue & pierre de touche du vray Chreſtien, mais en ces cinq porches que de languiſſans!

them. 1. Les 5. Vierges folles, & les cinq ſages, nous marquent comme les vns vſent droitement, autres abuſent de ces facultez.

Ce ſont les cinq portes de la Myſtique Hierusalem de nostre corps.

Les cinq Bases fondamentales du téple d'iceluy. 3. Reg. 7.
Car nos corps sont les temples vivans du S. Espris.

Les cinq Zones du Microcosme, cóme au grand.
Quinque tenent cœlum Zona.

Les cinq talés Euangeliques, dónez à mesnager.
Les cinq estoles que Ioseph donna à Benjamin.
Les cinq pierres de la panetiere de Dauid.
Ces cinq Roys que Iosué fit crucifier, enseignement de mortifier nos sens, *mortifiez vos membres qui sont sur terre, & soyez concrucifiez auec Christ.*

Genes. 47
Genes. 4.
Ios. 10.

Les cinq parties de la Penitence, trois integrantes & essentielles, la Contrition de cœur, la Confession de bouche, & la Satisfaction d'œuure, deux sinon de l'essence, au moins de la decence. La preparation preambulaire & la perseuerance subsequente.

En la disposition & conduite de ces facultez consiste toute la perfection ou imperfection de nos ames, aussi voyez aux Cantiques, comme le S. Espoux, sur l'exterieure composition de sa bien-aimee nous descouure ses interieures perfections, *ses yeux sont de Colombe, ses oreilles promptes à l'ouyr, son nez comme vne tour eslevee, sa bouche bandee d'vn ruban vermeil, ses mains pleines de pierreries, & de precieuses liqueurs.*

Mais faisons nostre reueuë en detail, helas que de Paralysie & de corruptió en nos yeux, c'est où visent les plus rudes assauts de nos aduersaires. Le diable, la chair, le siecle, y pointent leurs batteries comme les Philistins, qui commencerent leurs vengeances sur Samson, pour l'aueugler.

I I.

Et comme les corbeaux, qui commencent par

F iiij

les yeux à ronger les charongnes.

Pour vn si petit membre, c'est merueille d'ouyr la grande multitude de maladies, dont les Medecins content qu'il est assailli, mais appliquons y seulement sept maladies spiritualisees. La tumeur d'orgueil, fait que les Superbes comme d'autres Antipherons, ne voyent deuat eux que leur propre excellence, ils se croyent au double plus grands qu'ils ne sont & s'imaginent.

Geminum solem & geminas se ostendere Thebas.

L'Enuie est vn renuersement qui les rend louches, bigles, & de trauers, tesmoins les freres de Ioseph, Aman, & les mercenaires Euangeliques. L'œil de l'enuie est malin, dit le Sage, voire & torcier.

Genes 17.
Matt. 20.
Eccles. 14.

Nescio quis teneros, oculus mihi fascinat agnos.

Le Courroux est vne suffusion de sang qui fait tout paroistre rouge, yeux de Basilics qui ne respirent que meurtres, milieu fallacieux & colere qui transforme tout en sa passion, comme le verre coloré monstre tout l'opposite selon sa couleur.

L'Auarice est vn sillement qui esblouyt par l'esclat de l'or comme les Ours sont aueuglez par les rays solaires, reflechissans dans vn bassin.

Ainsi Acham fut attiré à transgression par la splendeur de la reigle d'or, & de la casaque de pourpre.

Conuoitise des yeux *insatiable iusques à consommer*, l'âme, *Tabestere fecisti sicut araneam animam eius*, car come l'araigne s'éuetre à tistre vne vaine toile, ainsi l'auare à entasser des richesses caduques.

Homilies Quadragesimales. 89

La Paresse est un cataracte qui vient d'assoupissement, comme celuy que les Serpens appellez Saures, contractent dans les humiditez des trous de la terre.

La Gueule est vne chassie offusquante, qui rend ses paralytiques pareils au signe celeste du Taureau, qui recourbe ses yeux sous son ventre.

Ou au poisson dit Granus, qui n'a des yeux qu'en la pance.

Quant à la Luxure, la principale fenestre, par où elle desrobe l'ame, est l'œil. Il est composé d'eau & de feu, eau element de la naissance de Venus, feu enseignes & armes de son fils. Si Sichem eust destourné ses yeux de Dina, Ruben de la concubine de son pere, David de Bersabée, nous ne reciterions pas les exemples deplorables de leurs rapts, incestes, & adulteres. C'est par là que se hume le mortel poison de la chair.

Tren.1.

Comme aussi par l'Oreille, pource Adon, c'est à dire le Chant, est feint le mignon de Venus.

III.

Vn ancien l'appelle l'allumette du Luxe, comme le Paon & les autres oyseaux excitent leurs femelles par leurs cris, & par les apeaux sont pris.

C'est vn huile incendiaire, qui entrant par l'oreille enflame le cœur.

Le Chant enchante, *cantando rumpitur anguis*, & là vise la fable des Syrenes.

Horace instruit la Matrone chaste à garder son oreille.

Fœminæ donum claude, neque in vias,
Sub cantu trernulæ respice tibiæ,
Et te sæpe vocanti durum difficilis mane.

Noſtre ame haleine par l'oreille comme les cheures de Cilicie, ſelon Alcmæon, par là comme par les yeux s'empoiſonnent le cœur; ainſi que le corps par la bouche.

Si Eue n'euſt point abandonné ſon oreille au ſerpent, elle n'euſt pas porté ſa dent en la pomme funeſte, morceau qui nous couſte ſi cher, & dont nous payons encore les arrerages.

Ce ſens a vne extréme impreſſion ſur l'ame, teſmoin ce Meneſtrier, qui deuant Alexandre fit courroucer, rire & plorer les ieunes hommes, courroucer ſes tons, & les variant en Doriques, Ioniques, Spondaiques. Et d'vn exemple commun le fluſteur de Gracchus.

La foy s'inſinuë par l'oreille, *fides ex auditu*, & auſſi l'erreur & l'hereſie. Le vray & le faux ſe ſent par vne meſme porte. *Erit tempus cùm ſanam* 2. Tim. 4. *doctrinam non ſuſtinebunt, ſed ad ſua deſideria coaceruabunt ſibi magiſtros prurientes auribus, & à veritate auditum auertent, ad fabulas autem conuertientur*, peinture de noſtre temps.

La flatterie auſſi ſe coule par ce guichet, *oleum peccatoris in auditu auris obediunt mihi tranſierunt in affectum cordis*. Les rapports, les curioſitez & les calomnies, ô que de catharres !

Ces chants ſi melodieux, & harmonies de bals & aſſemblees mondaines, que ſont-ce ſinon enſorcellemens du ſiecle, & idolatries de la volupté, vanité & laſciuité? Moyſe & Ioſué deſcendans de la montagne, entendent de loin le bruit des Iſraëlites, chantans & balans autour du veau d'or. Celuy là diſoit que c'eſtoient chants d'allegreſſe, ceſtuy-cy hurlemens de combattans.

Ainsi ce que les mondains appellent esbattemens honnestes, les pieux nomment trepignemens, & carolles d'enfer.

Passons au flairer, ô que de corruptiõ en ce sens il est fort simple, & laissé en son naturel fort decent & hõneste, mais cõme si nous auiõs l'attouchement contagieux, nous deprauõs tout ce que nous maniõs. Vn Lacedemonien sentãt du Nard pur, malheur, fit-il, à ceux qui sophistiquét vne si douce soüeueté, & qui l'alterét par leurs artifices

IV.

Mais toutes ces poudres de Cypre, d'Iris, ces eaux d'Ange, de Naphte, ces cassolettes superfluës, ces huiles parfumees, ces onctions odoriferantes, ces fards à plastrer des vieilles & puantes charongnes, que sont ce sinon des deprauations effeminees.

Vespasian tança vn de ses Capitaines parfumé; luy disant qu'il deuoit plustost sentir les vermines du camp, l'ail, où la senteur des trachees.

Vne matrone Toscane mourut rongee de vers, auec vne puanteur si intolerable, que *non erat qui sepeliret*, pour s'estre trop fardee & saupoudree en sa ieunesse. Autant en pend-il sur la teste de nos replastrees. *In spec. exemp.*

C'est vn grand indice d'infection secrette, & cachee au dedans, que de sentir trop bon par le dehors, *non benè olet, qui benè semper olet*, l'homme a beau faire, il sent tousiours l'homme, c'est à dire, la saleté, l'ordure, la misere de son estre.

Omnia cùm fecit Thaida Thais olet.

Nul animal se nourrit si delicatement, & nul excremente si odieusement.

Oyez comme Dieu par Isaye menace tous ces *Isa. 3.*

mignons qui ne respirent que les roses, les ambres, & les fumees des cassolets, *au lieu de souef odeur sera puanteur, pour ceinture vn cordeau, & vn crane pelé pour la cheuelure crespee, & la haine pour les casquans.*

Ceste molle delicatesse est mere de l'impieté, & de la cruauté. Voyez comme ces proprets, & mignards destournent les yeux de dessus les vlceres, vermines, lambeaux & miseres du pauure. Voyez comme en luy, *ils mesprisent leur propre chair,* & despoüillent toute humanité.

Longè fecisti notos meos à me, posuerunt me abominationem sibi, ainsi peut dire l'indigent abandonné, *Elongasti à me amicum & proximum, & notos meos à miseria.*

Marthe, toute saincte qu'elle fust, estoit bien si cruelle, que de destourner nostre Seigneur de ressusciter son frere, parce que *quatriduanus erat, & iam fœtebat.*

L'exemple du mauuais Riche & du Lazare, pourra aussi estre cousu & estendu icy.

V. Tandis que nous coulerons au Goust, lequel est bien autāt, & plus depraué que les autres sentimens. Où est ce Philoxene brutal qui souhaittoit vn col de Gruë, pour iouyr & sauourer plus longuement la friandise des vins, & des viādes?

Encore en sa stupide grossiereté auoit-il bien remarqué, s'il eust voulu recognoistre la vilité & deneantise de ceux qui s'adonnent trop aux voluptez de ce sens, lequel n'a en fin que 2. doigts d'estenduë, & deux momens de longueur.

Gourmands pareils aux lanternes engraissees, dōt on ne peut apperceuoir la lueur, aussi offusquent-ils par crapules & voracitez la splendeur de leur ame noyee dans ces superfluitez au milieu de leur pance.

Semblables au poisson dit *Onòs* qui est tout ventre, aussi *horum Deus venter est, esca ventri & venter escis, Deus autem & hunc, & illam destruet.* 1. Cor. 6.

Adam, Esaü, Nabal, & le riche gourmand, sus advancé, sont de riches effects de ceste menace, & de sanglantes punitions de ceste gloutonne paralysie. Gen. 1. &
1. Reg. 25.

C'est vne commune maxime, *que la gueulle en tuë beaucoup plus que le glaiue. Adhuc escæ eorum erat in ore ipsorum, mors descendit super eos, vnus ex eis non remansit.* De ces gosiers abyssaux on peut dire, *sepulchrum patens est guttur eorum.*

Somme, on ne prend point tant d'oyseaux, de poissons, & de feres à l'appast, que le diable enleue d'ames par l'amorce du goust, & l'excez de la bouche.

Ceux qui ont gousté l'esprit desdaignent ce vice de beste, & tiennent en bride ce sens; car *l'esprit sauouré,* dit sainct Gregoire, *est desgousté de la chair, omnem escam abominata est anima eorum.* Mais aussi s'y laisse emporter, enleue toute la saueur des choses spirituelles. D'où les Israelites desirant des chairs d'Egyptes, oserent bien declarer, *qu'ils auoient le Man à contre-cœur.*

Et qu'est-ce apres que le Toucher, sinon vne collision de deux corps gracieux ou desplaisans, selon la rudesse ou la polisseure de la sensualité? **VI.**

O que de cruellement languissans en ce portique, que de soüilleures, que d'impuretez, les corps illicitement touchez, comme les Lys par nez puent, & se flestrissent.

L'eau claire se tourne & putrefie par l'iniection d'vn crapaut; les verres se froissent par le frottement, & doute-on en droict. *An osculo pudicitia delibetur.*

Il ne faut qu'vne halenee pour ternir la glace d'vn beau miroir.

Les chairs humaines à l'instar des os de Lyon frottez ensemble iettent des flammes, & flammes puantes, si elles sont illegitimes.

Elles sont de Naphte, bitume plus que sulphuré, qui s'embrase de la moindre bluette inextinguiblement.

Representez vous les estranges symptomes de ce ieune iouuenceau dans sainct Hierosme, mollement violenté par les infames, & ineuitables attouchemens d'vne courtisane, esteignant ses titillations par le tronçonnement de sa langue, exemple tres-memorable.

Voyageons en ce monde comme les deux pots de la fable separément, *Bonum est homini mulierem non tangere*, sinon dans le sainct lien du Mariage dont la benediction puisse reparer le deffaut de la delectation licite.

Leuit. 5. Celuy en la loy qui touchoit quelque chose d'immonde estoit coulpable, & en la grace est deffendu tout mauuais attouchement.

Fuyons donc comme abeilles pures, toutes sortes de charongnes, & conseruons nos corps purs de tout illicite embrassement, & embrasement.

Cet ancien Hermite eut bonne grace, qui chauffa ses mitaines pour soulager sa mere en passant vn ruisseau, enquis pourquoy, de peur fit-il, qu'en vous touchant, ie ne penfe à quelque autre. Il faut retirer tant qu'on peut la paille du feu.

Vous fçauez la grande fefte que fit Lucifer à fes tentateurs, mais le grand accueil qu'il fit, entre autres à celuy qui auoit induit André, Euefque de Fondy, homme d'ailleurs de faincte vie, à donner feulement vn petit coup de main fur l'efpaule, par forme d'applaudiffement à vne Matrone d'hôneur, fondant fur cefte legere plus que malicieufe action, les prefages de fa ruine.

Or comment guerir tous nos fens ainfi vicieufement eftropiez, & Paralytiques ? ce fera par la Penitence, remede vniuerfel de tous maux. **VII.**

Pour guerir nos yeux, empoignons ce Collyre, meilleur que celuy des Hyrondes, qui chaffe l'aueuglement.

Contre les maux de l'ouye, prenons cet Origanum falutaire, refiouyffons nos cœurs par la faincte parole: *Auditui meo dabit gaudium & lætitiam.* La Tortuë purge les fiennes auec cefte plante.

Pour deftouper nos narines, prenons ce Petun, qui purgera auffi toft noftre cerueau de mauuaifes mœurs & humeurs.

Purgeans noftre gouft à guife du ferpent, auec ce fenoüil, *omnis caro fœnum.*

Et redonnons la fanté à noftre Toucher par ce Dictame falubre, qui en pouffera hors les traits & les attraits. Nettoyons ces vlceres par l'iniection de ce *Baume aromatique.*

Comme les Elephans purifions-nous auec l'eau amere de cefte mer.

Comme les serpens, despoüillons y nostre vieille peau, & nous lauons en ceste viue source

Source viue descoulante à gros randons des canaux sacrez des cinq precieuses playes de nostre Seigneur: *Ce sont les trous de la pierre*, & celle de son doux costé, *la cauerne de la masure*, où l'Espoux appelle son Amante.

C'est la vraye Nicotiane, fleur tres medecinale à cinq fueilles rouges, & trois languettes d'or, qui denotent les trois vertus Diuines de la Creance, de l'Espoir, & de l'Amour.

Ce sont les cinq Cicles de *nostre copieuse & surabondante Redemption.*

Nous auons donc traitté icy, 1. des cinq sens en gros; 2. de la veuë, 3. de l'ouye, 4. du flair, 5. du Goust; 6. du Toucher, 7. nous auons monstré que la Penitence est l'Alexipharmaque souuerain, pour redonner, & la santé à nos corps, & la saincteté à nos ames.

SECOND DIMANCHE.

De l'Aduancement en la perfection.

HOMELIE X.

Faciamus hic tria tabernacula. MATT. 17.

LE Remore, petit poisson, arreste vn grand Nauire. Et vn eschantillon de gloire, qui parut en la Transfiguration de nostre Seigneur, dot vous a traitté l'Euangile, cabla si fort les voiles des desirs de S. Pierre, qu'il commençoit desia à ne souhaitter rien plus, se treuuant si bien

qu'il

qu'il proiettoit desia des tabernacles de perpetuelle Matt. 17.
demeure, enyuré qu'il estoit de ceste rauissante Marc 2.
splendeur. Hé! quoy s'il eust veu la piece entie- Luc 9.
re? S. Apostre, il ne faut pas demeurer en si beau
chemin, il faut passer, & pousser outre ces Colomnes d'Hercule, *& entrer au refrigere à trauers
le feu & l'eau des esprouuantes tribulations.*

——— *O fortes peioraque passi,*
Mecum sæpe viri, nunc vino pellite curas,
Cras ingens iter abimus æquor.

Icy donc nous traiterons de ceux qui negligent
d'aduancer en la perfectió pensans y estre; 1. arriuez, monstrans qu'il faut tousiours aller auant,
2. iamais retrograder, 3. que c'est descheoir de
ne se hausser, & partant, 4. qu'il est besoin en
ceste entreprise d'vn courage magnanime. Es-
pluchons cela.

Qui pressera la Parabole des Talents en es- I.
preindra ceste leçon, qu'il est dangereux d'auoir
les bras croisez en la maison d'vn exact pere de
famille tel qu'est Dieu, lequel s'il doit exiger
contes des *paroles oiseuses*, quel fera il rendre des
actions inutiles? aussi ne crie-il pas en l'Euangile, aux ouuriers non loüez, *que faites vous icy tout*
le iour sans rien faire? Et le seruiteur qui auoit en-
foüy son talent, ne l'enuoye-il pas aux tenebres
exterieures? qui ne se hastera donc d'aller serré
de tels esguillons?

Ce que disoit vn ancien Empereur des Princes,
il le faut dire des Chrestiens, *qu'ils doiuent mourir*
debout, aussi bien leur vie n'est qu'vne milice perpetuelle.

Socrate s'amusoit à lire ayāt le poison dans le

G

sein : & Anaxagore estudiant sur le bord de sa Tombe, se disoit vouloir mourir en profitant, & profiter en mourant. Et dit-on de l'ancien & excellent Peintre Protogene, qu'il ne pouuoit retirer sa main de ses tableaux. Quel, à ce conte, doit estre à bien faire le zele du Chrestien, & l'estude de son aduancement spirituel?

Puis que *modus diligendi Deum est sine modo*, disoit Sainct Bernard, & que ceste dilection est le bout sans bout de la Discipline Chrestienne, faut-il pas rechercher sans fin ceste desirable infinité?

Sainct François si aduancé en la perfection, *pressé* neantmoins *de la Charité de Christ*, se reputoit tousiours pour le plus meschant des hommes.

Combien sont esloignez de ce sentiment, *vituli illi nouelli cornua producentes, & vngulas*, qui Nouices en la pieté, s'estiment desia Profez en la Contemplation.

Ce sont des Mouschors ou Nymphes (ainsi s'appellent les jettons des abeilles) qui ont bien des bouches pour deuorer le miel de leurs Meres, mais non pas encores des aisles pour aller comme elles sur les prairies du paysage à la picoree des fleurs.

Isa. 40.
Ceux qui esperent au Seigneur (qui sont les ames fortes, & desireuses de leur aduancement) *changeront de force, & prendront des aisles comme les Aigles, courans sans se trauailler, cheminans sans se lasser* : s'esleuans iusques dedans les nuës.

Voire, & comme l'Aigle de la fable, faisans

Homelies Quadragesimales. 99

la couuee de leurs defirs dans le fein de la Diuinité. *In Domino confido, quomodo dicitis animæ meæ transmigra in montem sicut passer?*

Ce sont les oüailles du Cantique, *qui montent du lauoir, toutes auec deux agneaux, sans qu'aucune entr'elles soit sterile.*

Les fleuues qui ne font pour la pluspart que des stillicides en leurs sources, sont grandement vastes en leurs embouchenres dans la mer, s'eslargissant par le progrez de leur course. Tels sont ceux qui commencent à bien faire, lesquels doiuent sans cesse profiter iusques à la consommation de leur vie, aussi les deuots & vertueux sont pour ce par les spirituels rangez en trois classes, de Commençans, de Profitans, & de Parfaicts.

La route des iustes, dit le Sage, *comme vne lumiere resplendissante s'aduance, & croist iusques à vn iour parfait.* Bellissime comparaison, & que ie laisse à ruminer. Pro. 4.

Et la saincte Espouse qui est l'ame pie, n'est elle pas comparee à *l'Aurore qui se leue,* ou à l'Aube du iour, qui peu à peu esleue le Soleil iusques en son Midy, desbouclant auec ses doigts de roses les sombres courtines de la nuict, & emperlant les fleurs de ses humides rosées?

Sus donc, aduançons nous, *festinemus ingredi in requiem,* puis que tant de choses nous conuient à ce progrez: mais ne soyons pas si lasches que de regarder derriere, si vne fois nous auons resolu ceste saincte entreprise, *car celuy qui met la main au soc, & regarde en arriere, est indigne du Royaume de Dieu.*

G ij

La femme de Loth en sert d'espouuentable exemple: auquel s'il est loisible, on pourra ioindre la fable d'Orphee, dont la curieuse & deffiante riere-vision rauit son Eurydice rachetee des Enfers par la melodie de son poulce.

Il faut laisser les morts enseuelir les morts, laisser tout pour estre parfait, Et renoncer à tout pour estre digne disciple de nostre Seigneur, sans regretter, sans barguigner, sans tergiuerser.

Non ressembler *aux enfans d'Ephrem, lesquels brandissans leurs iauelots, tournerent le dos au poinct de la charge.* Non comme *le Iordain, rebrousser contremont*, ou comme ce fleuue dont chante le Poëte ingenieux.

Xante retro propera, versaque recurrite Lymphæ.

Les Soldats qui anciennement mouroient sur le Camp en fuyant blessez par le derriere estoiét par ignominie iugez indignes de sepulture. La vraye valeur ne monstre iamais les espaules à l'ennemy, & dit-on des Lacedemoniens, qu'ils demandoient tousiours où, & non combien estoient leurs ennemis, se laissans creuer plustost que de fausser leurs rangs. Aurions nous moins de courage pour la verité de la conqueste du Ciel que ces Gentils pour la vanité de la gloire terrestre?

Il ne faut repenser au peu de bien que nous auons fait, le malin nous suggere ceste reminiscence pour nous amuser, & abuser, mais regardons qu'encores,

Est nobis pelagi permagnum littus arandum: que celuy n'a pas fait qui commence.

Nous oublions, selon l'enseignement de l'Apostre, digne de soigneuse remarque, *les choses qui sont en arriere, & nous poussons à celles qui sont en auant & tirans vers le but, c'est à dire au prix de la supernelle vocation en Iesus-Christ.* Philip. 3. ibi Chri.

L'Antiquité ne nous figuroit-elle point cela au double visage de son Ianus, l'vn vieux en arriere, pour denoter l'oubly des bonnes œuures faictes, l'autre ieune deuant, pour signifier qu'il faut tousiours vigoureusement commencer à bien faire?

Et ne cesser iamais de bastir l'edifice de nostre perfection, iusques au comble, de peur que deffaillans, il ne nous soit par derision reproché, *Cet homme a commencé d'edifier, & n'a peu acheuer* faute de prudence, de perseuerance, & de longanimité.

III.

Celuy qui laisseroit à l'air, & à descouuert, vne muraille non acheuee, & fraischement faite, la premiere pluye la rauageroit, & seroit incontinent esboulee, ainsi pour passer à nostre troisiéme partie, celuy qui ne continuë deschet, qui n'aduance recule.

Qui n'est pour moy, dit nostre Seigneur, *est contre, & qui ne collige auec moy, perd.* Les paresseux à recueillir le Man enduroient la faim le long de la iournee.

Les Oyseaux d'Ezechiel, & de l'Apocalypse, aduançoient tousiours à tire d'aisle sans rebrousser.

L'Horloge qui s'arreste, faut, & ne vaut rien.

G iij

La Nef, qui faute de vent, ou de voile, demeure à l'Anchre, retarde d'autant sa nauigation.

Greg. in Past. p. 3. cap. 35.

Le Batteau qui vogue sur vn fleuue, s'il n'aduance à force de rames, ou de tirages, est sans doute emporté en arriere par le courant de l'eau.

Le Pelerin qui s'amuse par les logis, & se repose à chaque bout de champ, est ennuyeux, & long en son pelerinage.

Celuy qui en cheminant regarde derriere, ou tresbuche, ou va mal, ou expedie peu de voye.

Ep. 9. ad Abbates.

Dites tout cela du Chrestien paresseux: *car en la voye de Dieu n'aduancer, c'est retrograder*, dit le pieux sainct Bernard, *& lors on cesse d'estre bon quand on ne desire point de deuenir meilleur.*

S. Bern. epist. 252.

Que ne sommes-nous auaricieux des biens spirituels? ô la saincte & loüable auarice! *Auaro tam deest quod habet, quàm quod non habet. Semper auarus eget. Quis metus, aut pudor est nimium properantis auari?* Que ne sommes nous picquez de pareil esguillon en l'acquest des biens celestes? de terre on n'a iamais assez, & les deuotions sont tousiours trop longues.

Dauid, point de ceste affamee conuoitise du Ciel, crioit: *Satiabor cùm apparuerit gloria tua: Non dabo requiem temporibus meis donec inueniam locum Domino, tabernaculum Deo Iacob. A te quid volui super terram?*

L'Espouse touchee de ceste auarice spirituelle est dite, *auoir congregé plus de richesses que toutes les autres filles de Hierusalem.*

Mirez l'eschelle de Iacob, vray miroir du chemin de la perfection, tout y monte ou descend, nul y demeure fixe. *Qui stat videat ne cadat,* en la voye du Ciel c'est se raualler que ne se releuer.

Genef. 28.
v. Bernar.
epi. 241.
1. Cor. 10.

Et pour se releuer, nostre quatriéme course, il faut vn grand courage.

IV.

———nil sine magno
Vita labore dedit mortalibus,———

& ce courage se forme par le mesme aduancement quand il est continué.

Omnia fert ætas animum quoque.———

Le Soldat qui iette ses armes par toutes les ordonnances militaires, & antiques, & neoteriques, est degradé & puni comme lasche, & le Chrestien, comme l'Aiglon degenere qui clignotte au Soleil, est rebutté comme indigne d'estre enroollé és bandes de la Croix.

Celuy qui s'arreste en courant à la lice n'emporte iamais le prix, *il faut courir si courageusement qu'on l'emporte,* dit l'Apostre.

L'Espouse du Cantique ne cesse *de courir monts & vaux en cerchant son bien-aimé.* Iusques à ce que l'ayant trouué par ses souffrances, & soigneuses questes, elle proteste *de le tenir si bien, que iamais plus elle ne l'abandonnera.*

Iacob luittant contre l'Ange, en fin finale il en obtint la benediction, qu'il n'eust acquise si le courage luy eust manqué.

Rebecca disoit à Iacob, *Da mihi liberos, alioquin moriar,* & importuna tant le Ciel de ses

G iiij

querimonies, qu'en fin elle obtint fertilité, si le cœur luy eust failly elle fust demeuree brehaigne.

La couronne n'est, ny au commencement, ny au milieu : mais à la fin de la carriere, ceux qui partent trop tost sont reprimez, disoit quelqu'vn à Themistocle pour retenir ses precipitations, mais ceux qui trop tard, repliqua-il, ne sont aussi iamais couronnez.

Le fer s'esclaircit, polit, & affine par l'vsage, & le courage par la Continuité.

Ceste vertu de Magnanimité ne manque pas à l'Espouse, qui pour ce est dicte, *Exaltee comme vne Palme en Cades; comme vne Rose en Hierichs; comme vn Plane esleué pres des eaux ; comme vn Cyprez haussé sur le mont de Syon.*

Et ne faut point pretexter d'impuissance nostre lascheté, comme la montee de ce Parnasse de la Perfection, estant trop rude pour nos debiles forces : car si nous y aspirions auec nos propres iambes, sans attendre, ny entendre l'aide du Ciel, ce seroit vne presomption trop folle & temeraire. Mais las ! que *ne pouuons-nous auec celuy qui nous fortifie, percerions-nous pas vne muraille assistez de Dieu ? n'est-ce pas de la grace de Dieu, que prouient, & tout ce que nous sommes, & tout le bien que nous operons ?*

Qui ne sçait qu'vn coup de vent en mer aduance plus la Galere que cent coup de Rames, & que les effects de la grace surpassent infiniement ceux de nostre infirmité? Sans elle nous sommes moins que des animaux, auec elle plus que des Anges.

Mais nous sommes tant imparfaicts ; à cecy *l. de spir.* respond S. Augustin, *que celuy a beaucoup profité en* & *litt. c.* *ceste vie, qui a cognu en profitant, combien il est esloigné* 36. *de la perfection de la vraye Iustice.* Car nostre perfection ne consiste pas tant à n'auoir point d'imperfections, c'est vne impossibilité, mais à bien cognoistre nos imperfections, *plus nous descouurons nos pechez occultes*, plus s'augmente nostre lumiere spirituelle, ceux sont les plus imparfaits qui le pensent moins estre; & les plus aueugles qui se reputent clair-voyans.

Que l'exercice de la purgatiō de l'ame ne nous attedie point, car il ne doit finir qu'auec nostre vie, il faut tousiours battre la pompe en vn nauire, pour bien enduit, poisse, & calfeutré qu'il soit, ce sont astuces de Satan qui veut, s'il ne peut empescher, du moins alentir nostre course, nous figurant fascheux & insupportable, *le soug suaue, & le leger fardeau de nostre Seigneur.*

Esueillons nos ames quand elles seront esperduës de ces vaines apprehensions, par les mesmes considerations dont S. Augustin les rechassa en estant assailli au principe de sa conuersion. On les consultera plus au large en ses Confessions.

Cependant notez de ce discours, 1. qu'il faut tousiours aduancer en la perfection. 2. iamais retrograder. 3. que qui n'y pousse en dechet. 4. qu'il faut auoir bon courage. Et nous auons encores bon courage de vous continuer demain ce mesme suiet, si ie peux sentir qu'il vous soit aussi vtile, comme il me semble lire en vos yeux, mes bien aymez, qu'il vous a esté agreable.

DEVXIESME LVNDY.

Du progrez en la Vertu.

HOMELIE XI.

Ego vado & quaretis me. Ioan. 8.

C'Est le propre d'vn cheual retif de s'opiniastrer contre les chastimens, *mais il est dur de regimber contre l'esperon.* Les Iuifs au lieu de profiter des Sainctes remonstrances de nostre Seigneur, en deuiennent plus malins & accariastres, pource nostre Seigneur les menace en l'Euangile, que ce iour nous propose, *qu'ils le chercheront, & ne le trouueront pas, & qu'ils mourront en leurs pechez,* progrez vicieux, quand vn abysme en appelle vn autre. Mais que pour luy, dit-il, sur la fin du texte, *Il fera tousiours la volonté de son pere, profitant en aage, sagesse & vertu deuant Dieu, & les hommes,* à son imitation nous serons excitez de faire progrez en vertu, surquoy nous discourrons, 1. quel est ce progrez, 2. sa necessité, 3. son vtilité, & 4. les moyens de profiter de plus en plus au bien. Entrons.

I. *Berh. ser. 2. in Vig. Na. Dom. Ps. 83. & ibi Hier.*
Progrez spirituel à proprement parler, n'est autre chose que de cheminer en auant en l'acquisition des vertus, metaphore tirée de ceux qui marchent, *nam proficere,* dit le Pere Contemplatif, *est quoddam proficisci,* de sorte que l'Ethyme sert de definition.

De ceux qui profitent ainsi, parle le Roy

Homelies Quadragesimales. 107

Chantre quand il dit, *Etenim benedictionem dabit legislator, ibunt de virtute in virtutem*, & vn peu auant. *Bien-heureux celuy qui auec l'aide de Dieu dispose des montees en son cœur.* Surquoy le Docteur litteral ratiocine, que celuy prepare des ascensions en son interieur, qui oublie les bien-faits passez tout bandé à en faire de nouueaux, qui profite tous les iours de bien en mieux, car comme le pecheur tous les iours s'approfondit en des descentes, aussi s'esleue l'homme de bien en des exaltations.

Ceux qui me mangent, dit la Sapience, *auront encores faim, & qui me boiuent, alteration*, car plus on profite en vertu, plus s'accroist le desir de profiter. Et en cela, dit le Grand sainct Gregoire, se remarque la difference des viandes corporelles & spirituelles, la priuation de celles là engendre le desir, le iouyr desgoust, de celles cy, la priuation desgoust, & la iouyssance desir. Et plus elles sont goustees, plus sont elles appetees: en celles là plaist l'appetit, desplaist le taster, en celles cy le desir desagree: mais l'experience est fort delicieuse, en celles-là l'appetit engendre saturité, & la saturité vn rebut, en celle cy le desir est suiui de saturité, & la saturité pleine d'appetit, le iouyr en augmente le goust, & sont de tant plus ameres que goustees, & ne sont negligees que de ceux qui ne les ont sauourees.

Eccl. 24.

v. Greg. hom. 36. in Euang.

La raison de cela est en l'infinie capacité de nostre esprit, & en la limitee circonscription de nostre corps, puis donc que nostre ame se va dilatant à mesure qu'elle s'emplit il n'a point de bat au progrez de la vertu, c'est la vis sans fin.

Apoc. 22. Que le iuste donc soit encores iustifié, & le sainct plus sanctifié, car que sont nos iustices aux rays de la diuinité, sinon des drapeaux souïllez de menstruës, toute nostre perfection, dit sainct Gregoire, est imparfaicte si Dieu la iuge rigidement.

On ne va au trosne de Salomon, symbole de la vertu, que par plusieurs degrez enuironnez de Lyonceaux, de tentations, & difficultez bien grandes. On ne va au faiste de son temple que par vne vis fort estroite, tournoyante & de penible accez.

Il faut tousiours monter, & se guinder en haut comme le feu, ou du moins, *comme ceste verge de fumee aromatique*, des Cantiques, ou comme *la fumee des parfums en l'Apocalypse*, symbole des ames pures aspirantes à la pefection.

A quoy faire nous amuser aux noix de la terre, comme des enfans, puis que nous n'auons point icy de *Cité permanente, mais nous y cerckons la future*?

Fol celuy qui en vn voyage pressé s'arreste à voir tous les Chasteaux, & passages qui se presentent à ses yeux.

Au cheual qui court de toute sa force vne esbrillade fait perdre la carriere iuste, & quelquefois les arçons au cheuaucheur, quantes personnes ont delaissé le progrez ou bien où ils estoient heureusement acheminez pour des bagatelles.

La fable de ceste courriere Nymphe, amusee par des pommes d'or, en sert de claire preuue.

Vne souris attachee à la trompe d'vn Elephant, seruoit aux anciens de Hieroglyphe, pour denoter vn grand esprit, s'amusant à des niaiseries.

Et ces vaches qui beuglantes apres leurs veaux qui penserent verser l'arche qu'elles trainoient, nous enseignent qu'on ne peut manger la manne, en regrettant les aulx, ny aspirer au ciel en souspirant pour la terre.

Le temps de ceste vie est celuy d'œuurer, & profiter, *la nuict viendra qui clorra les ouurages, il le faut bien employer tandis que nous l'auons,* si nous nous pouuons dire auoir ce qui glisse, comme vn songe.

L'occasion, comme chacun sçait, cheueluë de front, est rasee sur la nucque, nostre Seigneur le represente bien aux Iuifs en nostre texte, *Pœnitentia sæpe non vera vbi sera, aliquando etiam nulla,* dit vn grand Docteur. On voit plus de vieux repentans, que de contens.

Vidi ego iam iuuenem premeret cùm serior ætas,
Mœrentem stultos præteriisse dies.

Le temps d'entrer aux nopces eclipsé, les Vierges folles sont rebutees.

Il faut donc s'auancer, mais il le faut, voicy la necessité, & ce pour plusieurs raisons. II.

La 1. parce que chacun est obligé de tendre à la perfection, *soyez parfaits,* dit l'ordonnance du Ciel, *comme vostre Pere celeste.* Or il se faut bien haster pour paruenir là. Matt. 5.

La 2. l'Imitation de nostre Seigneur, *qui nous a donné exemple pour faire comme luy, & suiure ses vestiges,* nous doit esueiller, *la charité de Christ nous presse*, dit l'Apostre, *si nous ne voulons*, poursuit S. Bernard, *estre reputez incapables de son eschole.*

La 3. est cét adueu commun, que n'aduancer en ce fait, c'est reculer. Ce que S. Augustin, & S.Bernard, discourent specieusement & spacieusement, aux lieux que la marge indique. C'est s'esloigner de Dieu, que ne s'en auoisiner, *& qui elongant se à Deo peribunt.*

Bern. ep. 141.
Aug. in Ps. 69.
Ber. ep. 253. &
341.

Le soldat qui s'escarte de son gros, est soudain troussé, fut-il le plus vaillant de la trouppe, fut-il vn Geant Goliath.

L'oüaille qui se separe du troupeau, court risque d'estre enleuee du Loup.

Celuy perd son chemin, qui cherche vn ombrage à l'escart, tesmoin le lierre de Ionas, qui le fit esgarer de Niniue.

Celuy à qui la main varie, & qui ne regarde fixement son blanc, iamais n'y atteint. Il faut tendre à la perfection sans se destendre, & auec ferme iustesse, autrement tout est gasté, car *celuy qui est mol & lasche en ses actions, est frere de celuy qui dissipe ses œuures.*

Prou. 22.

La 4. raison qui nous excite au progrez, c'est que tout trauaille, en haut les Cieux en leurs mouuemens, le feu en son actiueté, les Planettes en leurs courses, en bas les fleuues en leur flux, l'air en ses agitations, les animaux en leurs fonctions les oyseaux par leur vol, les poissons par le nager, *voire & les mondains*, dit sainct Bernard, *sans cesse sont en action pour les biens de la terre, comment sont esueillez les ambitieux, les auares, & les larrons mesmes?*

Ber. ep. 341.

Il n'est pas iusques aux abeilles, & aux

fourmis, qui ne facent aux lasches vne honteuse leçon. Le grand Poëte descrit celles-là, en vn liure entier, & ces autres, en ceste peinture.

Ac veluti ingentem formicæ farris aceruum,   Virgil. l.
Cùm populant hyemis memores tectoque reponunt.   4.
It nigrum campis agmen, pars grandia trudunt,   Georg.
Obnixæ frumenta humeris, prædamque per herbas
Conuectant valle angusto, pars agmina cogunt
Castigantque moras, opere omnis semita feruet.

En fin toutes les choses sensibles, & insensibles, sont empressees à s'aduancer, & l'homme seul qui *est né pour trauailler*, sera negligent à faire progrez en vertu?

L'Oüaille qui n'engraisse à la pasture, est elle pas sequestree comme vitiee & gastee?

Le Champ sterille est il pas laissé en friche en proye aux chardons, & aux mespris?

Le figuier inutile, fut-il pas maudit par nostre Seigneur, *& tout arbre infructueux, est-il pas destiné aux flammes?*

Tout homme tiede sera vomy de la bouche de Dieu, le   Apoc. 3.
S. Esprit ne veut point des retardations, celuy est maudit qui fait l'œuure de Dieu auec lascheté & negligence.

Audentes Deus ipse iuuat, mollesque repellit,
Non est ad astra mollis è terris via.

Si ce progrez est de necessité, combien est il de plus grande vtilité, puis qu'il nous tire à Dieu, & attire Dieu à nous?

L'Espoux est dit, *se repaistre entre les lys*, dont le propre est de s'aller tousiours espanoüissans & estargissans iusques à leur fin. Lys dont le ius est, mortel aux crapaux l'odeur chasseresse des serpens & qui se maintient toufiours frais iusques au flaistrir, emmy la noirceur des hideuses brossailles.

C'est ce progrez plein de ferueur qui fait tant de chemin en peu d'heure, & qui r'habille tant de deffauts, c'est ceste *charité zelee qui efface tant de pechez*. C'est cela qui change les grands pecheurs en de grands penitens.

Le voyageur qui a musé plus qu'il ne falloit à l'hebergement, redouble ses pas pour parfournir sa iournee auant que la nuict le surprenne.

S. Paul, la Magdaleine, le Prodigue, en sont de riches tableaux, lesquels, *consummati in breui expleuerunt tempora multa*. Celuy là en vn instant, de vase d'ignominie, & de fureur, est fait vaisseau d'election, & de faueur, à celle là maints pechez *ont esté pardonnez pour auoir beaucoup fait*. Celuy cy est restitué en son premier estat, apres vne bonne & entiere recognoissance, voire de tant plus chery qu'il estoit miserable.

Le plus puissant vinaigre de repentir, se fait du plus fort vin de la desbauche precedente.

Et le cheual aduance le plus qui a les esperons dans les flancs, celuy se depesche de bien faire, *qui repense à ses maux passez en l'amertume de son ame*.

Le Soldat est rendu plus courageux, par la veuë de son sang, & les cheuaux recours du loup, ont plus de generosité que les autres, à ce qu'on dit. La pomme meurit plustost à qui le ver ronge le pepin, & ces pecheurs font souuent le plus de progrez en vertu, qui sont les plus chargez de
vices

vices espoinçonnez du remords de leurs consciences, autrefois scelerees.

Descouurons d'autres esguillons qui nous pressent à ce progrez. Le 1. sera que la vraye vertu ne dit iamais c'est assez, ce que discourt & monstre diffusément sainct Bernard au lieu preallegué. Elle appelle à soy toutes les autres d'vne suite, & concatenation necessaire comme les chaisnons d'vne chaisne s'entr'embrassent. Le tissu des vertus est pareil à vn ouurage de reseüil difforme si seulement y manque vne maille.

IV.

v. Bern. epist. 243

Le 2. sera l'exemple de ce grand & parfait Apostre des Gentils, qui apres mille morts, mille maux, mille perils, mille fatigues, & mille peines prises pour le nom de Iesus, dit la bouche d'or, declare neantmoins qu'il ne pense auoir atteint au but de la perfection. Deuoré d'vn sainct zele de faire tousiours vn progrez plus signalé. Vt Christum lucri facere.

Phil. 3. & ibi Chrys. hom. 12. & hom. 2 in Gen.

Le 3. moyen d'auancer, est d'employer l'aide du Ciel, comme estans des terres sans eau, steriles sans l'assistance d'enhaut, dont tout bien deriue.

Le 4. d'y ioindre le concours de nostre propre industrie, car nous sommes coadiuteurs, aidans par la voile les rames. Les Anges qui vont & viennent sur l'eschelle du Patriarche ont des aisles & des pieds, figure de l'aide reciproque des aisles de la grace, & des pieds de nos operations.

Le 5. Consulter sans cesse le miroir de nostre Conscience, comme les Dames curieuses de leur beauté, pour ne souffrir aucune ta-

H

che sur nostre ame qui la puisse rendre, ou desagreable, ou mescognoissable à son celeste espoux.

Balayons sans cesse la poussiere de nos mauuaises habitudes, comme nous faisons les ordures de nos habits.

Le 6. renouueller tous les iours, ains à tous momens nos bons propos, & d'amendement, & d'auancement, exercice denoté en l'Escriture, *par le raieunissement de l'Aigle.*

Croyons & crions tousiours que nous ne faisons que commencer à nous conuertir. *Ego dixi nunc cœpi, hæc mutatio dexteræ Excelsi, nunc dixi, ecce venio,* renouuelons sans cesser nos bons desirs. *Renouamini spiritu mentis vestra.*

Battons à secousses & reprises, les aisles de nos bonnes affections, pour nous maintenir en l'air de ce progrez celeste.

Et remontons souuent l'horloge de nostre cœur, que le poids de la terre ne desbande, destend & relasche tousiours que trop, en fin allôs tousiours de vertu en vertu, iusques à ce que *Videatur Deus Deorum in Sion.* Dieu, mes tres-chers, vous en face la grace.

Et ensemble de retenir de ceste exhortation, 1. que c'est que Progrez vertueux, 2. sa Necessité, 3. son Vtilité. 4. les aduis qui maintiennent ceste Angelique vigueur en nos ames.

Psal. 76.
V. Greg.
li. 22.
Mor. cap.
20. Ephes.
4.

DEVXIESME MARDY.
De la Vaine Gloire.
HOMELIE XII.

Super Cathedram Moysi. Matth. 23.

L'Asne de l'Emblesme, qui s'endimanchoit des honneurs qu'on rendoit à l'Idole d'Isis, *Alciat.* qu'il portoit sur son dos, fust bastonné par son *embl. 7.* conducteur, & baffoüé de s'arroger ce qui ne luy appartenoit pas. Si l'humilité est seante à aucune condition, elle l'est principalement à ceux qui traictent les choses sacrees, car les grands honneurs qu'on leur defere, visent plustost à Dieu qu'à eux, neantmoins la Vanité les flatte tant qu'elle les pippe de ceste persuasion de s'approprier ce qui est rendu à leur robbe. Nostre Seigneur fait auiourd'huy vne merueilleuse Mercuriale, au fast presomptueux des Scribes, & Pharisiens. Surquoy nous prendrons occasion de vous entretenir de la Vaine gloire, 1. voyans ce que c'est, 2. son inanité, 3. sa Confusion, & 4. les Antidotes de ceste enfleure, & bouffissement d'esprit.

La gloire, selon S. Ambroise, *est vne claire reputation auec los.* C'est comme vne flamme qui a brillement & bruslement, lueur & chaleur.

Ce n'est pas chose mesprisable de soy, pourueu qu'elle soit fondée sur la vertu, & le vray merite, mais on appelle Vaine Gloire, celle qu'on s'attribuë, ou de chose mauuaise, ou de chose fausse, ou de valeur qu'on n'a pas, ou de chose friuolle.

I.

Falsus honor iuuat & mendax infamia terret
Quem nisi mendosum & mendacem.

Ixions qui embrassent pour des Iunons, des creux nuages, *Et qui ambulant super pennas Ventorum.*

Thrasons, *Qui ambulant in magnis & in mirabilibus super se.*

Ie ne sens pas autrement bien pourquoy quelques Sommistes, la distinguent separément de l'orgueil, en faisans vn peché mortel separé & le premier des 7.

Car de dire que la Superbe est vn peché general, *& comme la racine de tous les autres*, & que ces 7. vices capitaux sont ses branches, ie ne voy pas qu'il y aye tant de fondement en ceste opinion.

Trop mieux en celle-cy que la Vaine gloire est distinguee en la Superbe, côme l'espece du genre, comme la fille de la mere, comme la branche du tronc, & qu'elle est la premiere engeance de la Superbe le 1. des 7. des pechez capitaux.

Folle humeur qui *esleue l'homme par dessus soy*, pour le faire tomber au dessous de soy, & l'abysmer en la vanité de Choré au centre de la terre, auec les orgueilleux Demons.

v. Senec.
epist. 77.

Côme s'il falloit mesurer la hauteur du Nain auec ses patins, la petite statuë auec son soubassement, le corps auec des eschasses, & l'homme auec les vaines dignitez & preeminences qui le semblent releuer sur le commun.

Quelque grandeur qu'on aille imaginant en luy, fait vn Ancien, *on ne peut surhausser son humanité, pour estre vn throsne eminent, on n'est assis* qu'à la forme des autres.

Quelle erreur de iuger des temples d'Egypte par le dehors, qui diroit qu'au dedans il n'y eust que des chats, hyboux, & porreaux pour diuinitez, si vous perciez la poitrine de ce vain glorieux que vous y verriez de Chimeres ! Ridicules d'ineptes fantasies.

Nostre ame & nostre corps sont en balance, la depression de l'vn est l'eleuation de l'autre, ceux qui se regardent tant, ont ordinairement l'esprit plat & mousse.

Ce sont des Cenotaphes vuides, qui ont belle monstre & rien au dedans. *Magna in frontispicio, nulla in recessu.*

Moulins à vent qui n'œuurent que par bouffees, & qui tournent à toutes aures.

Organistes qui ne peuuent rien faire sans les soufflets des vaines loüanges.

Mariniers qui ne desmarent iamais du port pour entreprendre quelque bonne action, qu'ils n'ayent les vent de l'acclamation en pouppe.

Nous voila tous portez à l'inanité de ce vice, laquelle on ne peut mieux tirer que du surnom de vaine, dont on baptise ceste sorte gloire, qu'arrogamment s'arrogent les impertinents.

II.

Le Paon en est l'image, & Narcisse l'Idee, qui se perdent en la consideration de leurs beautez.

Crapaux qui en fin creuent pour se vouloir grossir & bouffir comme des bœufs.

Quelle la vaine niaiserie de nos Courtisans qui regardent à sa cappe, à ses bottes, à sa des-

H iij

marche quel homme c'est.

N'est-ce pas vne vanité insupportable & desraisonnable, de faire le fendant, & le braue pour monter vn beau cheual, pour estre bien emplumé, pompeusement vestu, briller de pierreries, quelle bassesse de cœur, de releuer son renom par vne fraize, vn pennache, vne beste? n'est ce pas vne gloire de Bucephal, à qui les beaux caparraſſons metroient le cœur au ventre? ou s'il y a de l'honneur en ces bagatelles, n'est-il pas à l'oyseau, qui a fourny la plume au ver, qui a filé la soye, au rocher, qui a produit ces diamans?

D'autres se mirent, & admirent pour la freſcheur de leur teint, la couleur de leur poil, la delicatesse de leurs mains, leur habilité à dancer, voltiger, toucher des instrumens, cœurs mols & feminins, qui s'amusent à ces enfantineries.

Et n'est-ce pas vn pur pedantisme de vouloir regenter le monde, & se percher sur les ergots pour vn peu de sçauoir?

Ces escus si clairs, luisans & haut tintans, sont ordinairement faux & legers, le bon alloy est plus pesant, sourd, & sombre.

L'Inanité de ceste gloire, comme vn vent, esmeut & esbranle bien les ames inconstantes & ondoyantes comme la mer, mais elle ne secouë en aucune maniere les ames affermies en leur humilité, fondee sur l'abiection de leur estre comme des rochers immobiles.

Voulez-vous voir ceste gloire, *C'est vn vol d'oyseau en l'air, vn glissement de serpent sur la pierre, la* trace d'vn nauire sur l'eau, vn fray qui ne laisse aucun vestige.

C'est vne bouteille d'eau, qui n'estant que boursoufflee de vent, se creue au premier souffle.

C'est vne fumee qui s'euapore en s'esleuant, & dont l'exhalation est la ruine. *Sicut deficit fumus deficient.*

Mais fumee du puits abyssal de l'Apocalypse, qui empeste l'air circonuoisin, & remplit le monde de sauterelles, de querelles, de risees, de troubles: à ces Vains Glorieux on peut appliquer ceste lettre destournee, *tange montes & fumigabunt.*

Roseaux le iouet des vents, verds & beaux & l'escorce, mais creux & vuides de moüelle, & de ceruelle.

III. Voyons maintenant la Confusion, la Vergongne, & l'Infamie de ce sot vice, grande prouidence du Ciel, *qui deiette les puissans de leurs sieges & esleue les humbles.* Ce que les Glorieux pensent semer pour acquerir de l'honneur, leur produit des mocqueries.

Ce sont des balons enflez de vent, dont se ioüe en les pelaudant, il n'est celuy bien sensé qui ne les nazarde. *Omnes videntes eos derident, loquuntur labiis & mouent caput.*

Le Paon auquel nous les auons tantost accarrez, faisant la roüe de sa pauonnade, monstre d'ailleurs tout ce qu'il a d'infame. Le Vain Glorieux, à mesme que par ses vanteries il se veut acquerir vne bonne opinion, il se remplit le visage de honte

H iiij

Le Singe escoüé, plus il grimpe haut, plus il descouure ce qu'il a de deshonneste. Laissons faire le retour à sainct Bernard, *La gloire*, dit il, *tourne en confusion à ceux qui cherchent la vanité du siecle*, le Psalmiste mesme disant. *Ceux qui plaisent aux hommes sont confondus, car le Seigneur les a mesprisez : mes freres qui sçauez ces choses, n'appetez point d'estre loüez en ceste vie, car si vous ne referez toutes ces loüanges à Dieu, vous estes larrons & sacrileges. Car d'où se peut venir la loüange puante pourriture & poudre? d'où à toy?*

Absalon se panadoit & glorifioit en ses beaux cheueux, tant prisez en l'Escriture, & voila qu'ils sont cause de sa ruine, ils le suspendent à vn arbre, où Ioab le transperce, & luy oste la vie & la gloire.

Les tourbillons qui agitent la mer, confondent les ondes l'vne en l'autre, changeans les montagnes d'eau en des gouffres abyssaux, quantes par la vanité, *tolluntur in altum, vt lapsu grauiore ruant?*

La vaine gloire c'est vn Nil, car *gloria nil est*, qui semble feconder l'Egypte, mais il la remplis de bourbe, de serpens, & de Crocodilles, les honneurs semblent gracieux, mais combien roulent ils de miseres?

Demosthenes disoit que s'il eust sceu les conuulsions que souffrent ceux qui s'ingerent au maniement des affaires publiques, il eust plustost choisi la mort que de s'y embarquer.

Ce vent est-il pas le plus fascheux & importun, qui rebrousse les habits, & qui expose en

Serm. 13. in Cant.

Psal. 52.

veuë ce que nous tenons caché, tel est celuy de la Vaine gloire, car les poinctilles de ceux qui en sont férus, exposent leurs qualitez, leur naissance, leurs conditions, à l'examen, à l'enqueste, & à mille contradictions qui font souuent redeuenir Ceryllus Lachetes.

Archidamus Roy de Lacedemone, ayant ouy comme Philippes Roy de Macedoine, se brauoit, & glorifioit pour vne victoire signalee qu'il auoit obtenuë *s'il mesure son ombre*, fit-il, *il ne la trouuera pas plus grande pour cela*. Sueto. in Cesar. cap. 23.

C'est comparer comme il faut ceste Gloire, que de l'appeller ombre, car comme celle-cy est vne priuation de lumiere materielle, celle là l'est de la spirituelle.

Celle cy s'allonge quand le Soleil s'esloigne, quand la gloire du siecle nous accroist, c'est vn presage de la diminution de nostre future.

Tres bien Cesar à des estrangers qu'il voyoit à Rome, fort amoureux de petits chiens, demanda en leur pays, si leurs femmes ne portoient point d'enfans, n'est-ce pas vne chose friuolle, folastre de s'amuser à la gloire transitoire de çà bas, *qui passe comme vn simulachre*, en ayant vne eternelle deuant les yeux, à conquerir & rechercher?

Ceux qui cherchent les perles ne chargent pas de squilles & de conches.

Aussi le mespris est le 1. & plus exquis remede que ie trouue de cette maladie d'esprit, la gloire comme la Camomille, & le Saffran vient mieux foulee & desdaignee. IV.

Rasee comme la barbe, elle vient plus espesse.

Cest ombre, pour persister en ceste assimilation suit ceux qui la fuyent, & fuit ceux qui la suiuent.

C'est vne vilaine Courtisane qui rudoye ses poursuiuans, & brusle impuissamment pour tel qui la desdaigne.

Elle rebondit puissamment, comme la balle quand elle est reiettee, & poussee contre terre.

Pareille à quelques chiens, qui reuiennent plus on les bat.

Le mespris l'a fait profiter au centuple: *Car Dieu cherche la gloire de ceux qui laissent la leur pour viser à la sienne.*

Voyez comme sainct Pierre se fasche contre ceux qui admiroient ses miracles: *Pensez vous, disoit-il, Israëlites, que ce soit de ma propre vertu?* non, non, c'est de celle de *Iesus*.

Les Exemples ont plus d'energie que les preceptes, finissons par ceux des glorieux, & des humbles qui seront deux Antidotes, que nous ioindrons à ce premier.

Lucifer par ce peché commença sa reuolte, mirez ainsi sa cheute.

Adam aussi le suiuant, car desirant estre comme Dieu, il fut chassé du Paradis Terrestre, comme l'Ange rebelle du Celeste.

Nabuchodonosor se voulant deifier, fut rendu comme vne beste.

La reprobation du Vain Glorieux Pharisien iettant ses faits pieux, & se preferant à l'humble, & repentant Publicain est claire en l'Euangile.

Luc. 18.

Ceux de l'autre fonte seront, 1. l'humilité de

S. Iean Baptifte, qui en fi grande reputation de faincteté emmy les Iuifs, & enquis s'il eftoit le Meffie, fe dit *la voix du defert, & indigne de deflier la chauffeure du Chrift*.

Le 2. Exemple, celuy du bon Centurion, auec fon, *Domine non fum dignus*.

Le 3. celuy de fainct Paul, & Barnabas, qui s'offençoient comme de grande iniure, des honneurs diuins que les Lyftrenfes leur vouloient deferer.

Sainct Gregoire Euefque de Tours, referoit aux interceffions des Saincts, dont il portoit les reliques pendues à fon col, les vertus miraculeufes que Dieu operoit par luy.

Et fainct Bernard trembloit, operant des merueilles, redoutant que par la vaine gloire elles ne l'entrainaffent en l'abyfme de damnation.

O! mes amis, comment Iefus en noftre texte, laue la tefte à ces Millords de Rabbins, *qui dilatoient leurs Philacteres, ambitionnoient les premiers lieux, anticipoient les hauts bouts és tables, affectoient les falutations, & reuerences publiques.*

Apprenez cependant de ce difcours, 1. que c'eft que Vaine Gloire, 2. fon Inanité, 3. fa Confufion, & 4. fes Antidotes.

TROISIESME MERCREDY,

Les Espines preferables aux Roses.
HOMELIE XIII.

Ecce ascendimus Hierosolymam. Matth. 20.

PRoposition paradoxique, verifiée neátmoins par nostre Seigneur au texe courant, & par trois fois, 1. monstrant que les espines de la Passion deuoient preceder les roses de la Resurrection, 2. Declarant à ses deux Disciples ambitieux, enfans de Zebedee, que les espines des souffrances estoient preambulaires aux prerogatiues de la seance, 3. Enseignant à tous ses Apostres ialoux, que les espines de la subiection estoient plus estimees de luy que les roses de la domination. Somme, on ne peut paruenir aux roses que par les espines, ny au miel qui ne se resoult à la poincture des abeilles, ny *au refrigere qu'à trauers le feu & l'eau* de la Tribulation, & que l'aduersité aye des aduantages sur la prosperité, c'est vn lieu fort commun que ie laisse, pour ne traiter en ceste Homelie que ceste seule similitude qui luy sert de tiltre, monstrant comme les Espines de la Tribulation sont plus honorables 2. Profitables, 3. Delectables : & partant 4. plus desirables en ceste vie, que les Roses des Contentemens mondains.   Venons:

Tribulus, comme chacun sçait, est vn vn hallier d'espines, delà a pris sa denomination la Tribulation, *Lappa & tribulus ascendet*, & de la parallelle aux Espines, la chose estant si euidente, ie le

Matt. 20.
Marc. 10.
Luc. 18.

I.
Osee 10.

tiens inutile.

Or que la Tribulation soit l'element du Chrestien, comme les hazards, les perils, & les combats du braue soldat, c'est chose toute claire, puis que mesme toutes les Beatitudes Euangeliques sont autant d'Afflictions.

Si celuy-là est indigne de la gloire militaire, & du nom de valeureux, qui n'a iamais paru aux furieux rencontres des armes, celuy l'est du beau & honorable nom de Chrestien, qui n'a pour l'Amour de son Dieu paty plusieurs souffrances. *Pensez* dit le deuot sainct Bernard, *qu'il fait beau voir sous vn chef couronné d'espines vn membre delicat.*

En l'assemblee des arbres pour l'election d'vn Roy (Apologue couché dans les sactez cahiers) l'espine fut preferée à tous, & luy fut donnée la Couronne. Ceux qui souffrent le plus en terre pour Dieu, & *pour Iustice*, sont les plus enguirlandez au Ciel. *où sont plusieurs mansions* selon les degrez des merites. *Iudic. 9.*

La Croix autres fois tant ignominieuse, est maintenant tant glorieuse, qu'elle enfeste les Couronnes Royales, & les Diadesmes Imperiaux. S. Paul ne se vouloit *glorifier qu'en icelle*, & ne *prescher qu'vn Iesus Crucifié, folie aux Gentils scandale aux Iuifs, mais sagesse aux esleus.* Et puis que les espines ont esté consacrées en son Chef, comme la Croix en son Corps, pourquoy ne seront elles aussi honorables que celles-cy venerables?

Sortez filles de Sion, & venez voir le Roy Salomon, auec le Diadesme duquel sa Mere l'a couronné au iour de ses espousailles, & de la liesse de son cœur. Merueil. Cant. 4.

le d'Amour qui reuerdit emmy les douleurs, & qui luy fait appeller iour de ioye, celuy de sa mort, auquel il *espousa l'Eglise en son Sang, se donnant à elle pour Espoux sanglant. Et racheptant ses enfans, & les purifiant en son Sang.*

Il est vrayement ce Belier attaché par les cornes aux espines immolé par Abraham, l'Eternel Pere, pour Isaac, l'humaine nature. Mais par ces espines, *cornu eius exaltabitur in gloria.*

La terre fut maudite de Dieu par la productiō des espines. Et voila dit sainct Augustin, que Iesus arrachant ceste malediction de la terre pour l'enleuer sur son Chef, *Est frappé pour nos pechez, il supporte nos langueurs, & nos infirmitez.* Et se fait vne couronne de l'abolition de nos fautes. Il soit beny à iamais. Amen.

<small>Gen. 3.
Aug. tra.
19. in Ioā.
v. Tert. de
Cor. milit.</small>

Quel honneur nous fera-ce donc, en iettant là les roses des molles delices, d'empoigner comme luy, les espines des douces douleurs, & douloureuses douceurs qui se moissonnent *comme vne Myrrhe amere au Iardin* de son Amour?

Les Couronnes des Roys de la terre, disoit le Roy Seleucus, en apparence toutes de roses, sont si pleines de poignantes espines, que qui les sçauroit, n'en daigneroit ramasser vne de terre. Et celle de nostre Seigneur, en monstre toute d'espines, est remplie de telles fleurs que qui les odereroit auec le flair d'vn vif & vray ressentiment, n'en voudroit iamais d'autre. *Nostre gloire seroit ceste Couronne.*

Et aussi nostre grand Profit. Car nostre ame qui se peruertit par les roses de la prosperité, se conuertit par les espines de la Tribulation. *Conuersus sum in ærumna mea dum configitur spina*, qui pense à Dieu parmi les festins, est on malade, chacun crie, *Mon Dieu, mon Dieu, pourquoy m'auez vous delaissé?*

Les espines conseruent les arbres & les chãps, & la tribulation les vertus.

Pour aller droit, & ne s'escarter point, il faut suiure les grands chemins bridez de hayes espineuses, *sepiam viam tuam spinis*. Et pour se dressẽr au Ciel sans vagabóder, il est tres-seur de suiure le train de l'aulterité de la vie.

Les oyseaux plus accords bouchent leur nids d'espines pour deliurer leurs petits de la proye, & le Rossignol dort sur l'espine pour esuiter les embuscades du serpent. *Il y en a vn iardin*, dit Baruch, *vne espine blanche sur laquelle se repose tout oyseau*. Que les iustes soient denotez par les oyseaux, il appert en plusieurs lieux des sacrees pages, ce sont ceux là qui reposent dans les espines des tribulations, *faisans operations en plusieurs eaux*, qui iouyssent du calme emmy les tempestes, cõme les Alcyons dans leurs nids faits d'arestes aiguës de poissons. Et qui couronnans leurs cœurs des espines sacrees de leur chef, en destournent les serpens des pechez, & les oyseaux de proye des tentations rauissantes.

Les ronces abondantes en vn lieu inculte, sont signe de bon terrein, & c'est vn tesmoignage de l'amitié de Dieu, que d'estre assiegé & sursemé d'afflictions. *Il n'est rien si miserable*, dit vn Ancien, *que celuy qui n'a iamais eu de misere*.

Irrigabo torrentem spinarum, dit Dieu en Ioel, que veut dire cela, sinon que ceux qui sont les plus accablez d'afflictions, sont en fin les plus arrosez de consolations ? *Secundum multitudinem dolorum meorum in corde meo, consolationes tuæ lætificauerunt animam meam.* Touſiours *prope est Dominus his qui tribulato sunt corde. Clamauerunt iusti, & Dominus exaudiuit eos, & de omnibus tribulationibus eorum liberauit eos. De torrente in via bibet, propterea exaltabit caput.*

Ce sont ceux là, *qui colligunt de spinis vuas, & de tribulis ficus, & qui faciunt de tribulatione prouentum.*

Ce sont ceux *qui exardent sicut ignis in spinis, &* dont la Charité ne se peut esteindre par les eaux.

Les baſtons noüeux & eſpineux sont les plus forts, & ces ames les plus robuſtes qui sont les plus exercees par la tribulation. Voila donc cōme elle eſt profitable, puis qu'elle conuertit, 2. conſerue, 3. dirige, 4. deſtourne du peché, 5. attire la diuine grace, 6. & la conſolation, 7. & le diuin amour, & 8. fortifie.

III. Mais comment eſt-il poſſible, me demandez vous que les eſpines ſoient delectables: nous feriez vous point accroire en fin, que les anguillades chatoüillent, que les maux ſont beaux, que les pleurs ſont des fleurs, que la mort eſt la vie?

Ayez vn peu de patience, mes bons amis, & vous verrez que ie n'ay rien aduancé temerairement.

Eſt-il pas vray que l'eſpine noire florit blanc? il eſt encores plus vray que l'aduerſité patientée engendre de grandes rettibutions, & en ceſte vie, comme il paroiſt en Iob, & l'autre, où les

Martyrs

Martyrs benissent leurs supplices.

De vray, si vous serrez les espines, elles poignent, nullement si vous les tenez, ou à main lasche, ou auec circonspection. Ceste affliction vous presse, parce que vous la pressez, & vous en empressez, maniez-là auec prudence, & ne prenez point le tison par où il brusle, vous verrez que c'est vne verge de correction paternelle qui vous paroist hors de la main de Dieu vn serpent effroyable.

Les espines sont douces, voire polies par tout, sinon aux extremitez de leurs piqueures, ostez moy ces pointilles, & vous trouuerez que *nemo læditur nisi à seipso.*

La rose seiche gratte côme vne espine, & c'est lors qu'elle sent mieux, elle ne sert à rien que pilee, l'aduersité monstre mieux la vertu que la prosperité, qu'vn ancien *appelloit sa marastre.*

Quoy, & les Payens nous font-ils pas ceste leçon des espines delectables, puis qu'ils ont côsacré l'artichaut, dont le fruict a des fueilles si poignantes, notamment le sauuage, à leur Venus Deesse de toutes delices?

Et d'vn ton plus venerable l'Espoux sacré loge-il pas dans *les espines, les Lys de ses plus cheres delices?*

Et tous les animaux ne font-ils pas leurs forts, leurs licts, leurs repaires, leurs bouges, leurs retraites dans les plus espaisses broussailles dans les plus forts taillis, non seulement pour leur seureté, mais encores pour leur contentement, & leur aise?

Croyez-moy, mes freres, les espines ne doichirent que les habits ou la peau, elles n'offencent iamais à la mort, les aduersitez de mesmes, ne roulent qu'autour de nous, nullement dedans nous.

Auytus & Melitus, disoit Socrate mourant, me peuuent faire perdre la vie, non me faire tort.

Froissez, froissez le vaisseau d'Anaxarche, disoit ce Philosophe au Tyran Nicocreon, qui le faisoit escraser & piler en des auges, mais vous ne pouuez rien sur Anaxarche mesme, il entendoit son ame.

S. Laurens se mocque du Tyran sur son gril, & S. Ignace prest d'estre deuoré par les Lyons, se resiouyssoit d'estre vermoulu de leurs dents, cóme *vn froment esleu* pour la table de Dieu, souffrir pour l'eternité, change les espines en roses.

D'où vient que Iesus couronné d'Espines, n'a où reposer son chef, *ny de nid, ny de taniere?* d'où vient que nulle poitrine luy veut seruir d'oreille, & comme l'Espouse, *le receuoir sur son sein comme vn fardeau de Myrrhe?* C'est ce que la pluspart craignent de se piquer aux austeritez de la vie deuote.

IV. Mais venez, ô desirable Amant, *Inclina cœlos tuos.* Ce beau Chef tout brillant de splendeurs, orné de deux beaux luminaires, *& descende,* sur mon cœur, qui cherit vos espines, & renonce franchement à toutes les roses des sensualitez.

Ainsi fit vostre bien-heureuse Amante & seruante Catherine de Sienne, qui reietta la couronne d'or & de pierreries que vous luy presentiez, pour choisir la vostre espineuse.

Ainsi S. Benoist, vostre fidelle seruiteur, qui en-

Homelies Quadragesimales. 131

testé de roses de titillations, s'alla precipiter tout nud dans les espines.

O mon Amour, deschaussez les souliers de mes opinions anticipees, & faites comme Moyse, que ie vous voye dans les espines bruslantes, c'est à dire, dans des afflictions pleines de feruentes affections.

Et lors, Seigneur, *pro saliunca ascendet abies, & pro vrtica crescet myrthus,* pour ces espines souffertes amoureusement en ceste vie, vous me guerdónerez en l'autre des guirlandes d'immortalité.

De quelque costé que ie me tourne ie ne voy qu'espines & tribulations en ceste valee de mort, *vepres & spinæ sunt in vniuersa terra. Vniuersam terram operuerunt vrticæ, Ad hoc nati sumus ferre mortalia,* dit Seneque. Armons-nous doncques des gantelets d'vne ferme resolution, pour empoigner auec courage ces espines, & en espreindre du jus de merite.

Ne faisans pas comme les Iuifs qui portoient les franges de leurs robbes appellees *Fimbrias,* en forme d'espines, selon sainct Hierosme, & Remigius, tout au bas, comme sous leurs pieds. Imitons nostre Seigneur, qui les mit sur sa teste, *nous glorifians de nos infirmitez, passions & souffrances,* pour son Amour.

Sup. Mat. 3.

N'imitons pas ces malheureux dánez, qui pendant leur vie chátoient à gorge desployee: *venez couronnons nous de roses deuant qu'elles flestrissent, nul pré soit exempt de nostre paillarde, & pillarde,* c'est à dire, prenans toutes sortes de voluptez, & mantenant aux Enfers, ils crient *auec angoisse d'esprit, & d'vne voix enragee, que nous ont profité nos voluptés*

I ij

Homelies Quadragesimales.

vanitez & auarices, tous cela est passé comme l'ombre. Voila ceux dont nous nous gaussions, & à qui nous lancions tant de brocards, sont en la part des Saints maintenant, & nous restons icy affligez à toute eternité, auec des feux deuorans, & des ardeurs intolerables.

O mihi præteritos referat si Iuppiter annos!

O roses volages & passageres! ô roses caduques, & fresles! vn matin vous eschost, vn midy vous espanoüist, vn soir vous flestrit, vn iour, vn moment est vostre aage, vous mourez en naissant: ô que vous n'auriez garde, comme les espines, d'endurer, & durer aux froides rigueurs de l'hyuer! ô mols! ô effeminez! ô gens de peu de foy, & de courage! ie vous laisse ces mortelles roses de mondaines delices, & ie choisis les immortelles espines qui me conserueront pour l'eternité, eternité où sont des roses qui iamais ne desseichent, & dont la beauté est releuee par les espines des tribulations de çà bas: car *tribulatio patientiam operatur, patientia probationem, probatio spem, spes autem non confundit, sed per patientiam reportantur repromissiones.* Fy donc des fades roses du siecle, & viuent en mon cœur les espines sacrees, sucrees, & aigredouces de mon Iesus.

Retenez de ceste verité Paradoxique, & de ce Paradoxe veritable, que les Espines sont, 1. Honorables, 2. Profitables, 3. Delectables, 4. Desirables, & ainsi preferables aux Roses. Nostre Seigneur soit auec vous.

TROISIESME IEVDY.

Du Iugement Particulier.
HOMELIE XIV.

Homo quidam erat diues. Luc. 16.

LE Milan, si prisé en sa vie, si desprisé en sa mort. La perdrix si cherie en sa mort, si persecutee en sa vie. C'est la representation de l'Euangile de ce iour, où en la conscience d'vn riche gourmand, & d'vn Lazare affamé, on voit le diuers but de diuerses routes. Surquoy ie desire vous discourir au Iugement particulier que Dieu fait de chacun de nous au poinct de nostre trespas, à quoy nous inuitent ces paroles du texte. *Le riche meurt, & est enseuely en Enfer, le pauure meurt, & est porté par des Anges au sein d'Abraham.* Ce que nous desduirons, parlant, 1. des deux Iugemens, Vniuersel & Singulier, 2. De cestuy-cy quant aux circonstances du Temps, 3. du lieu, 4. des personnes assistantes, 5. des tesmoins, 6. de l'Examen, 7. de l'Arrest irreuocable. Escoutez, & tremblez.

I. Nostre Seigneur est appellé és sacrees pages, tantost Agneau, tantost Lyon, symbole de ses deux Aduenemés, l'vn doux en son Incarnatiõ, *ecce venit mansuetus & mitis*; l'autre terrible à la fin du siecle. En celuy-là il vint pour estre iugé, en cestuy cy il viendra pour iuger. En celuy là auec humilité, en cestuy-cy auec maiesté, c'est la lettre Euangelique que nous manions.

C'est le double visage de Ianus. C'est vn tableau à deux faces, & prospectiues l'vne de grace, l'autre de rigueur, & ceux qui auront mesprisé sa misericorde Agneline, rencontreront sa Iustice Leonine.

Ce sont les Estoilles, marque de faueur, & l'espee signal de fureur, que sainct Iean vit sortir de sa bouche.

1.Reg.15. Au premier c'est vn Dauid bergerot, ne combattant qu'auec vne fonde, au second vn Roy armé debellant Nabal.

Hierem.1. Qui ne voudra icy recognoistre la Verge veillante, sentira à la fin *la chaudiere boüillante.*

Et qui ne pratiquera les tables de la Loy, sera gaulé de la verge d'Aaron.

Il est ce Cherubin que vit Ezechiel ayant visage d'homme, symbole de sa douceur au premier & de Lyon Image de son extréme, & iuste rigueur au dernier.

Zech.1.

Or ces deux aduenemens, mes amis, nous marquent & font voir ses deux iugemens. Nous ne parlons icy que du particulier, lequel, bien que preambulaire, n'est autre neantmoins en substance que l'Vniuersel, qui ne seruira que de ratification des sentences diffinitiues renduës à la closture de nos iours, & de nostre conte.

Comme l'arbre tombé il demeure, il est pourry, gasté, ou mal propre, il est destiné au feu, si net & sain, il est reserué pour faire quelques beaux ouurages. Facile le rapport.

Et comme, selon la Loy, il appartient au maistre du sol où il a profondé ses racines, & pris sa nourriture, nullement à celuy sur lequel il peut verser, ainsi l'homme, arbre renuerse, appartiét au Ciel, si pendant la vie il y *a eu sa principale conuersation* aux abysmes, s'il s'est enfoncé dans les affections de la terre.

Representez vous qu'vne sentence de mort est premierement signifiee au criminel en vne Conciergerie, & plus publiee sur l'eschafaut à l'heure de l'execution, pareille condemnation, recitee en diuers lieux; mirez en cela les deux iugemens dont nous parlons.

Qui sont comme deux instrumens bien d'accord, qui se correspondent par vne gracieuse symphonie.

Or entre les circonstances, celle du temps me semble tenir le premier rang. Tous les Theologiens donc d'vn commun adueu, le releguent à l'article de nostre mort, ô poinct momentanee d'où despend l'eternité !

Et bien que par priuileges speciaux ceste decision aye esté reuelee à de sainctes ames, comme à S. Estienne *qui vit les cieux ouuerts*, & au bon Larron de leur saluation, & à la B. M. Terese de sa damnation, si elle eust perseueré à mal faire, auparauant le terme de la mort, cela ne doit estre tiré en aucune exemple de consequence.

C'est donc à ce pas que le Dragon roux espie l'enfantement que nostre corps doit faire de nostre ame, sage celuy qui auant cette production se retire au desert de la Penitence.

Autant de parallelles qu'a le Microcosme auec le Megalocosme, autát ont de correspondáce la fin de l'vn & de l'autre, car cóme en la mort de chacun le monde luy meurt, quand il meurt au monde, ainsi en la consommation des siecles le

I iiij

monde mourra aux particuliers, & comme lors sera le Iugement general, aussi en la dissolution de chacun de nous est le nostre particulier.

Ecclef. 6. C'est ce que l'Ecclesiaste a ombré par d'excellentes similitudes, quand il conseille de *se souuenir de son Createur*, auant que la mort surprenne, c'est icy la porte d'vne grande digression. En la termination du monde, le Soleil, la Lune, les Estoilles, les tremblemens, les conuulsions, & mille autres signes effroyables seruiront de presages, en la fin de l'homme les aueuglemens, les surditez, les simptomes, les renuersemens seruent d'auant-couriers.

Il est constant donc, & arresté, que ce sera en ce destachement de l'ame d'auec le corps, que nous serons iugez. Et cela en vn sillement d'œil, car Dieu ne requiert point de temps en ses operations, non plus que nostre œil, qui fait en vn instant sa fonction, & qui voit tout le Ciel en vne œillade.

Tous les atomes de nos fautes paroissent aussi tost que darde sur nostre ame separee le moindre rayon de la diuine iustice.

Les yeux d'Adam furent ouuerts en vn moment pour recognoistre son peché.

Car pour se passer toutes ces choses inuisiblement, qui les péseroit moins vrayes, sinon quelque Athee, comme si nous n'auions point d'ame, parce que nous ne la voyons pas, & comme s'il n'y auoit point de Sphere de feu, parce que elle ne tombe pas sous l'apprehension de nostre veuë.

Balaam ne voyoit pas l'Ange qui le menaçoit,

mais son asne, plus entend la simplicité de ces secrets, que la subtilité, plus on y croit, plus on y voit.

Quand le rideau du corps est tiré, c'est lors que nous paroist vn espouuentable theatre, & le rigoureux tribunal de la iustice diuine, *sicut audiuimus, sic vidimus.*

C'est lors comme à S. Paul, *que les tayes nous tombent des yeux, que nos paupieres sont esclarcies, & que nous voyons des terribles merueilles.*

Nous sommes voirement aueugles naiz en ces choses, mais aussi quád elles nous apparoissent il y a bien plus d'estonnement, qu'Ester, que Bersabee, n'en eurent à considerer les Throsnes pompeux d'Assuerus, & de Salomon.

Mais en quel lieu se tiendra ceste cause? il y a diuerses opiniós, si ce sera au Ciel, ou en la terre, les deux partis sont puisamment forts, ceux du premier disent que Moyse sur Sina, laissant le peuple & les bestes en bas, Abraham sur la mótaigne, sacrifiât & laissant son asne au pied, sont des figures qui enseignent que cela se doit traiter au Ciel, adioustans que le diable mesme y fut iugé, & qu'il y alla bien pour demander licence de tenter Iob: les autres tiennent que ce sera au propre lieu de la terre où l'on mourra, seló ceste maxime, *là où ie te trouue, là ie te iuge.* Alleguent l'exemple de la femme de Loth, iugee & punie sur le champ, de Choré, & d'Oza, de mesmes, de sainct Estienne encores : & certes comme les estoilles dardent bien leurs impressiós, & influences du ciel en terre, comment Dieu ne pourroit-il pas estât present par tout, *le Ciel estât*

III.

son throsne & la terre son marchepied, donner les arrests par tout, *Dominus in loco sancto suo, dominus in cœlo sedes eius, oculi eius super gentes respiciunt, &c. Dominus de cœlo prospexit super filios hominum, prospicit per cancellos, respicit per fenestras.*

Quelques vns ont meilleure grace, qui disent que cela se fait à la porte des Cieux, comme s'il y auoit vne porte, & se fondent neantmoins sur la lettre sacree. *Loquetur inimicis suis in porta*, & allegorisent que comme Salomon rendoit la iustice sur le porche de son Palais, & que les souïllez se tenoient au paruis du Temple, sans y entrer, ainsi Dieu vse à la porte ou entree des Cieux.

Sans recercher auec trop de Curiosité ces vaines particularitez, il conste que *omnes stabimus ante tribunal Christi*, que *statutum est mori, post hoc autem iudicium*, mais de sçauoir determinément le lieu, c'est chose que Dieu a laissee dans le cabinet de sa prouidence, croyons seulement qu'il *iugera les viuans & les morts.*

Et soudain apres la mort nous serons arrestez par vn Arrest, sans attendre la fin du siecle en vue eschauguette, que resueusement se fantastique & forge l'heresiarque de France. Et l'arrest general de la fin du grand monde, ne sera qu'vne confirmation des arrests prononcez à la fin des petits mondes, *Qualem Deus inueniet hominem in suo nouissimo die, talem eum iudicabit in mundi nouissimo die*, dit S. Augustin.

IV. Les personnes presentes en ce redoutable tribunal, seront au moins quatre, l'ame desnuee de son corps, & de toute assistance sera iugee,

Homelies Quadragesimales.

là ny les gardes des Roys, ny les richesses des opulens, ny les sciences des doctes, ny la sequelle des puissans du monde, ont aucun accez, *turba cum paupere mixti, Descendunt reges*, tout s'y iette à pareil moule, *siue reges, siue inopes, erimus coloni*.

Le 2. personnage sera le bon Ange, en la contenance duquel on lira l'euenement de son bon-heur ou mal-heur eternel : ô cher protecteur de ma vie ! ne m'abandonnez pas en ce dangereux destroit, dirigez si iustement mes voyez dés ceste vie, que ie ne chancelle pas, quand se viendra à ce poinct.

Le 3. sera le Demon, ce Tygre enragé & insatiable de sang humain, *cet oyseau infortuné, qui deuore les chairs d'vne morsure tres amere*, ô Dieu deliurez moy *des pattes de ce Lyon rugissant preparé à la proye ! vous estes mon Asile au iour de ceste extreme tribulation*. Deschargez moy mon Sauueur de ces accusations mensongeres, sanglantes, & cauteleuses, *& ie chanteray des Cantiques à vostre glorieux nom, és siecles des siecles*.

Mais comment vous prendre pour Aduocat, ô iuge rigoureux, & seuere, & qui serés assis lors la misericorde sous les pieds, pour iuger les iustices? Seigneur *nul viuant se iustifiera deuant vostre face*. & comment donc, oseray-ie comparoistre ? Beaux yeux qui flambez en ceste vie comme des Planettes fauorables pour nous presager le port vous estincellerez lors comme des Cometes, pour presager aux pecheurs vne eternelle mort, ceste terreur me serre la bouche, que i'ay neantmoins d'autrefois ouuerte sur ce suiet.

v. l. 6. des Diuersit. ch. 4. & l. 51. c. 72. Les Historiens nous fournissent l'exemple de certain criminel blanchi de poil en vne nuict sur l'attente de sa mort differee au lendemain: ô Dieu que la terreur de ce throsne ne nous fait elle blanchir la conscience.

L'Incertitude seule nous doit effrayer, *car qui sçait s'il est digne d'amour ou de haine?* agonie inexplicable.

V.
Apoc. 1. Les tesmoins de cet acte transissant, seront irreprochables & afin qu'en *la bouche de deux ou de trois, le tout soit conclu.* Le 1. sera le Demon, *accusateur malheureux de ses freres,* dont l'enuie aueuglee:

Tam ficti prauique tenax quàm nuncia veri, produira, & ce qui est, & ce qui n'est pas, car c'est sa coustume de mentir impudemment, *& de mettre sa bouche au Ciel,* calomniant effrontément deuant mesme la supréme verité.

La Conscience propre sera le 2. car lors *reuelabuntur ex cordibus cogitationes, le liure des consciences sera ouuert,* elles seront aux coulpables à l'instar de mille tesmoins.

L'Ange particulier sera le 3. lequel & iustement indigné de mespris si frequens que nous auons fait de ses salutaires inspirations, & outre cela sectateur inuariable de la verité, ne desguisera ny palliera chose quelconque.

Toutes les creatures en outre, *s'esleueront contre toy, ô ma pauure ame!* & tant les sensibles que les insensibles, te feront mille reproches inexcusables, ô *qui donnera à tes montaignes de peché, de s'escouler comme la cire deuant la face de ce Iuge?*

VI. Mais, ô Seuerité de l'Examen! que tu me terrifies encore d'auantage! quoy, Seigneur, & que sera-ce de mes maux si mesmes vous me condamnez sur les biens que ie n'auray pas faits: & si vous regrattez si exactement les bonnes œuures que ie pourrois auoir faites, qu'à peine s'en puisse il trouuer vne qui soit *de pur or*, & digne d'estre admise de vostre iustice! *O montagnes tombez sur moy!*

Quoy? pointiller sur vne aumosne, si on l'a point faite, ou par vanité, ou à regret, ou par importunité, ou de bon cœur, ou auec compassion, ou purement pour l'amour de Dieu, ou pour vn sentiment humain, ô Dieu, & quel or souffrira ceste touche!

Ce sera lors que ce Momus verra à cœur deboutonné *ses secrets de nos reins, & de nos riens*.

Ce sera lors que cet Ezechiel, perçant la muraille du temple de nostre poitrine, verra & descouurira *les abominations cachees de la maison d'Israel*. Nous auos autrefois enfoncé ceste matiere, côme on pourra reuoir au precedent renuoy.

Aussi tost examiné, aussi tost iugé, & aussi tost executé, le tout irrefragablement, irreparablement, irreuocablement.

Au meschant il sera prononcé ainsi, *va maudit au feu d'enfer eternel*. Celuy qui sera trouué sans la robbe nuptiale de la grace, & de la charité, ne peut euiter d'estre *enuoyé pieds & poings liez aux tenebres exterieures, où sont les pleurs & les grincemens de dents*. Lors il *pleuura sur le pecheur lacs de feu, & de souffre, la part de son calice, la mort viendra sur luy & il descendra en l'abysme*.

V. II.

Va, luy dira-on, *seruiteur meschant & mauuais mesnager*. Et quand bien *il n'auroit eu qu'vn talent*, il en faudra rendre conte, & combien seront chastiez ceux qui l'auront dissipé, si ceux sont damnez qui ne l'auront fait profiter?

Jerem. 38. Va, dira à l'impie, l'Ange gardien, comme autrefois Hieremie à Babylon, *l'ay fait pour toy tout mon possible, sois maintenant és mains des iustes vengeurs de tes rebellions,* horrible delaissement!

Au bon tout au contraire il sera dit, *Venez benits de Dieu posseder le Royaume celeste, entrez bon seruiteur & fidelle en la ioye de vostre Seigneur, puis que vous auez esté loyal sur peu, vous serez constitué sur beaucoup.* O Dieu que la mort *des iustes est precieuse, & pernicieuse celle des mauuais!* que mon ame s'il vous plaist meure de la mort de ceux-là, que ie voye vostre belle face, & que ceste douce voix d'abolition sonne à mes oreilles, lors i'entreray aux puissances du Seigneur, & ie magnifieray sa iustice.

Ma chere ame, choisissez, *voicy maintenant le temps acceptable & de salut*, c'est icy l'acheminement de l'vn ou de l'autre but. Voy si tu veux estre vase d'ignominie, ou d'honneur: car Dieu sçait changer son decret, si tu sçais changer de vie, dit sainct Augustin.

La Vigne si laide & si bonne, le Sapin si vert & si vain, les deux passereaux de la purgation des lepreux, l'vn esgorgé, l'autre lasché: les deux prisonniers de Pharao, l'vn esleué en vne Croix, l'autre releué en grade. Ce sont autant de Symboles de ces deux diuerses fins, & iugemens determinez du Lazare, & du Riche glouton. Choisissez mes bien-aimez, le feu, ou l'eau, & attendez de telle vie, telle fin, & pareil arrest selon vos procedures.

Et apprenez de ce discours, 1. qu'il y a deux jugemens, l'vn general l'autre particulier, 2. le temps de celuy-ci. 3. le lieu, 4. les personnes, 5. les tesmoins, 6. l'examen, 7. en fin l'Arrest deffinitif de la closture de nostre compte. Ruminez bien mes tendres oüailles, ces herbes ameres, mais tres-salutaires à l'estomac.

III. VENDREDY.
De la Necessité de la Passion de Iesus Christ.
HOMELIE XV.

Homo erat pater familias. Matth. 21.

LE progrez de nature est du petit au grand, de peu à prou, quand le mal augmente, le Medecin multiplie les remedes : & les vlceres moins malins, se traittent par Cataplasmes lenitifs, mais les gangrenes auec le fer, & le feu, l'extremité du hazard, appelle l'extréme Antidote. On reserue les Bezoards, les Epithemes, les Theriaques, les Opiathes, les côfections d'Alchermés, les eaux fortes & cordiales, pour les abois de la mort. La Iustice veut aux enormes fautes de griefues punitions, afin que ———*Adsit*
Regula peccatis quæ pœnas irroget æquas.

La prospectiue de nostre texte, qui nous fait voir les massacres de ces homicides vigne ôstât sur les seruiteurs, q̃ sur le fils vnique du pere de famille, c'est vn tableau enigmatique de la necessité de la Passiô de I.C. sans le sãg duquel & celuy des sacrifices, & celuy des Prophetes, & de tous les iustes depuis Abel, estoit inutile & non bastant pour nostre redemption, de ceste necessité sera nostre discours, auec vn ordre si clair, qu'il se fera voir en sa propre tissure que ie vay ourdir.

I.

Tous les Theologiens, & pour tous S. Thomas sont d'accord, que N. S. dés le premier instant de sa Conception, par sa moindre action a esté capable de redimer dix millions de mondes.

D. Tho. 3.
q. 34. a. 3.

Tiennent encores que Dieu dans les Thresors de son incomprehensible sapience, auoit mille moyens autres pour racheter le peché de nostre Protaplaste qui a attiré tous les autres par vne desastreuse consequence.

D. Tho. 3.
q. 46. a. 1.

V. Greg. de Val. To. 4. disp. 1. q. 1. pag. 5.

Estoit-il donc necessaire, demandent les curieux, que Iesus patist pour la redemption du genre humain? A quoy on respond auec l'eschole par distinction. Vne chose est dite necessaire d'vne necessité necessitante ou Absoluë, ou d'vne necessité de conuenance par hypothese ou supposition de la fin, pour exemple du second. Il est impossible sans nauire de passer en France en Angleterre, ou de Calabre en Sicile, vne barque donc est en ce fait de necessité de conuenance, car bien que cela soit impossible à l'homme, cela est tres-possible à Dieu, qui a mille voyes pour transporter sans bateau comme Abacuc, esleué par vn Ange, S. Pierre, & S. Raymond, de Pennafort marchans sur les eaux. Du premier imaginez vn accident du tout inseparable de la substance comme que l'homme soit risible ou raisonnable, corps & ame.

De

De la premiere necessité, n'est aucunement la Passion de nostre Seigneur, *car Dieu est libre en toutes ses actions, la hauteur de son pouuoir est immense, abyssale sa science; imaginables ses sentiers; inuestigables ses iugemens; ses routes sont autant esloignees de nostre apprehension, que le ciel l'est de la terre.*

De la seconde si, car bien que Dieu eust mille & mille moyens de procurer & parfaire nostre saluation, si est-ce qu'il n'en auoit aucun plus excellent, plus sortable à sa rigoureuse iustice, plus conuenable à sa misericorde, plus proportionné à l'excez de son amour, enuers nous. *S. Augustin. l. 13. de Trinit. c. 10.*

Il a donc esté necessaire, par ceste necessité de conuenance, *que Christ patist pour entrer en sa gloire ou il s'est introduit par son propre sang, & a acquis nostre redemption* par mesme moyen. Et ce pour quatre causes, la 1. pour appaiser son Pere, la 2. pour purger nostre coulpe, la 3. pour nostre salut, la 4. pour satisfaire à son Amour infiny, nous les allons anatomiser d'ordre, & chacune par autorité, 2. par raison, 3. par figure, 4. par similitude. *Heb. 9.*

Certes que l'Eternel Pere fust iustement indigné contre Adam, il ne se peut contester sans controoller les iugemens infaillibles, de ce souuerain maistre, 1. pour son ingratitude, car que n'auoit il receu de sa main vers luy plustost prodigue que liberalle, qui luy auoit donné vne si belle demeure, & la domination sur tout l'Vniuers? 2. pour la facilité de l'obseruance de son commandement, car qu'est-il plus aysé que le non faire, 3. pour la generale vniuersité de ceste faute qui par vne consequence dangereuse s'est glis-

II.

K

see en ces successeurs. *Car nous auons tous peché en Adam.* Or nostre Seigneur, a appaisé ce courroux par son sang.

Comme il est clair par l'authorité de l'Apostre, *càm inimici essemus Deo patri, reconciliati sumus per mortem filij eius*, lequel *est propitiatio pro peccatis nostris, nec pro nostris tantum, sed & totius mundi.*

La raison aussi nous dicte cela, car comme on appaise la colere des Roys, *qui est vne messagere de mort,* & vn foudre, par ses courtisans plus fauoris, que l'ō interpose pour mediateurs de grace, *ainsi auons nous Iesus Christ, qui prie sans cesse pour nous, son pere nostre Aduocat, & mediateur de Redemption. C'est son fils bien-aimé, en qui il prend son bon plaisir,* les traicts de sa fureur embrasee ne peuuent percer ce bouclier quand nous y auons recours.

L'Allegorie en est apparente en l'exemption des maisons marquees sur le sursueil de la lettre Tau, faite du sang de l'Agneau, espargnees par le glaiue de l'Ange exterminateur des premiers naiz de l'Egypte.

La similitude se tirera du Leopard, qui en sa plus grande rage s'appaise par l'inspection de sang d'vn agnelet. Nostre Seigneur est cet Agneau qui *efface les pechez du monde,* dont le sang monstré à son Pere celeste, fait que *non continet in ira sua misericordias suas.*

La seconde cause de sa mort, est l'abolition de nos fautes, *que nul alun pouuoit purifier, mais son seul sang estoit l'hysope propre à nous rendre blancs comme neige.*

L'authorité en est inuincible, *lauit nos de peccatis*

1.Cor. 15.

Rom. 5.

1.Iean. 2.

noſtris in ſanguine ſuo : languores noſtros ipſe tulit , & dolores noſtres ipſe portauit , attritus eſt propter peccata populi , patiens iuſtus pro iniuſtis. Chriſtus pro peccatis mortuus eſt. Apud Dominum copioſa redemptio, ipſe redemit Iſraël ex omnibus iniquitatibus eius , & mille autres. *Apo.*

La raiſon dite apres, que c'eſtoit le ſeul Alexipharmaque, proportionné à l'infinité de noſtre mal, car noſtre coulpe eſtant infinie à cauſe de Dieu, obiect offenſé, il falloit qu'vn hôme Dieu y ſatisfit pour patir comme homme, & comme Dieu donner vn prix infini à ſes ſouffrances, il eſt le bon Samaritain, qui deſcendant au Hiericho de ce monde, a ſceu approprier conuenablemét les remedes aux bleſſeures de noſtre nature. *Luc 10.*

Purgation figuree en celle qui ſe faiſoit des lepreux en l'anciéne loy, car le peché eſt vne lepre ſpirituelle, *& la loy auoit les ombres, & tout leur arriuoit par figure.* On apportoit au Preſtre 2. paſſereaux, l'vn il le réuoyoit libre dãs les airs, l'autre il l'eſgorgeoit, & en aſperſoit du ſãg le viſage du Mezeau, tableau des deux natures de noſtre Seigneur, la diuine impaſſible n'eſt iamais morte, car Dieu, *eſt vn Dieu viuant* & qui ne peut mourir, mais bien l'humaine ſur l'autel de la Croix, & ſon ſang reiailliſſant par tout le monde, nectoye ceux qui deuëment ſe l'appliquent de la Mezelerie du peché. On purgeoit encores les lepreux en leur infondant de l'huile, & du vinaigre en l'oreille, deux liqueurs, ſymbole des deux natures faites en ce pareil rapport. *Leuit. 4.*

Et pour comparaiſon, prenez celle du Pelican, qui par ſon ſang rauiue ſes petits.

IV. La 3. Cause de cette Passion necessitee est nostre saluation. Car comme le Paradis terrestre, aussi le celeste, iusques à ceste sacree mort fust clos à Adam, & à toute sa posterité, mais comme auec sa Croix, nostre Seigneur a brisé les portes d'enfer pour en tirer les Peres de prison, *& emmener la captiuité captiue*, aussi luy a elle seruy de clef, pour ouurir celles du ciel, & y entrer triomphant auec ceste bien-heureuse trouppe.

Heb. 9.
Psal. 24.

L'authorité en est patente en l'Epistre aux Hebrieux. *Christus assistens Pontifex futurorum bonorum, &c.* Dauid en esprit Prophetique, *Attollite portas principes vestras, &c.*

La raison y souschante, car si les barrieres du ciel n'eussent esté ouuertes, l'homme creé pour ceste fin en eust esté frustré.

Num. 35.

Le Type en est assez apparent, en ce qu'apres la mort du grãd Prestre en la loy Mosayque, tous les bannis pour quelconque crime estoient reintegrez, & rehabilitez sans aucune recerche, portes ouuertes de Hierusalem, de mesmes de la terrestre apres la mort de N.S. *grand prestre eternellement, selon l'ordre de Melchisedech.* C'est luy qui *a brisé la muraille de nos pechez, qui nous diuisoit de Dieu. Ipse est pax nostra qui fecit vtraque vnum.*

Pour similitude, considerez que comme nulle autre violence, peut rompre le diamant que le sang tiede d'vn bouc, qui a ceste vertu de l'amollir & le rendre taillable, ainsi le seul sang de l'agneau sans macule estoit capable de rompre les portes diamantines, & terrees de l'enfer. *Confregit portas æreas & vectes ferreos*, & de rendre souplement penetrables celles des cieux à ceux qui en seroient arrosez.

La 4. Cause est la satisfaction de son Amour extrême, appellé *excez*, és saincts Panchartes. **V.**

Oyez les authoritez, *In charitate perpetua dilexi te, in manibus meis descripsi te, ego sum pastor bonus qui animam do pro ouibus meis*. Il appelle le sang que les espines espreignent de son Chef, rosee d'Amour. *Caput meum plenum est rore & cincinni mei stillant guttis noctium*. S. Paul aux Ephesiens. *Deus autem qui diues est in misericordia, propter nimiam charitatem suam qua dilexit nos cùm essemus mortui peccatis conuiuificauit nos Christo, &c.* Et encores, *sic Deus dilexit mundum, vt filium suum vnigenitum daret*. *Ephes.2.*

La raison manque icy, car l'Amour en est priué, *Amare & sapere nec Deo conceditur*. sa qualité est d'estre aueugle & qui luy leue le bandeau, luy enleue son plus gracieux ornement. I'aime mieux laisser à penser, que d'estendre ceste proposition, que de tous le moyens diuins, il n'y en a eu nul plus forçable à l'infinie immensité de son Amour. *Maiorem charitatem nemo habet quàm vt animam suam ponat quis pro amicis suis*, quoy donc de l'exposer pour ses ennemis ! ô vnique bonté de Dieu, *miserateur & misericordieux*.

Cruel Amour pardonne à son sang, & du moins espuise plustost toutes mes larmes.

Nec lacrymis crudelis amor nec flumina ripis,
Nec Cythiso saturantur apes nec rore cicadæ.

De figures il y en a à milliers, contentez-vous pour ceste heure de celle de Sichem, qui se fit

K iij

circoncire pour l'Amour de Dina, & tost apres fut assassiné par les freres de ceste fille rauie. Voyez y nostre Seigneur, espanchant son sang pour la nature humaine, & martyrisé par les Iuifs freres de ceste corrompuë.

Pour similitudes, prenez Appelles & Demetrius, mourans d'Amour, celuy-là pour Campaste, cet autre pour Stratonice.

Et recueillez de tout ce narré si Methodique que c'est que Necessité absoluë, & de conuenance, que celle cy a fait mourir nostre Seigneur pour quatre causes, 2. la 1. pour accoiser l'ire de son Pere, 3. la 2. pour nous purger, 4. la 3. pour nostre salut, 5. la 4. pour satisfaire à son extréme Amour, ce qu'en sousdiuisant, nous auons exposé en chacune, 1. par authorité, 2. par raison, 3. par figure, 4. par similitude.

TROISIESME DIMANCHE.

Des Playes du Peché.

HOMELIE XVI.

Erat Iesus eijciens dæmonium. Luc. 11.

LA suffisance du Medecin paroist au plus extrémes maladies, l'adresse d'vn Pilote aux plus orageuses tempestes, & la valeur d'vn Capitaine aux plus violés destours. La puissance de nostre Seigneur paroist en cet Euangile où nous le voyons guerissant vn muet sourd & aueugle, Demoniacle, tout à fait desesperé, renant ses fureurs, & triomphant du demon qui le possedoit. Horribles playes que Satan ennemy iuré de l'hôme, auoit excitees en ce pauure affligé perclus en mesme téps de langue, d'ouye & de veuë, & agité d'estranges conuulsions, & qui me font souuenir des playes que le peché excite en l'Egypte spirituelle des ames où il regne. Ce sera autour de ce côcept moral que s'employera toute ceste Homelie, soyez attentifs.

I.

Moyse & les Mages, comme il se lit en l'Exode, combattent à qui amollira ou endurcira le cœur de Pharao à force de signes, celuy-là par des veritables, ceux-cy par des fallacieux, figure du duel de Dieu & du Monde, ou de nostre bon Ange, & du malin, à qui gagnera & rauira nos cœurs, l'vn par les bonnes & sainctes inspirations de la vertu, l'autre par des mal heureuses suggestions & illusions de peché.

Exod. 7.

Et chacun tient vne verge en sa main, mais quelles differences ? la bonne *est vne verge de direction, au ciel, vne verge de vertu, verge de fer,* Sceptre de iustice, *verge de pere*, & la mauuaise est appellee par le Psalmiste, *verge des pecheurs*, verge de Ionathas, qui touche le miel, & engendre la mort. Merueille que Dieu soit tant bon, que mesmes il quintessence par vn alambic surnaturel le bien du mal, par vn art incognu à tout autre qu'à luy-mesme. La verge en la main de Moyse, deuient serpent ictee. Le peché *confessé contre soy à Dieu, est remis par la verge de la discipline*, mais hors là c'est vn serpent embrasé qui n'a que des attaintes de mort.

Les verges des Magiciens ne faisoient que prestiges, & le peché n'engendre que fantasies, & friuolles imaginations. Mais celle de Moyse,

K iiij

qui deuoroit les autres serpens, represente la Penitence salutaire, qui denore le peché.

Mais quoy, le peché mesme n'est il pas vn fleau, vn foüet, & vne verge à son autheur? *Multa flagella peccatoris* & foüet de corde, *funes peccatorum.*

Occultum quatiens animo tortore flagellum,
——— *Attonitos & sæuo verbere cædens.*

Dieu l'a ainsi disposé, dit sainct Augustin que tout esprit desordonné, fust peine à soy mesme.

Ainsi Dieu a mis dans le peché, les semences de sa destruction, comme dans le Scorpion, & la Cantharide, & fait naistre de ce bois pourry, vn ver qui le ronge.

Paternelle la verge de Dieu, qui comme la lance Pelias guerit en blessant, *aussi sa corne est appellee de Licorne,* qui porte le remede quant & la playe. Salutaire Theriaque, qui tire du venin mesme le contre-poison.

Les Mages font des playes pour endurcir, & Moyse, les siennes *par le doigt de Dieu pour flechir,* le cœur diamantin de Pharao, & le diable par le peché tire les hommes, *en l'abysme & puits de perdition,* & Dieu par contrepied attire par l'horreur du peché, au faiste d'vne saincte repentance, voyons cela par le menu, és Antitheses des dix playes d'Egypte.

II. La 1. fut du changement des eaux en sang, & qu'est ce le peché, *sinon vne auersion du Createur (dont l'esprit est porté sur les eaux, & lequel domine sur plusieurs eaux, dont la voix est comme de plusieurs eaux) & vne Conuersion à la Creature?*

Homelies Quadragesimales. 153

Que fait le maudit peché, sinon arracher nostre ame du ciel, son origine, son centre, son vray siege, & sa demeure, & la transporter en terre, pour l'amuser apres des vanitez, des voluptez, & des Auarices terrestres?

L'ame est vne mere perle, infuse comme vne goutte de rosee du ciel dans la nacque du corps, & elle se change en sang, premierement par la contagion du peché originel, & puis de l'actuel denoté par la chair & le sang.

Ceste transmutation en Egypte fit mourir tous les poissons, & le peché engeance du sang estouffe tous les bons desirs de nos ames.

La Penitence au contraire, vertu qu'on peut appeller l'Hercule Chassemal, change l'eau des delices en sang de mortification.

Ou bien l'eau des afflictions *trauersantes les ames*, au sang d'vne masle resolution, ou les aneantit par la consideration du sang que nostre Seigneur a versé en sa Passion, pour engloutir les *ameres & corrompuës eaux* de nos pechez.

Et que nostre noture deprauee soit signifiee par la chair & le sang, il appert en ce que nostre Seigneur dit à sainct Pierre, qu'il estoit heureux de ce que son Pere celeste (qui couure d'eaux les choses superieures) non la chair *& le sang*, luy auoit reuelé sa *Diuinité.* Et n'est il pas dit de sainct Paul, qu'apres sa Conuersion, *Continuò non acquieuit carni & sanguini?*

Moyse retourna le sang en eau, & que fait la Penitence par ses larmes, sinon de changer par l'alambic des yeux en vne eau ploratée de fleurs, & florissante de pleurs, le sang qui boüillonne d'vn cœur *contrit & humilié.*

III. La 2. Playe d'Egypte fut celle des Grenoüilles, figure de l'intemperance de la langue, dont cet animal babillard est le symbole. Et les Poëtes content que les paysans de Delos, pour auoir mesdit & causé de Leda mere d'Appollo, & de Diane, furent changez en ces animaux.

Ils se plaisent aux marais, & considerez la situation de nostre langue en vn lieu tousiours humide & glissant. Ils aiment la bourbe, & le mesdisant se baigne dans l'ordure des fautes d'autruy par la detraction, & se tapit souuent dans le vase de la Calomnie.

Merueille que ces bestes ont vne voix, & non de poulmon, marque du babillard, qui ne fait que causer, sans penser ne considerer ce qu'il dit.

Leur voix ou chant importun est vn presage asseuré de pluye. Plutarque nomme ce coaslement *ololygon*. Les caiolleries des causeurs, c'est vn augure de mauuais temps, de querelles, & de broüilleries.

Ces grenoüilles de causeries aboutissent souuent en crapaux de Mensonge, & de mesdisance, & lors *ils portent le venin d'aspic sous la langue.*

Il y a d'autres Raynes desquelles sont fort assiegées les oreilles des Roys, qui sont les flatteurs qui *les pipent à tout leurs appeaux, & les enchantent* auec leurs tirelires. Pareilles à la Reyne de mer, qui se cache sous le sable, & pousse dehors certaines excrescences de chair qu'elle a sur le nez, & s'en sert comme de leurre, & d'amorce pour attirer l'autre poison, & le deuorer.

La Penitence au rebours, est la Reyne des vertus, & l'extirpatrice des vices, qui se plaist dans les humiditez des larmes, dans le limon de l'humilité, & dont la voix delecte Dieu & les Anges. *Exaudit Deus orationes humilium, & non spreuit preces eorum.*

C'est elle qui a *le miel & le laict sous la langue,* c'est à dire, dans la poictrine, & en la bouche.

Il se fait de la poudre de Grenoüille tres-propre pour guerir les vlceres de la langue, & la Penitence par la Confession reforme tous les pechez de ceste partie si labile, que S. Iacques tient celuy là pour parfait *qui ne peche point en sa langue.*

La 3. Playe furent les poux appellez *Ciniphes,* sur ce mot ie laisse les variatiõs des Interpretes, pour dire que ces bestiolles engendrees de la saleté de nos crasseuses immondices, me representent *nos mauuaises pensees qui sourdent de nostre cœur vitié,* auec toutes leurs illusions semblables à la corne de Morphee.

IV.

Vermisseaux importuns, qui rongent le cœur qui leur donne la vie, & le tuent en fin, engeance viperine.

C'est la sentine qui engendre les rats, qui apres rongent, percent, & perdent le nauire.

Vermine fascheuse, dit Philon Iuif, & pour sa puanteur, & pour la poignante demangeaison que son esguillõ laisse en la surface de la peau, cela conuient fort bien à l'importunité des vilaines pensees qui infestent & infectent vn chaste cœur, & ialoux de sa netteté.

156 *Homelies Quadragesimales.*

Comme les enfans sont coustumierement trauaillez des vers, aussi les ames encores tendres en la deuotion, sont affligees au commencement des fascheuses pensees trauersantes leurs pieux desseins.

Plut. en Syl. A t. 22.
2. Mach. 9. Sozon. l.5.cap.8, Sigibert. in Chron.
Bolsec. in vit. Cau.
Eccl. 7.

Plusieurs pecheurs sont morts rongez de poux, comme il se lit de Sylla, d'Herodes, de l'Empereur Arnauld, d'Antiochus Epiphanes, Iulien oncle de l'Empereur Apostat, Honorius Arrien Roy des Vvandales, & Caluin. Ainsi selon le Sage, *la vermine est la vengeance de la chair de l'impie*. Et combien d'ames meurent à la grace par les mortelles pensees determinees au peché?

Or la Penitence, par la Contrition, rauiue ces pauures cœurs, *& cogitatione confitetur Deo, Sperans in Domino quoniam iterum confitebitur ei.*

Le remede des poux, est de changer souuent, bien qu'aux Galeres on ne tiéne ceste maxime, & l'antidote des mauuaises pensees, est la frequente Confession, bien que les forçats du monde qui ne pratiquent forcément ceste salutaire purgation qu'vne fois l'an, estiment le contraire.

Les poux se retirent des corps morts, & les mauuaises cogitations des personnes adonnees à la mortification.

V. Les Mousches sont la quatriéme playe, qui signifient les desseins & absolus consentemens au peché. Symbole d'impudence, parce qu'estant chassee *semper tamen ipsa recurrit.* Depuis que le penser est anchré & deliberé, le destour en est difficile.

Ce sont ces mousches *mourantes qui perdent*, dit

le Sage, *la suauité de l'onguent*, car les pensees volantes & legeres ne sont que tentations, & titillations; mais les determinees sont selon leur objet mortel des pechez capitaux.

Ces mousches sortent de la poussiere de la terre, & ne viuent qu'en Esté, ces malheureuses pensees sont toutes pour les vanitez de la terre, & se fomentent dans les chaleurs des Voluptez.

Elles n'ont garde de s'arrester sur la glace d'vne conscience nette & polie par la penitence; mais sur celles que le peché a renduës rudes, laides & raboteuses.

Ce sont ces mousches qui sont forcloses du temple d'vn cœur net, & qui comme oyseaux importuns sont chassez par vne ame resoluë, comme par vn Abraham de dessus les sacrifices cordiaux de nos plus sinceres affections.

VI.

La Peste fut la cinquiéme Playe; Marque du peché, non plus dit ou pensé, mais entierement consommé: *car la conuoitise engendre le peché, & le peché la mort.*

La famine & l'air putrefié sont les fourriers ordinaires de ceste contagieuse maladie, ainsi la langue & le penser precedent coustumierement le faire, *dixit & facta sunt*.

Or la Peste n'est point si mortelle au corps que le peché capital l'est à l'ame: & il vaudroit mieux estre saisi de mille charbons en celuy ci, que d'vn seul peché mortel en celle-là; car il y va de là mort eternelle, & en l'autre seulement de la temporelle, & momentanée, qui tousiours tost tard d'vne ou d'autre façon doit arriuer.

La Peste s'engendre des humeurs cachochymes, & du sang corrompu, & le Peché naist des mœurs depraueés, & des habitudes desordonnees.

Elle se guerit par vn fort exquis regime de vie par des parfums, des incisions, des, cataplasmes, & sur tout l'air du feu y est fort vtile, & dit-on que Solon faisant faire plusieurs feux, chassa vne pestilence d'Athenes. La Penitence opere ainsi en la guerison du peché, car elle reigle la vie, nous remplit des odeurs celestes de la priere, applique des Antidottes à nos maux, & principalement allume en nos cœurs le feu du sainct Amour de Dieu.

Le froid de l'Hyuer l'assoupit & esteint, aussi fait la froidure des austeritez, l'ardeur des concupiscences.

VII. A la peste succedent les Apostumes, rongnes & pustules, qui fut la 6. Playe. Elles me representent les repentirs, freres vterins des pechez effectuez, ombres de ces malheureux corps, qui de quelque couleur qu'ils soient, ont tousiours l'ombre noire.

Le peché, comme l'abeille, porte auec le miel de la volupté l'aigre poincture de la repentance.

Ceste Synderese est vn vlcere qui ronge les intestins mal habituez, & conditionnez.

L'esclair n'est point plustost suiui du tonnerre que le plaisir talonné du desplaisir, ce qui est clair en la colere,

——— *qui non moderabitur Irae,*
Infectum volet esse furor quod suaserit aut mens,

Dum pœnas odio per vini festinat iniquo.

Les exemples du peché de Iudas, & de celuy d'Ammon, en seruent de peremptoire preuue.

Et d'vn meilleur biais, celuy de S. Pierre, de la Magdalaine, & du Prodigue.

Les Apostumes se guerissent auec des rasoirs, & des tentes, & les vlceres auec des poudres mordicantes, & corrosiues, tous effects de la Penitence en la destruction du peché.

Ausquels remedes succedent les Lenitifs, car à la reprehension & correction doit succeder la fomentation & consolation, à l'exemple d'Ezechias, que le Prophete guerit apres de puissantes menaces, auec vne masse de figues douces, appliquees sur son vlcere. 4. Reg. 10

La Gresle 7. Playe, me marque les maux que le peché inflige au corps: Car comme ceste impression de l'air se forme des exhalaisons de la terre, aussi la plusspart des maladies, dont les corps sont greslez, viennent de la panse, ou de la danse. VIII.

Elle se forme dans les nuees, & se condense en grains par la froideur de la moyenne region de l'air, repercutee de la chaleur de la plus basse, & d'où vient tant de catharres, & distillations prouenantes de nostre estomach en nostre cerueau, & de nostre cerueau tombantes en tant de parties de nostre corps, sinon de l'intemperance de la bouche, qui infond trop de choses en nostre estomac?

Il a esté fort bien dit par vn ancien, que *Intemperans iuuentus effœtum corpus tradit senectuti.* La gresle ne vient qu'en Esté, & la pluf-part des maux du corps procedent des ardeurs de la concupifcence effrenee de la chair.

Cela fricaffe & fracaffe tout le rapport des champs, efcrafe toute la beauté des fleurs, & toute la bôté des fruicts, & la maladie des corps eftouffe tous les bons defirs, & les meilleurs effects.

La Penitence eft vn abry à ce mal, c'eft vne Ifle fortunee où la tempefte & la grefle ne bat iamais, fes diettes, & abftinences purgent les corps & les cœurs en mefme temps. Elle paroift vn Hyuer rigoureux, pource n'eft elle iamais affligee de ce meteore.

Les loups craignent extrémement la grefle, car où ces pierres les frappét, les vers s'y engendrent qui les rongent, & font mourir. La Penitence eft vne grefle falutaire, qui affaffine tous les loups des pechez.

IX.   Ie viens à la huitiéme Playe des Sauterelles, qui me reprefentent les maux innombrables que le peché fait en nos ames. Il n'y laiffe aucune verdeur de grace, aucune efperance de falut, aucun fruict qui vaille, aucune branche de bon defir, rien de fain ny d'entier.

Ces animaux, fymbole de l'Imprudence, ne penfent qu'à châter en Efté, fans s'amufer comme les fourmis à faire prouifion, auffi meurent elles de male faim & froid en Hyuer, pour n'auoir ny pafture, ny retraite, tels font les pecheurs peu aduifez, qui ne vifans qu'au prefent ne fongent aucunement à l'aduenir. Viuans, & defirans comme immortels, tremblans neantmoins

moins comme mortels.

Ce sont ces monstreuses sauterelles qui saillirent du puits de l'Apocal. & ruinerent toute la terre.

Qui rongerent le verd lierre de Ionas : car le peché gaste toute esperance.

Cet animal est ainsi appellé, parce qu'il va sautillant, & il s'en trouue d'aislez. Telle est l'inclination pecheresse de l'ame, laquelle *syluas saltusque pererrat*, Odorans comme les Vaultours, *transmarina cadauera*. Infinie en ses desirs, tesmoins les auares ou ambitieux.

La penitence est l'exterminatrice de ces bestes, & qui à l'imitation de ceux de Corene, dont parle Pline leur fait la guerre à outrance.

Sa glace les fait mourir, & le vent impetueux de ses souspirs les porte, *in profundum maris*. Comme celles qui affligerent la France l'an mil trois cens septante quatre, furent par vne bize submergees dans l'Ocean.

Les Tenebres sont la 9. Playe, qualité inseparable du peché : qui, comme le Corbeau au Cadauer, comence tousiours par deuorer les yeux, aussi faisoit-il premierement le pecheur par la Cœcité.

Le traitant comme les Philistins Samson, pour le ranger à la meule.

Et tenebres palpables, car qui ne touche au doigt l'aueuglement du pecheur?

Qui inconsideré se laisse chapperonner par quelque vanité ou volupté au diable, comme vn oyseau de leurre.

Mais la Penitence au rebours, est vn Soleil

v. Plin. l. 11. c. 29.
Sigebert. in Chron. & Regin. Non. in Chron. & Otho Frising. in hist.

X.

qui dissoult ces tenebres, vn Collyre, vne Chelidoine qui oste tous aueuglemens.

C'est la colomne de feu qui brille à trauers ces noires & espesses ombres de mort.

Voyez comme les escailles & cataractes tombent des yeux de sainct Paul, penitent & conuerty.

XI. La 10. & derniere playe fut la Mort des premiers nais, & que fait le peché sinon assassiner nostre cœur, piece premiere viuante en nous, & és animaux?

Son effort principal est contre les principes du bien, qui sont les bonnes inspirations & mouuemens de pieté, *lesquels il escrase comme les petits à la pierre* de l'endurcissement.

Il estouffe en nous la grace preuenante, & suffoque en nos desirs le petit Iesus, encores tendre, *premier nay de toute creature*.

La Penitence au rebours, comme Helie fit le premier né de la vefue, resuscite & rauigore nostre cœur abbatu.

Et comme le Pelican ses petits morts, par son sang, elle nous reinspire la grace, ame de nostre ame, & vie de nostre cœur par le Sang de Iesus, duquel abondamment & *copieusement* elle nous arrose.

Si elle nous mortifie de corps, c'est pour nous viuifier d'esprit, si elle nous meine aux enfers, tous viuans par l'apprehension, *c'est pour nous en amener*, par vne meilleure vie, & vn bon propos d'amendement.

XII. En fin les Israelites penitens furent apres ces playes, sauuez à trauers la mer rouge, qui ense-

Homelies Quadragesimales. 163

uelit Pharaon endurcy, & les Egyptiens, qui signifient les pecheurs sous les ondes. La Passion de nostre Seigneur mer amere, rouge de son Sang, sert de saluation au conuerty, & de condamnation au peruerty.

Les *Dragons des vices sont submergez en ces eaux* de Penitence: c'est vn deluge qui purge le Microcosme, pardonnant aux humiliez, & noyant les rebelles.

Ce sont les eaux de ialousie & d'execration.

La mer guerit la gale, la rage, son eau est abstersiue & laxatiue, elle soustient mieux que la douce en nageant, à cause de son espesseur onctueuse. Dites tout cela de l'eau de la Penitence beaucoup plus vtile & excellente que l'eau douce des fades voluptez du siecle.

Descendons donc en ceste mer mes freres, à pied sec & net, mais à paupieres humides, *ou auec le nauire de la diuine grace: Operons bien en ces eaux.* Plongeons nous y, & nous serons purifiez comme l'Elephant soüillé s'y nettoye. *Trauersons le feu du saint Amour, & l'eau* de la penitence qui guerira toutes nos playes pour paruenir *au refrigere,* de la terre promise, terre coulant le laict de la grace, & le miel de la gloire, & arrosee de mille benedictions.

Vous auez donc entendu, 1. les effects de la Verge du Peché, & de celle de Penitence, 2. leurs Antitheses és 10. playes d'Egypte, 3. leur diuerse fin. Allez en paix.

L ij

TROISIESME LVNDY.

Du Mespris de la Patrie.

HOMELIE XVII.

Nemo Propheta in Patria sua. Luc 4.

LEs Persiques veneneuses en leur sol natal, sont bonnes transplantees. Le changement d'air & de lieu les rend vtiles Les Prophetes, dit nostre Seigneur en ce texte, sont mesprisez en leur terre natale, prisez en vne estragere. Pource refuse-il de faire des miracles en Nazareth, dédaignant iustement sa Patrie, comme indigne de ressentir les fruicts de sa miraculeuse vertu. Surquoy nous traitterons 1. que c'est que patrie, 2. Le conte qu'on en doit faire, 3. Pourquoy nul est prophete en la sienne, & en 4. lieu de l'exil.

Patrie proprement, c'est le lieu de nostre naissance ou origine, & l'endroit où nos peres & meres ont leurs facultez, font leur residence, & nous ont engendrez. Dite, parce que là est nostre sang, & nostre parenté.

De là les anciens Payens appelloient leurs Dieux domestiques, Lares, comme esprits des foyers ou penates, comme qui diroit, *penes quos* *Æneid.* *nati sumus*, & combatre pour eux se disoit *pugnare pro aris & foris*. Ænée au sac de Troye en a son principal sang.

Tu genitor cape sacra manu patriosque penates.

L'Antiquité a bien esté si assotee de ceste affection Patriotte, qu'elle en faisoit le plus haut poinct de sa religion, de là tant de traicts des Historiens, des Orateurs, des Poëtes pour l'Amour de la Patrie, auquel ils donnent ie ne sçay quelle force si chauuante qu'elle passe toute raison, *Amor est patriæ ratione valentior omni. Nescio quâ natale solum, &c.*

Ouid. 1. de Pont. Horat. lib. 2. Od. 2.

De là le *dulce & decorum pro patria mori* tant rechanté. Et Cicero en son Songe de Scipion, tient le mourir pour la patrie estre le plus court chemin pour aller au Ciel. Le bon Homere.

Rien au prix du pays n'est precieux & cher,
Rien ne nous est si doux que le natal foyer.
& encores.
C'est vn tres-grand honneur aux hommes d'encourir
La mort, pour au besoin leur pays secourir.
C'est viure, disoit Plato, que de mourir pour elle.

15. Iliad. Suid. in nostos. 9. Odyss. Plat. de Rep. §. hi autem

5. Codre, Curtius, Fabricius, Agamedes & Trophonius, Buris & Sperthis, Menecee fils de Creó dont parle Philostrate, ces deux sœurs genereuses Androchie, & Macarie, desquelles fait mention Sophocles, sont de riches exéples de morts courageuses pour le pays.

inst. de excus. tutor. Phi. l. 1. des tab. ch. 4. Paus. Beotic. Sopho. in Theb.

Mais nonobstant toutes ces belles & specieuses raisons & histoires, ce n'est pas le premier Paradoxe que la religion Chrestienne a verifié, en renuersant les opinions du Gentilisme, que le mespris, non seulement du Pays, mais de toutes choses, pour suiure Iesus plus alaigrement.

Ce n'est pas (pour dire ce mot auant que de me ietter à ce desdain) qu'il faille negliger les loix Ciuiles, sous lesquelles on est né, ny mesmes desdaigner la forme d'Estat ou Repu-

L iij

blique sous qui l'ō deuide la trame de ses iours, *il faut obeyr aux Superieurs, non seulement pour la crainte: mais aussi pour la conscience, & quiconque resiste à l'ordination, resiste à Dieu.* C'est vne impieté de tāt plus grande d'offencer le pays qu'vn ennemy, comme le public est preferable à vn particulier.

Sil. Ital. l. 8. bell. Pun.
——— *Æterno fixum sub pectore serua, Succensere nefas patriæ, nec fædior vlla Culpa sub extremas fertur mortalibus vmbras.*

Anatheme aux broüillons, remueurs & renuerseurs de police. *Quàm pulchri sunt pedes euangelizantium pacem, euangelizantium bona.*

II. Mon dessein est seulement, mes amis, non de vous inspirer la hayne du pays, ce seroit vn conseil Infernal: mais de vous oster de l'ame ceste populaire erreur qui vous fait idolatrer sous le masque de patrie, vostre auarice & ceste trop aspre affection qui vous lie & attache à vn morceau de terre, comme si vous estiez *glebæ addicti.*

Où est vostre thresor, là est vostre cœur. Et vous sçauez que l'Euangile nous conseille *de thesauriser plustost au Ciel qu'en terre.*

Quoy? serions-nous bien en cela plus bestes que les bestes, qui ont leur élement pour patrie? à ce iuste desdain, ie veux que les exemples prophanes vous y conuient auparauant les sacrez. Demandez à Socrates d'où il est, & à Diogenes, ils se diront Cosmopolitains, ou citoyens du monde.

Tout l'Vniuers n'est qu'vne Cité ronde, Chacun a droit de s'en dire bourgeois,

dit nostre Caton François.

Seneque vous dira, que quant à luy il a l'esprit trop grand pour le borner en vn reçoin de terre, & s'attacher par le pied à vn anglet, comme vn Aglayus. que son pays est tout le monde, qu'il l'embrasse en son entendement.

Qui nous a imprimé ceste folie que nous fussions naiz comme statuës pour planter en des riches, & comme les Sibaritains tenir à grand honneur de n'estre iamais en sa vie sorty de leur ville?

C'est proprement comme le ver à soye, se bastir vne prison, que se releguer au parquet d'vne Cité, s'y hypotequer à prix fait, & se mettre aux pieds des chaisnes dorees.

Non, non, chante le Poëte ingenieux, il ne faut pas viure en cet esclauage, *toute terre est le Pays du vertueux, comme l'air des oyseaux, & l'eau des poissons. Le Sage*, dit Cassius Dio, *peut faire en tout lieu, & en tout temps son pays.*

Au ciel, au Ciel, dit Seneca, *c'est là haut que nous rappelle nostre Principe. Au Ciel, au Ciel*, dit Boëce, *c'est nostre pays, nostre seiour, nostre but.*

Hic amor, hic patria est. ———
——— *& nos fas extera quærere regna.*

Manions des materiaux plus solides. Voulez vous vn exemple plus venerable que celuy de nostre Seigneur, mesme pour le mespris de ce que nous nommons patrie?

Moyse quitte sa patrie par deux fois, l'vne pour aller prendre femme chez Iethro, l'autre pour amener le peuple dans le desert.

Et ce peuple de Dieu Israel, qu'a-il iamais fait autre chose que vagabonder?

Ouid. 1. Fast. Cass. 1. epist. 21. πᾶσα γῆ πατρίς. Suid. in Dio Cass. l. 31. Boet. l. 4. de Consol. 2. Æneid.

Noſtre Seigneur n'a pas où repoſer ſon Chef, belle Colombe de l'Arche, qui ne trouua où aſſeoir ſon pied.

Il eſt trop conſtant *que nous n'auons point icy bas de Cité permanente, mais nous y cherchons la future.* Ceſte vie n'eſt qu'vn acheminement à l'autre, *tant que nous viuons nous pelerinons. O que mon pelerinage eſt allongé!* ſe plaint Dauid.

Qui ſe plaiſt en ſon pelerinage, c'eſt ſigne qu'il n'a gueres d'affection à ſa maiſon, & s'aggreer tant en ceſte vie, eſt vn teſmoignage du peu de deſir qu'on a de l'autre.

Voyez comme les Apoſtres viuent en rodant comme oyſeaux ſur la branche, *Vous importune on en vne Cité*, leur dit N. S. *allez en vne autre. En outre ne portez ny ſouliers, ny beſace, ny baſton.* L'Amour de la patrie retarda le ſalut de ce ieune adoleſcent que Ieſus appelloit à ſa ſuite, lequel ne ſe peut reſoudre de dire auec les Apoſtres: *Voila, nous auons tout quitté pour vous ſuiure.*

Nos patriæ fines & dulcia linquimus arua,
Nos patriam fugimus. ———

il faut ſe diſpoſer à ſuiure par tout noſtre Seigneur.

Lucan l.
15. de bell.
Pharſal.

Duc age per Scythiæ populos, per inhoſpita Syrtis
Littora, per calidas Lybiæ ſitientis arenas,
Iuſſa ſequi tam poſſe mihi quam velle neceſſe eſt.

Repaſſez l'œil ſur les Patriarches, vous verrez qu'ils n'ont fait que tournoyer, Dieu leur arrachant du cœur ceſte affection à la terre, pour ſes roulemens & tranſmarchemens.

Et les Prophetes ont eſté mandez de lieu à autre pour mieux faire leur fonction. Daniel,

Helie, Helisee, Michee en seruent d'exemple, adioustez-y les Apostres, *Princes de l'Eglise par toute la terre, & qui ont resonné l'Euangile par tout le monde.*

Les Pseudoprophetes, au contraire comme veaux d'or, ont esté idolatrez en leur pays, car la zizanie ne vient que trop. Arrius ne sortit point d'Alexandrie pour l'infecter. Theudas de Galilée. Simon de Rome. Manes de Perse. Luther d'Allemagne. Vviclef d'Angleterre, Caluin de France, aussi ces sectes diuisees ne sont pullulees que par cantons, & ne s'estendent pas la longueur de leur nez.

III. Mais pourquoy (nostre 3. partie) nul est-il Prophete en son pays? i'en laisse quantité de raisons que les prescheurs apportent icy, pour m'arrester à 2. principales, l'enuie & la familiarité. Ceste premiere qui couue son mal du bien, aussi fait son bien du mal d'autruy, & s'engraisse de son malheur, rabaisse tant qu'elle peut les actions excellentes, oste la creance aux paroles dites par vn homme de cognoissance, & se pense releuer en le raualant. *Car telle est la nature des hommes,* dit vn Ancien, *de voir auec des yeux malades & chassieux, l'excellence de ceux qui leur ont esté esgaux.* Hyboux à qui le Soleil fait mal.

Cantharides qui gastent les belles roses; araignees qui les tournent en poison.

Il est des lunettes qui racourcissent tout, d'autres qui aggrandissent, l'enuieux les a chaussees, car il aggrandit les deffauts, & appetisse les perfections, notamment de ceux qu'il cognoist particulierement.

Et c'est ceste familiarité, 2. cause qui rend moins valides les predications des Prophetes, & les exhortations des Predicateurs. Oyez les Iuifs disans de nostre Seigneur, *n'est-ce pas ce fils de Charpentier? quoy peut-il venir rien de bon de Galilee ou de Nazareth? comment cestuy-cy est il si sçauant qui n'a point estudié? nous cognoissons son Pere, sa Mere, & ses Freres, & il est fait icy fils de Dieu?*

Croyez moy, prescheurs mes freres, ne vous monstrez pas tant, ne vous familiarisez, ny domestiquez auec le peuple, c'est vn animal fantasque qui a mille langues, autant d'yeux, & point de ceruelle, vous en serez plus authorisez, mieux entendus, & plus vtiles à la gloire de Dieu, si vous vous sequestrez de la tourbe.

On n'admire plus le Soleil, car on le voit trop souué, chacun leue le nez à vn simple Comette.

Les simples de nos iardins ne nous sont plus medicinaux par nostre frequent vsage, il en faut aller querir de plus rares, & pource plus efficaces en Leuant.

La trop grande priuauté, comme chacun sçait, engédre le mespris, les Rois qu'on voit le moins sont les plus redoutez, la bonté des nostres les rend moins asseurez, les desloyaux, & execrables, ces bons Princes se prodiguent trop à la liberté de nostre humeur, nous auons encores les yeux moittes des tragiques exemples qui les ont noyez.

Les choses grandes veulét estre veuës raremét, & auec apparat, le resueil vient bien aux choses sainctes, tant de voiles au propitiatoire, tant de courtines au tabernacle l'enseignent prou.

Les ialousies redoublent l'Amour, le sainct Espoux le sçait bien, qui ne se laisse voir aux Cantiques qu'à trauers des treillis.

Manger souuent, fait qu'on mange tousiours sans appetit, il faut reculer pour mieux sauter, & se retirer pour aduancer en l'estime, on mesprise ce qu'on a tous les iours en main.

Le sens sur le sensé l'offusque, l'esloignement raisonnable fait mieux recognoistre l'homme qu'vne trop grande proximité.

Les anciés Druides, Prestres des Gaulois payés estoient tousiours cachez dás leurs bois, & leurs antres, & maintenoient ainsi leur credit.

S. Iean Baptiste retiré, est plus admiré que N. Seigneur, conuersant emmy le peuple.

Voyez-vous pas que le mauuais riche demande vn prescheur de l'autre monde, pour venir exhorter ses freres en cestuy-cy?

Ce mot de Prophete vient à *procul fando*, c'est pourquoy pour parler vtilement, il doit venir de loin, la rareté luy donner creance.

Voire mesmes l'exil reüssira à son aduantage. Ionas rebutté en son pays est creu en Niniue. Ioseph vendu en sa patrie, est exalté en Egypte. Sainct Iean a ses plus admirables reuelations en Pathmos.

I V.

Les exilez & persecutez pour la iustice, sont en la particuliere protection du ciel. Moyse exposé par les siens, est recueilly par la fille de Pharao. Dauid incogneu entre les Iuifs, est esleué pres de Nabucadnezar, l'exil des Ss. Chrysostome, & Athanase, rendit leur nom celebre par tout le monde.

Adam, Eue, Cain, Abraham, Iacob, Helie, Osee, S. Ioseph, & son Espouse, la sacree Vierge, leur cher enfant & nourrisson nostre Sauueur, ont vescu en exil, & bannissement perpetuel.

Exul erat Christus, comues nos exulis huius
Esse decet, cuius nos quoque membra sumus.

S. Paul, S. Barnabas, Aquila, que di-ie, tous les fidelles ne sont, & n'ont esté autres que pelerins & passagers sur la terre, le Psalmiste. *Ego autem peregrinus & aduena super terram sicut omnes patres mei.* Et encores, *à te quid volui super terram?* disoit ce pieux Roy, si peu attaché à la terre, & qui ne respiroit *que les tabernacles d'en haut.*

Psal. 83.

Voila pas que Dieu par le Prophete, declare *de tourner ses pas vers l'Idumee, & de prendre les estrãgers pour amis,* & nostre Seigneur, voyant que la Iudee estoit dure, *Ecce,* dit il, *conuertimur ad gentes.* Et de vray puis que la terre est ronde aussi bien que le ciel, égales sont les paralelles, & la distãce de tous costez d'icy là, si terre nous manque pour viure, ne fera pas pour mourir, où que la mort nous attrape, c'est chez nous.

——*In medio Tybure Sardinia est.*

Changer d'air confere souuent à la saincteté comme à la santé, tesmoins tous les anciens Anachorettes, & c'estoit l'opinion de S. Hierosme que malaisément pouuoit-on estre bon Religieux en sa patrie.

Les vaches tirerent bien l'arche tant qu'elles n'entendirent point leurs veaux, mais ouys elles commencerent à recalcitrer.

C'est à faire à l'Aigle reprouuee de voler au ciel & regarder contre bas.

Homelies Quadragesimales. 173

Quoy, & s'il y a du profit en l'exil? ouy, car Themistocles dira qu'il estoit perdu s'il ne se fut perdu, & Diogenes n'eust iamais philosophé, s'il n'eust esté banny, on se mocquoit de celluy-cy pour auoir esté chassé de Sycione, & moy fit il, ie relegue, & emprisonne dans leur ville les Sycioniens.

Et s'il y a de l'honneur? ouy, car c'estoit anciennement l'ingrat guerdon des vertueux. Coriolan, Aristide, Pericles, Pelopidas, Platon, en sont autant d'exemples, & N.S. mesme, quantesfois a il esté foriette de la Synagogue, & de Hierusalem, pour auoir bien dit, ou bien fait?

Colligez en somme de ceste predication, 1. que c'est que patrie, 2. l'estime qu'on en doit faire, 3. pourquoy nul est Prophete en la sienne, & 4. l'Apologie de l'Exil. Dieu vous benie.

TROISIESME MARDY.
De la Correction fraternelle.
HOMELIE XVIII.

Si peccauerit in te frater tuus. Matth. 18.

LA langue medecinale du chien guerit les vlceres en les leschant, celle de l'ame fidelle les imperfections de nos ames par vne douce, & fraternelle Correction, de laquelle vous auez ouy le procedé au texte Euangelique D'elle sera nostre entretien pour ceste heure, où nous verrons, 1. Correction que c'est, 2. combien elle est necessaire, 3. Salutaire, 4. qu'elle doit estre sincere, 5. amiable, prestez voftre attention à vne si charitable matiere.

Car voyez vous, mes tres-chers, ceste action est

vne pure substance quintessenciee de la iustice, & de la charité, tirant ce qu'elle a de seuere de celle là, & ce qu'elle a de suaue de celle cy, hors ces termes de iuste & de l'aimable, ce n'est pas vne correction fraternelle, mais vne correption frenetique, vne descharge de maltalent, ou vne fureur fieureuse, selon S. Augustin, & Gregoire, sur ce verset du Psalmiste, *Seigneur ne m'arguez pas en vostre fureur, ny ne me corrigez en vostre ire*, où ils parlent de la difference de colere, & de fureur, d'arguer & de corriger.

August. & Greg. in Pse. 37.

Or correction selon le son Ethymologique du mot, veut dire vne rectification de cœur, comme correptiõ vn rauissemẽt ou enleuemẽt de cœur.

Et c'est proprement vne admonition charitable, ou douce qui s'appelle exhortation: ou aigre qui se nomme obiurgation, ou increpation: & quand l'aigre douce pointe est meslee, reprehension: comme vne suffusion d'absynthe, en vn bruuage douçastre.

Ainsi l'abeille tempere son miel par son esguillon, & le charitable correcteur, *vbi grata mella fudit, ferit icta corda morsu, & amiables blesseures sont preferables aux frauduleux baisers du flatteur*, qui nous perd en nous excusant, au lieu que l'autre nous gaigne en nous accusant.

Prou. 27.

Tresbien le Roy Prophete: *Ie tiendray la correction, voire & increpation du iuste à misericorde, mais l'huile du pecheur n'engressera aucunement mon chef*, où par ceste huile du pecheur, & S. Chrysostome & les autres interpretes entendent d'vn commun accord la flaterie. *Quando laudatur peccator in desideriis animæ suæ, & iniquus benedicitur.*

Psal. 40. & ibi Chrysost.

Et combien ceste correction Chrestienne est necessaire, nous l'apprenons de l'Escriture, des Peres de raison.

Le precepte en est fort expres en nostre Euāgile. *Si peccauerit in te frater tuus, &c.* Ioint que, *vnicuique mandauit Deus de proximo suo.* *Matt. 16.*

Le Sage, *Corrigez vostre amy, corrigez vostre prochain, afin qu'il sçache qu'il a peché, & qu'il n'y retombe plus.* L'Apostre aux Thessaloniciens, *Corrigez les inquiettes, consolez les pusillanimes.* *Eccles. 19. 1. Thes. 3.*

Origene sur le Leuitique, *Si tost,* dit-il, *que vous verrez pecher vostre frere, reprenez-le, de peur de participer à sa faute.* S. Hierosme, *N'est-ce pas,* fait-il, *cruauté à vn Medecin, ou Chirurgien, voyant vn malade, ou vn homme blessé, de dire ie n'ay que faire de cela? & n'est-ce pas pareille impieté au Chrestien qui voit perir l'ame du pecheur sans la secourir de correction comme de medicament?* *Hier. in Pse. 120. c. cum ex iniuncto extr. de haret.*

Chacun, dit Innocent III. *est obligé par la reigle Euangelique, de corriger son prochain delinquant.*

S. Gregoire le Grād, *C'est vn commandement du Sauueur de reprendre celuy qui peche.* *12. epi. 31.*

La raison naturelle nous dicte encore cela, car certes celuy qui pouuant secourir quelqu'vn qui se noye sans courre aucun hazard, le laisse impitoyablement perdre, il le tuë en quelque sens.

Seroit ce pas malice de se mocquer de quelqu'vn par malheur tombé dans la boüe?

Les membres ont vne certaine harmonie entr'eux telle que tous les autres aident le blessé, & ne sommes nous pas tous membres de nostre chef Iesus Christ? d'où vient dōc que nous nous soucions si peu de ceux que le peché estropie?

La Loy diuine qui nous ordonne d'aimer nostre prochain comme nous mesmes, est de mise icy, car si nous hayssons le peché puissamment en nous, nous le detesterons encores en autruy, de sorte que l'y voyans nous courrons au remede de la Correction.

Si nous ne voulós encourir ceste mesme coulpe par participation, car vous sçauez mes amis, *Leuit. 6.* qu'il y a des maux qui se glissent en nous par cómunication au Leuit. *Argue fratrem tuum ne habeas super illo peccatum.* Voyez vous comme l'on attire sur soy la faute qu'on ne corrige? cet ancien a veu cela, qui disoit. *Amici vitia si feras facis tua.*

Qui ne sçait que les esprits aussi bien que les corps se contagient l'vn l'autre, iusques à la veuë le plus subtil des sens? elle attire sur soy le mal des yeux offencez qu'elle regarde.

Dum spectant oculi læsos læduntur & ipsi.

Si donc nous n'auons assez de charité pour reprendre le vice d'autruy pour l'amour du prochain, ayons la pour nous, de peur qu'il ne nous soit imputé à nous mesmes.

III. Ceste necessité cómandee, recómáde & témoigne assez de quelle gráde vtilité est ceste correction, tant pour le reprenant, que pour le repris.

Pour celuy là, car tout Correcteur doit premierement reflechir sur soy mesme auant qu'entreprédre de sindiquer l'autruy, reflection qui n'est pas peu salutaire pour la rectitude de soy mesme. Il est hôteux d'ouyr ces reproches. Docteur enseigne toy. Medecin guerís toy. Osteur de festus, leue premieremét la paille de ton œil. *Celuy doit estre exempt de coulpe qui veut controoller autruy.*

Linx

Linx aux actiõs du prochain, taupe aux tiennes, V. ès Di-
Cùm tua non videas oculis mala lippus inunctis, uersitez l.
Cur in amicorum vitiis tam cernis acutum 18.c.22.
Quàm aut Aquila aut serpens Epidaurius?

Chacun redoute ces traicts aussi mordans que vergongneux.

Tout miroir qui veut bien representer, doit auoir la glace entiere & non brisée, claire non ternie, auec le vif argent bien couché & ioint, autrement ses deffauts mesmes s'imprimeront en ce qu'il monstrera: qui veut reprendre s'expose à l'enqueste, & à l'examen.

Quis tulerit Gracchos de seditione querentes?

Et Demades cet Orateur parfumé, auoit-il pas bonne grace de persuader aux Atheniens l'austerité Spartaine?

Et Demonax de leur prescher la concorde, luy qui estoit tousiours en querelle ou diuorce auec sa femme, & qui ne faisoit que tempester chez soy? il faut auoir de la bonté pour acquerir creance, & *le cœur bon pour en pousser dehors des choses bonnes,* pour faire vne ligne droite, la reigle le doit estre premierement.

Chacun sçait le bon conseil de ce mauuais homme reietté, non pour la mauuaisté de l'aduis, mais pour celle du Conseiller. Dieu mesme ne veut pas que sa parole soit proferée par vne bouche prophane, *peccatori dixit Deus quare tu enarras iustitias meas, & assumis testamentum meum per os tuum?*

Que si la correction apporte de si grãds profits au corrigeant, combien en ameine elle de plus signalez au corrigé, s'elle le gagne, *Si te audierit*

M

lucratus eris fratrem tuum, & quel lucre d'auoir vne ame qui vaut plus que toute la terre ? est-ce pas exercer le mestier de Iesus, *qui est venu pour sauuer tous les pecheurs?*

C'est estre cooperateur des inspirations de Dieu.

C'est estre frere des Anges, & concourir à leur ministere, qui n'est autre que de conduire, diriger, addresser, & redresser les pauures ames.

Si la Couronne Ciuique estoit autrefois decernee à qui cóseruoit vn citoyen, celle de l'immortalité ne peut manquer à celuy qui aura par la Correction retiré vne ame des griffes de Satan.

En 2. lieu, c'est vne aumosne spirituelle qui est faite au miserable pecheur destitué de la grace de Dieu, & de la graisse du ciel, *Aumosne* dit S. Augustin, *de tant plus grande que la corporelle, que le corps est moins excellent que l'esprit.*

A. Euch. ad Laur. c. 72.

En 3. Instance, si la resipiscence saisit vne fois le corrigé, voila vne bien veillance nompareille qu'il porte à son reprenant comme à son bienfaicteur. Dauid en ayma Nathá d'auátage, apres qu'il luy eut representé sa faute. Et dit on d'Alexandre qu'il cherissoit à bras, & cœur ouuerts ceux qui luy disoient franchement ses veritez.

Aussi la fondeur, Candeur, & Sincerité ont vn si notable aduantage sur la feintise, cajollerie, & affetterie, qu'elles dissipent comme vn Soleil les fausses lumieres de ces menus agencemens.

Le vray amy, comme le bon miroir, monstre ce que l'on est, & remonstre ce que l'on doit estre, descouurant sincerement les deffauts comme les taches, afin qu'on les amende & nettoye.

Il n'appartient qu'aux singes obstinez en leur mal de casser les miroirs où ils voyent leur laideur Vrays chameaux qui troublent l'eau de peur d'y voir leur difformité en beuuant.

Miserables les Princes, disoit cet ancien, *à qui on cele leurs veritez*, & qui n'ont autour de soy que des miroirs d'vne prospectiue fallacieuse.

Chacun pallie leurs fautes ; *chacun dort pour Mecœnas* : chacun se mesle de peindre le borgne Antipater en pourfil.

Mon enfant ceux qui t'alaittent te trompent, ils te baillent à boire du laict de l'herbe serpentine qui glisse dans les os vn lethargique sommeil.

Ces Chirurgiens trompent qui promettent de sonder des playes, ou arracher des dents sans douleur, toute medecine doit poindre pour profiter.

C'est charité à vn Chirurgien d'appliquer le fer, & le feu, pour extirper vne gangrene.

Pour nettoyer, & emonder les arbres, il les faut trancher, & pour faire profiter la vigne, il la faut tailler.

Faisons és Corrections comme és Apostemes, creuons, puis medicamentons.

Comme les Cousturiers, passons la dureté de l'aiguille, puis la delicatesse de la soye.

Comme aux Estuues, frottons, descrassons, estrillons, puis huilons.

Nous voicy portez par vne pente molle à l'amiable douceur qui doit teperer l'aigreur naturelle de la Correction.

En caſſant la cruche (Stratageme de Gedeon) il faut iouër de la fluſte douce, *Dulce verbum frangit iram.*

Les ſerpés iettét leur venin au ſon de la Muſette.

Sæpe etiam in Sylvis cantando remittit anguis.

La Couleuure n'a point tant de replis que la Correction doit auoir de ſoupleſſes & de contours.

Il la faut manier auec des fueilles de figuier graſſes, onctueuſes, mais endentees & mordicantes.

Cet animal hait le vinaigre & aime le laict, tel pecheur ſe cabre d'vne forte reprehenſion, qu'vne douce voye ameneroit à condeſcendre à la raiſon.

Il faut prendre ceſt oyſeau farouche & volage auec des apeaux.

Fiſtula dulce canit, volucrem dum decipit auceps.

Et ceſte eſt la bonne tromperie, *dolus bonus*, qui viſe à l'exterminatiõ du peché, cóment il en ſoit

——— *dolus an virtus quis in hoſte requirat?*

Oſtez les dents au ſerpent, vous vous en iouëz, oſtez la malignité à la reprehenſion, chacun la reçoit en gré, & auec amour, voire remerciement.

Le Medecin d'Auguſte penſoit la fille de cet Empereur d'vn Apoſteme qu'elle auoit ſous la mammelle, elle craignoit le fer, il cache le ſtile d'vne lancette, en du Coton huilé, en la graiſſant il preſſe & perce, gentille induſtrie, & qu'il ſeroit bon mettre en œuure en fait de correction.

Ainſi les Pharmaciens accommodent l'amerrume de leurs drogues auec force sucre pour en faciliter la prise.

Il n'est rien que ne puisse vne remonstrance suppliāte, elle arrache le fiel du cœur, les larmes des yeux, & le peché de l'ame. C'est la goutte molle qui caue la pierre dure C'est la Suade flexanime, qui flechit sans rompre.

I'aduoüé que passer le fer, voire mesme le doigt par la prunelle, partie si sensible fait de trāhantes douleurs, mais tost apres le Collyre doux & suaue, apporte du soulagement.

Le sel est corrosif mais abstersif, telle la correction salutaire: Il conserue & purge: ainsi le corriger, c'est vn 5. element, & la correction est l'aliment de la vertu.

Il viuifie les chairs mortes, & mortifie les viues, & le corriger mortifie ceux qui viuent vicieusement, & viuifie à la grace ceux qui y sont morts par le peché.

A tant estes vous instruits, 1. Correction que c'est, 2. de sa necessité, 3. commodité, 4. sincerité, 5. Suauité. Dieu vous fasse bons praticiens de ceste Theorie.

QVATRIESME MERCREDY.
De l'Hypocrisie.
HOMELIE XIX.
Hypocritæ bene vobis prophetauit de vobis Isaies.
MATTH. 15.

LE Gyrosol regarde le Soleil, mais a ses racines en terre. Voila l'hypocrite dans le Ciel en apparence, sous terre en effect. N. S. reprend aigrement les Scribes & Pharisiens de ce vilain vice d'hypocrisie sous le masque & manteau de laquelle ils commettoient mille meschancetez. D'elle nous discourons auiourd'huy, vous enseignant, 1. que c'est, 2. sa Vanité, 3. sa Vilité, 4. ses Remedes. Ie vay.

L. Hypocrisie est vn mot Grec qui vient du verbe ὑποκρίνω qui signifie dissimuler, comment qui diroit vne *dissimulation, supposition & imposture*, ou bien est composé de ces deux dictions ὑπό c'est à dire sous, & κρίσις *Iugement*, comme qui diroit *vn iugement supposé*, caché, occulte, & vne feinte latente.

De maniere qu'vn hypocrite c'est vn dissimulé, vn homme double & rusé, qui veut paroistre autre qu'il n'est en effect. Voyla quant au nom.

l. 8. Inst. sac. c. 9. Il se forme diuerses deffinitions de ce vice, nulle m'aggree tant que celle du docte Cardinal Tolet briefue, energique & en deux mots. *C'est vne dissimulation de vertu.* Car de vray toute hypocrisie est bien dissimulation, mais toute dissimulation n'est pas hypocrisie, la Simulation c'est par œuure se feindre autre qu'on n'est, soit en bien, soit en mal, comme le mensonge, c'est dire autrement qu'on sçait & pense, & l'hypocrisie c'est contrefaire le vertueux, bien qu'on soit vicieux, pource est adiointe la seconde particule *de vertu*.

C'est proprement vne Mascarade, où l'on se reuest pour n'estre recognu.

2. Cor. 12. Par elle celuy qui en est entaché, imite le diable qui de *Demon noir se transfigure en Ange de lumiere*.

C'est vn serpent qui cache son venin pour se

ioindre au c l. Murene & puis le reprend, auſſi en la conuerſation, l'hypocrite ſçait celer ſon imperfection en laquelle il ſe plaiſt à cachettes.

Autant puniſſable que les faux monnoyeurs, car ceux cy n'alterent que le metal, mais ceſtuy cy corrompt ſon ame, & abuſe les hommes plus pernicieuſement, ſubrogeant au vray or de la pieté le billon d'vne bigotterie odieuſe.

Hyene beſte cruelle & rauiſſante, qui contrefait la voix plaintiue d'vn enfant, pour attirer le villageois hors de ſa Cabane, & le deuorer.

Tableau à deux proſpectiues, dont l'vne en monſtre n'eſtale que bien, l'autre qui n'eſt pas au iour ne propoſe qu'à mal.

C'eſt la Diane de Chio qui rit aux vns, & plore aux autres, l'hypocrite riant dans ſon cœur, monſtre vn front ſourcilleux, & vne triſte mine en l'exterieur. *On le prēdroit pour l'aiſné des Cantōs.*

Ianus à double viſage, & a cœur encores plus double.

Il a la voix & le diſcours de Iacob, mais les œuures de ſes mains ſont d'Eſau.

Il eſt de ceux qu'on peut nommer, *Veſtitos du-* Pſal. 108. *plicibus*, mais en fin, *operitur ſicut diploide confuſione* S. Ambr. *ſua*, car quand la mine eſt eſuentee, ſon ieu eſt *de Ieiun.* bien deſcrié.

Sōme ce mot d'hypocrite eſt Metaphorique & tiré de ces Hyſtriōs, & Comediēs, qui par vn infame baſtelage ſeruét ſur les Theatres d'entretié aux oyſeux & de riſee au mōde. Ils ſe maſquent, ſe traueſtiſſent, en leur perſonnage, ils cōtrefōt ores vn Roy, ores vn faquin, & quand le ieu eſt acheué ils ſe trouuent des gens de rien. Ainſi en est-il de l'hypocrisie sur la Scene du Monde, il tasche par ses artifices, à imprimer de soy vne reputation de grande probité, mais quand le rideau est tiré, la verité recognuë, & sa farce acheuee, chacun le bassouë comme vn faquin de quintaine.

Mais mon Dieu quelle plus insuportable vanité de se paistre de l'apparence, non de la solidité, & comme les Astomes, ne viure que d'odeurs & suffumigations.

II.
V. és Diuersitez, l.
26. c. 13.

Les torrens imitent bien quelquefois en grandeur les plus larges riuieres, mais ils durét peu, les saillies extrauagátes de l'hypocrite ont quelquefois plus de monstre de deuotion que les plus extrémes austeritez de seueres religieux, mais le peu de durée en fait cognoistre l'inanité, ce sont *cadentia cœlo sydera*.

Protees, dont les variables postures & impostures euitent toutes prises.

Et qui comme les raisins de ce sculpteur tromperoient les oyseaux les plus aduisez esprits.

Ce faux or est souuent plus specieux que le vray, & plus haut sonnant.

Cymbales tintantes, cloches esclattantes qui appellent chacun au seruice où elles ne vót pas.

Chandelles qui se bruslent & consument pour luire, qui esclairent par tout ailleurs, & se font ombre à elles mesmes, qui au bout finissent par vne puante & infecte exhalaison.

Vestiges de Limaçon, qui brillent comme argent & ne sont que baue.

Cácres & escreuisses, qui sót pleines ou vuides, selon les variations de la Lune vont à reculons

Homelies Quadragesimales. 185

se rampans au renom, en y tournant le dos, à guise des rameurs qui aduancent en arrierant.

On peut comparer l'Hypocrite à cet outrecuidé Salmonee.

Qui flammas Iouis & tonitrus imitatus Olympi.
Fut escrasé du tonnerre: Car vne grande confusion accable tousiours l'hypocrite en ceste vie & en l'autre: pour exprimer la damnation, l'Escriture dit expressément, que les reprouuez *auront leur part auec les hypocrites.*

Les enfans d'Heli, pour auoir osé sacrifier auec du feu estrange, furét punis horriblement. Et qu'est-ce de l'hypocrisie, sinon sacrifier à Dieu, auec vne feinte Charité, Heteroclite, & peregrine?

Les vierges folles, quoy que Vierges, faute d'huile à leurs lampes, furent rebutees de l'entree des Nopces: l'hypocrite a beau voir des vertus, si elles ne sont fondés en la vraye charité, qui est la lampe ardante, il ne sera iamais admis au Ciel.

Les perles nees au bruit des tonnerres, n'ont que l'escorce de perles, estant creuses au dedans, ces hypocrites amoureux du son de la renommee, sont ordinairement vuides au dedans de la vraye & solide substance de la vertu.

Ce qui fait voir quant & la Vanité de ce vice, encores sa Vilité; car toutes tromperies & impostures, entre lesquelles l'hypocrisie est la plus signalee, comme vn oyseau nocturne ne cherit que les tenebres.

III.

Ce sont vers luisans en la nuict du siecle, pareils à certain bois pourry, qui semble briller emmy les obscuritez.

L'Airain est bien plus haut en couleur que l'or : mais il attire bien plustost la roüille, & le vermoulure : il n'a pas la vertu de resister du feu comme cestuy-cy. Il s'en faut autant que l'hypocrite n'aye le courage du vray homme de bien.

C'est vne tortuë dure en la coquille : mais molle au dedans, en parade ce ne sont qu'austeritez, au fond ce ne sont que delicatesses.

Les pommes qui paroissent plus iaunes & meures sont ordinairement au dedans rongees des vers, Ces personnes tant pleines d'ostentation de pieté sont souuent trauaillees dans le cœur du remords de la Conscience qui leur represente leur misere, indigne de ceste bonne opinion.

Il est vray que quand la neige couure la terre, toutes ses boües, fosses, cailloux, & autres laideurs sont cachees, & elle paroist blanche, & belle : mais ceste mante fonduë, toutes ces saletez se manifestent aux yeux. L'Hypocrite, pour vn temps, sçait si bien dissimuler ses deffauts, qu'on le prendroit pour vn sainct homme tout blanc d'innocence & de candeur : mais ces prestiges dissipees, il reste confus & vergongneux, comme vn voleur surpris en flagrant delict.

On recognoist que c'est vn homme de paille, qui par vn temps a deceu les moins circonspects.

L'idole Bel estoit fort richement paré ; mais

Homelies Quadragesimales. 187

au dedans il n'estoit que de terre, dites cela de l'hypocrite.

C'est vn carreau de velours ou de broderie, au dedans plein de plumes de bourre, ou de foin. Tout son fait exterieur n'est qu'ostentation, l'interieur que Vilité.

Sac à sacer qui ne retient dedans soy que le son, espanchant en l'air la fine fleur de ses œuures specieuses.

Ce Larron a-il pas bonne grace chez Iuuenal, qui prie Lauerne sa patronne, de luy donner vn beau nom, & de violer bien les voleries?

Il me souuient de la Cauerne de Cacus, ce voleur insigne, qui y portoit tout à reculons.

—— vestigia cerno
Cuncta huc aduersum spectantia, nulla retrorsum.
C'est le procedé de l'hypocrite.

Somme, quelle vilité voulez-vous plus grande que le rien, le neant? *Spes hypocritæ ad instar puncti.*

Pareil au Peintre qui ne s'estudie qu'aux surfaces, nullement à former des entrailles, C'est vn pipeur qui fait bonne mine à mauuais ieu.

Descendons aux Remedes de ceste peruerse maladie, mes chers amis: en voicy vn bien fors gaillard : Soyez hypocrites.

IV.

Car c'est la verité, que comme c'est vn bon signe quand les iambes enflent aux maladies, parce que les humeurs s'euacuét: & quand ils prennent appetit à des mauuaises viandes, car c'est vn indice que le goust leur reuient.

Et les ronces abondantes marquent vn bon terroir capable de produire de bonnes moissons. Ainsi plusieurs voulans contrefaire les deuots, le sont deuenus reellement & sainctement.

Puis que c'est contrefaire le sain & le sainct, souuent on acquiert, & la santé & la saincteté comme la maladie en se feignant malade.

I'ay contesté longuement à part moy, si ie deuois orer de ce vice en vn siecle qui en est si peu contagié que le nostre : car le vice y est si cruellement desbordé, qu'on en fait gloire, on ne s'en cache plus, & la Vertu si vilipendee, qu'à peine se trouue-il qui la vueille contrefaire.

On n'vse pas du faux or és lieux où il n'y en a point de fin, ny d'hypocrisie où la Vertu n'est point de mise.

Osee 4. Le peché, dit Osee, *a tellement innondé sur la terre*, comme vn fleuue enflé qui sort de son lict, & noye la campagne, & se commet si effrontément qu'impunément, que si vous ne pouuez atteindre au corps de la Vertu emmy tant de prauations, ce ne sera pas encores peu, si vous atteignez son ombre.

Que sçait-on si apres auoir mangé ces grappes vertes, il ne vous prendra point d'enuie de boire du vin ?

Et si ayans veu le placard il ne vous montera point en desir d'entrer au dedans du sanctuaire de la vraye pieté ?

Ce n'est pas, comme vous iugez assez mieux, mes amis, que ie vous conseille absolument, l'hypocrisie, à Dieu ne plaise : mais seulement ie m'asseure qu'après que vous aurez osté l'impudence & le scandale de vostre peché, & sauouré la gloire de la vertu, cet appast vous fera passer outre. & comme Roscius, vous contribuerez à des subiets feincts des larmes veritables. Et si vos cœurs ne sont bons, tenez au moins vostre contenance en reigle. tel qui vous verra, apprendra, peut estre, à devenir reellement bon sur vostre feinte.

Mais pour 2. & plus excellent Antidote, remaschez combien la vertu opposée à ce lasche vice, est hautement estimée, sçauoir la Simplicité.

Iob en est loüé és sacrées pages, & appellé *vir simplex & rectus*.   *Iob. 1.*   *Ier. 25.*

Iacob aussi le Patriarche, est prisé de ceste qualité excellente.

Dauid descriuant les conditions de celuy qui doit habiter au tabernacle du Seigneur, n'oublie pas ceste rectitude.   *Psalm. 14.*

Nostre Seigneur en loüe le bon Nathanael, ce vray Israelite, auquel n'y avoit aucun dol.   *Ioan. 1.*

Sainct Paul nous recommande d'estre *petits en malice*.   *1. Cor. 14.*

Salomon, *celuy chemine confidemment, qui simplement. Celuy qui procede auec simplesse sera sauué.*

S. Hierosme à ce propos dit un beau mot, *si ie fay le chaste, & ne le suis pas, i'auray non la gloire d'un mercenaire, mais le supplice d'un pecheur. Et en comparaison de ces deux vices, il est moins malfait de pecher publiquement que de feindre vne simplicité.* Parole hardie, & digne de la seuerité de ce grand   *l. 7. in Is.*

Anachorete.

Le 3. Remede fournira des exemples par lesquels on sera deterré de ce vice. Celuy d'Absalon, auec le malheureux succez de sa dissimulee entreprise, est fort exaggeré és Offices de sainct Ambroise.

l. 2. c. 22.

Et celuy des Gabaonites aussi.

l. 3. c. 10.
l. 3. c. 11.
Comme pareillement celuy d'Anania, & Saphira punis de mort subite, pour auoir menty au sainct Esprit, & à sainct Pierre.

Au demeurant, mes freres, s'il y auoit en ceste assemblee quelqu'vn atteint de ce mal, Ie le prie de ne ressembler pas aux cheuaux qui regimbent quand on pense leurs blesseures.

Ny à l'Asnon qui recalcitre à la mere, apres qu'il est saoul de teter.

Le Sermant, comme l'estuue, ne vaut rien qui ne descrasse.

Et ie vous dis cecy, parce que de tous les vicieux il n'y en a point qui portent plus impatiemment la reprehension de leurs imperfectiós que les hypocrites, ils veulent estre huilez, non frottez; & ils apprehendent si fort d'estre descouuerts, que c'est les toucher en la prunelle que de descrier leur mignarde hypocrisie.

Retenez cependant, 1. quelle est la nature de ce peché, 2. son inanité, 3. son indignité, & 4. ses Antidotes. Allez en la garde de Nostre Seigneur.

QVATRIESME IEVDY.
Des Passions desreglées.
HOMELIE XX.

Socrus Simonis tenebatur magnis febribus.
Luc. 4.

L'Huile espandu sur la Mer, à ce qu'on dit, en accoise les orages. Et nostre Seigneur espanchant l'huile de sa misericordieuse bonté sur les fiebures de la belle mere de sainct Pierre, en assoupit les accez. Fiebures qui me representent les tempestes de nos passions desreiglees, qui difficilement peuuent estre dissipees sans l'aide de la diuine grace. Quand i'ay leu ces mots de nostre texte, *Imperauit febri & dimisit eam.* Il m'est souuenu de cet autre commandement qu'il fit à la mer & aux vents, quand il serena la tempeste, qui menaçoit de naufrage le vaisseau où il sommeilloit. Et encores du *Quos ego?* du grand Poëte, où Neptune calme les flots mutinez, resserrant dans 'eurs antres les postillons d'Æole. Or des Passions desuoyees sera nostre discours, qui n'aura autre suite & methode que leur denombrement. Subiet qui me sera aisé à manier, puis qu'il fait vn tome entier en mes Diuersitez : mais ie m'y prendray icy d'vn autre air, comme vous allez entendre.

Passion, tres-chere Audience, vient du verbe Patir, qui veut dire souffrir ou endurer : car bien qu'aux effects & productions l'ame semble agir en ses mouuemens, si est-ce qu'au prealable elle patit en l'impression d'iceux.

Pli. l. 9. c. 8.

Luc. 4.
Marc 1.

Æn. 1.

Quant à la chose, elle n'est autre sinon vn branste ou agitation de l'ame, comme qui diroit le pouls au corps.

Or puis que nous auons designé sous le symbole de la fiebure, sans nous en escarter d'vn pas de vous representer ce desuoyement de nos passions, il nous conuient monstrer ceste conuenance en general, puis venir aux particularitez de chaque fiebure corporelle & spirituelle, afin de faire conceuoir les choses moins cogneuës par les sensibles.

La fiebure, c'est vne Passion au corps, ou côme ils parlent, *vne affection cutre nature* : De maniere, qu'encores que la chaleur & le tremblement semblent agir le fiebureux, toutesfois il patit reellement.

Or la fiebure se cognoist au pouls naturel ou extraordinaire, c'est donc vn mouuement du corps, comme la passion de l'ame.

Le pouls bat en nos corps tant que nous viuons, & c'est la plus essentielle marque de vie, & nul ame ne peut estre sans passions, car elles sont enclauees en son essence.

Mais il y a ceste differéce entre passion reglee, telle que nous l'auons despeinte en nostre Traité, & la desreglee, que nous pretendons faire voir icy, qui est entre pouls sain, & naturel, & le fiebureux & detraqué.

Les fiebures disent-ils, qui sont en grand nombre logent en deux endroits, ou és parties solides, ou és parties spiritueuses, impetueuses, & honorables, qui ont plus subtiles & delices, & i'ay monstré largement ailleurs que les Onze
passions

Passions qui sont en nostre ame, logent és deux parties de l'appetit sensitif, partie inferieure de l'ame, sçauoir six en la Concupiscible, & cinq en l'Irascible.

Voicy leur denombrement, en celle-là sont l'Amour, la Hayne, le Desir, l'Abomination, la Ioye, la Tristesse. En cell-cy la Cholere, l'Espoir, le Desespoir, la Crainte, & l'Audace : que nous confererons auec les fiebures Continuë, Maligne, Tierce, Quarte, Ephemere, Lente, Chaude, Frenetique, Hectique, Tremblottante, & Impetueuse, Allons d'ordre.

L'Amour est le premier mobile de toutes ces Spheres, & qui les rauit quant & soy, bien qu'il aye son orbe distingué, & quelque mouuement à part, mais ie dis cecy, parce qu'en toutes les autres Passions il y a tousiours quelque dose d'Amour propre.

Ainsi en toutes fiebures il y a tousiours vne continuelle indisposition qui reste apres les accez. Et bien que la Continuë dure tousiours; les autres neantmoins, nonobstant qu'elles ayent *dilucida interualla*, & quelques remises, rongent sans cesse le corps, & l'alterent.

Nec sitim pellunt, nisi causa morbi
Fugerit venis.

Le feu, Symbole de l'Amour, comme ceste Passion, conuertit tout en soy, & toutes les fiebures, si elles ne sont soigneusement pensees, se changent volontiers en Continuës.

La fiebure est vn choc Antiperistatique d'vne chaleur vehemente contre vn froid excessif, comme le heurt qui cause le tonerre en la nuée,

II.

N

& en nos Ames, souffrons nous par l'entrechoc continuel de ces deux Amans, desquels dit saint Augustin, ont basty deux Citez, l'vne Hierusalem, & l'autre Babylone, l'Eros & l'Anteros des Poëtes, celuy du siecle & du ciel.

C'est vn flambeau qui brusle en nostre ame, qui flambe bien quand la vie est dessous, tres mal quand il est renuersé, vous m'entendez.

Somme, ceste fiebure continuë de l'Amour boult tousiours dans nos veines, c'est ce Vesuue & cet Ætna de la Concupiscence. Nous auons donc grand besoin que la frescheur de la diuine grace purge nostre sang, & assoupisse ces boüillonnemens.

III. La Hayne est vne seconde fiebure que nous appellons Maligne, à cause qu'elle prouient de pure malice & deprauation. Fiebure mortelle & pestilente : car *qui diligit manet in morte*. Elle mine & sape peu à peu la vie, en corrompant & putrefiant le sang, & la hayne deprauë-elle pas tout à fait le sens?

C'est vne gangrene pourrie, qui ronge le temps des vlceres dans les intestins, & qu'est-ce la mauuaise haine sinon vn vipereau, vn cœur qu'elle saisit.

La fiebure maligne engendre par laps de chancre qui deuore les entrailles?

Ceux que ceste fiebure atteint, ont ordinairement le teint oliuastre, & plombé, & l'haleine puante. Voyez ce haineur, comment il est pasle, morne, triste, & sa bouche que vomit-elle, sinon mesdisances, & detractions?

La haine est pareille à ceste fournaise de Babylone, qui brusla ceux qui l'auoient embrasee.

Le desir ou cupidité est la 5. fiebure. O qu'elle cause d'alteration ! c'est ceste Auarice, maudite sansue, qui ne dit iamais c'est assez.

IV.

C'est ce serpent Dypsas, qui fait mourir de soif ceux qu'il picque.

L'eau de l'acquest des richesses l'embrase comme vne fournaise de forgerons, & l'huile de l'or encores plus.

Pour la guerir la seignee est bonne, aussi pour oster l'Auarice, dit Seneca, *non diuitiis addendum, sed cupiditati detrahendum.*

En fin c'est vne fiebure tierce ; car les auares & vsuriers n'ont leur accez & remises que de terme en terme.

L'abomination, quatriéme passion, fera la fiebure quarte difficile à desraciner. Elle engendre vn grand degoust, tel est celuy de ceux qui ont horreur du siecle aduenir : *& pro nihilo habent terram desiderabilem.*

V.

Ceux qui postposent le Man aux porreaux d'Egypte, & les delices spirituelles aux charnelles.

Ceux qui fuyent l'vsage des Sacremens, *& obliti sunt comedere panem suum. Omnem escam abominata est anima eorum, intrauerunt vsque ad portas mortis.* Ceux qui ne veulent entendre pour bien faire, *& qui hayssent la discipline* de salut. O Dieu que ceste fiebure est malheureuse & fascheuse à extirper!

VI. La ioye, 5. Paſſion, quand elle eſt exceſſiue, & pour des vains ſubiets, elle eſt momentanee, & meſpriſable. *Beatus qui non reſpexit in vanitates, & inſanias falſas.*

Le monde eſt cét hypocrite *duquel la ioye*, dit le Sage, eſt *comme vn poinct*, Pource pouuons nous comparer ceſte paſſion à la fiebure dite Ephemere, emotion volage, legere, & qui ne dure qu'vn iour.

Le plaiſir mondain, *quaſi flos egreditur, & fugit velut vmbra. Mane ſicut herba tranſeat, veſpere decidat, induret & areſcat : præterit figura huius mundi.*

C'eſt l'ombre creuſe de Creuſa chez le grand Poëte.

Æneid. 2. C'eſt vn Soleil d'hyuer qui eſgaye, mais n'a ny force ny vertu. En fin, *væ qui ridetis, quia flebitis.*

VII. La triſteſſe, 6. Paſſion, ſera conferee auec la fiebure lente, car c'eſt vne certaine peſanteur chagrine & melancholique, qui deſſeiche les os, *ſpiritus triſtis exſiccat oſſa*, Voyez en la peinture:

Extenuant vigiles corpus miſerabile curæ,
Abducitque cutem macies. ———

C'eſt vn brin d'Abſynthe, qui enfielle la douceur pes plus agreables conditions.

Eſther. 5. Peſez l'exemple d'Aman emmy tant de commoditez & de grandeurs, accablé de ceſte maligne triſteſſe.

Ho. quod-
ne lædat ni-
à ſe.
Que ſainct Chryſoſtome compare à la roüille qui ronge le fer, à la tigne qui ronge le drap, au loup qui deuore la brebis, au vinaigre qui corrompt le bon vin, la zizanie qui gaſte le bon bled, à la greſle qui gaſte les vignes.

La Cholere, 7. Paſſion, ne peut eſtre mieux repreſentée que par la fiebure chaude, ce que fait S. Chryſoſtome aſſez amplement. — VIII.

Le Cholerique eſt pareil au Lyon, qui eſt touſiours en fiebure, à cauſe de ſa grande & exceſſiue chaleur interieure. — *Chry. ho. 47. in Ioan.*

Ceſte fi bure a quelquefois des conuerſions ſi exorbitantes, qu'elle fait faire des efforts a celuy qui en eſt embraſé, que ſain il ne pouuoit iamais faire, tels ſont les boutades extrauagantes de la cholere qu'vn homme raſſis ne pouſſeroit iamais.

—— *Qui non moderabitur iræ,*
Infectum volet eſſe dolor quod ſuaſerit & mens.
Dum pœnas odio per vim feſtinat multo.

Beſte farouche, dit S. Chryſoſtome, preſque indomptable & inapriuoiſable. — *C. hom. 3. in Ioan.*

Feu inextinguible, s'il n'y eſt remedié dés le commencement. Dit le meſme.

Quand le fer eſt rougy, il eſt plus chaud que le feu meſme qui l'a embraſé, ainſi l'effect de la colere eſt ſouuent plus exceſſif que la cauſe, quantes gens s'entretuent pour des pointilles?

L'eſpoir, 8. Paſſion, c'eſt vne fiebure frenetique, qui excite des reſueries bizarres, qui n'ont ſubſtace que dans le vuide d'vn cerueau creux, auſſi vn ancien appelloit fort bien *l'Eſperance le ſonge d'vn homme veillant.* — IX.

Les Ambitieux ſont fort tourmentez de ceſte fiebuteuſe reſuaſſerie, car on peut dire d'eux, que —— *velut ægri ſomnia vanæ*
Finguntur ſpecies.

Ils ſe figurent des grandeurs & magnificences dont ils se repaissent en fumee, en songe.

Ixions amoureux des nuages. Aussi cet ancien Empereur appelloit ses Courtisans aspirans aux honneurs, *Ixionios amicos.*

Pauures gens qui couuent *des œufs d'aspic,* qui esclos les tuent, aussi souuét se precipitent ceux qui aspirent aux hauts degrez, comme ceux qui sont fiebureux frenetiques.

X. Le Desespoir, passion 9. est vne fiebure Hectique, qui meine son homme au tombeau, luy donne des impressions languissantes, fait comme aux hyboux que la lumiere les fasche, que la vie leur importune, & que toute autre condition leur paroist plus tolerable que la leur.

Funeste maladie mortelle au corps, & tres-pernicieuse à l'ame. Cain, Saul, Achitofel, Iudas, sont peris miserablement par ceste fiebureuse & furieuse humeur, figuree par les Poëtes és furies de Pentee & d'Oreste.

XI. La tremblottante fiebure de la crainte fera le dixiéme; de laquelle fut attaint Cain, auant que tomber en la frenetique.

A ceux-là le pouls bat tousiours gros. Ce sont les scrupuleux qui transforment l'infinie bonté de Dieu en bourrellerie.

Hi sunt qui trepidant & ad omnia fulgura pallent.

Ces tremblottans ont des appetits fort diuers, & y a-il rien au monde de bizarre, comme la conscience scrupuleuse?

—— *Attonita est quæ primo murmure cœli.*

Lieures qui dorment touſiours les yeux ouuerts, voire & ſuperſtitieuſement eſpluchans iuſques à leurs ſonges. *Intus pauor eos vaſtat, & trepidant timore vbi non eſt timor.*

L'Audace, ſon oppoſite, eſt l'onziéme, & derniere des Paſſions, fiebure turbulente, impetueuſe, tempeſtatiue, inquiete, & fiebure de Lyon qui ne craint rien, & dort touſiours par hardieſſe les yeux ouuerts.

XII.

Goliath ce brauache Geant mourut pour ceſte temeraire fiebure.

Nabucadnezar en fut metamorphoſé en beſte.

Et Lucifer, pour ſon outrecuidee effronterie, en a eſté detint aux Enfers, *in inferiora terræ*.

C'eſt elle qui fait naiſtre tant de folles entrepriſes, & que *cœlum ipſum petimus ſtultitia, Neque per noſtrum patimur ſcelus iracunda Iouem ponere fulmina.*

Prions Dieu, mes freres bien-aimez, qu'il nous deliure de ce fiebureux accez, & excez, notamment les femmes: car certes il faut aduoüer, que quand elles ſont en fiebure, notamment de colere, l'ombre de S. Pierre n'y fait rien, il faut que noſtre Seigneur meſme y mette la main.

Cependant vous auez ouy premierement, Comme la Paſſion eſt vne fiebure: ſecondement, L'Amour vne Continuë: tiercement, La Hayne vne maligne: 4. Le Deſir vne tierce, 5. l'Abomination vne quarte, 6. La Ioye vne Ephemere, 7. la triſteſſe vne Lente, 8. la Colere

N iiij

vne Chaude, 9. l'espoir vne Frenetique, 10. le Desespoir vne Hectique, 11. la Crainte vne Palpitante, 12. l'Audace vne Inquiette.

QVATRIESME VENDREDY.

De la Conuersion.
HOMELIE XXI.
Domine da mihi hanc aquam.
IOAN. 3.

LE Soleil par léchement de ses rays engendre par traict de temps l'or dans les entrailles de la terre. Et nostre Soleil de Iustice, par l'allechement de ses attraits change dans la poictrine de la Samaritaine, dont l'Euangile vous a esté recité, vn cœur de plomb peruerty, en vn cœur de fin or de pure conuersion. Saincte Metamorphose, mes amis, & qui me preste le champ pour vous discourir, 1. que c'est que Conuersion, 2. qu'elle doit estre preuenuë de grace : & de plus auoir les qualitez, 3. d'entiere, 4. Courageuse, 5. Renonçante. Escoutez.

I. Ce mot de Conuersion, comme vous pouuez iuger au terme, sonne vne sorte de Renuersement, on dit que le pourceau a les prunelles ainsi constituees qu'il ne peut voir le Ciel s'il n'est tourné s'en dessus dessous. Le pecheur en est de mesme tellement appenché vers la terre, que la seule conuersion le peut faire penser au Ciel.

L'ame est à l'instar du Miroir, qui opposé à la terre, l'imprime en soy, reuiré vers les cieux, represente ces astres.

En outre ceste diction veut dire vn changement, c'est ceste pierre Philosophale des Spirituels, qui rend le plomb, argent, le cuiure, or: & les terrestres, celestes.

Veut encore signifier vne inuersion ou passage de chose à autre, comme quand les Elemens se conuertissent l'vn en l'autre, vray est que comme disent les Physiologues, ils doiuent auoir quelque affinité comme le feu en air, & la terre en eau, non le feu en eau, ou la terre en air, pour la trop grande contrarieté: mais en nostre conuersion spirituelle, & plus miraculeuse, nulle disparité empesche le changement, ains au rebours les grands pechez engendrent les plus signalées Penitences.

Par ceste parole s'entend encores vn retour de l'Ame à Dieu, par vn heureux renoncement des liens caduques qui la tenoient entrapee. C'est ce retour, & ce tourne visage que le sainct Espoux souhaite si impatiemment en la Sunamite. *Reuertere, reuertere Sunamitis, reuertere vt intueamur te.*

Or ce retour, ceste inuersion, ce renuersement, ce changement doit estre accompagné de la grace preuenante pour estre valide & vtile, & qu'on puisse dire, *Hæc mutatio dextræ Excelsi, dextera Domini fecit virtutem, etenim illuc manus tua deducet me, & tenebit me dextera tua, Dominus supponit manum suam, dilectus misit manum ad foramen, & venter meus contremuit, ad factum illius,* en fin, *gratia eius præueniet me.*

I I.

Sans cet ayde, *nos esprits vont prou au peché, mais n'en reuiennent point.* Quantesfois, Seigneur,

Frappez-vous à nostre porte auec des cheueux, distillans les meres gouttes de vos plus succrees & sacrees faueurs? Et comme ceste Espouse ingrate, *dormans dans le lict mollet*, de nos delices sensuelles, nous vous mesprisons pour vne petite incommodité: quantesfois auons-nous fait la sourde oreille aux gracieuses inspirations de vos misericordieuses semonces.

Ceste grace preuenante est l'auant-courriere de tout nostre bié. Le Coq de S. Pierre, le rayon de S. Paul, la Vocation de S. Matthieu, le regard sur la Magdaleine, l'Imitation de Zachee, sont autant d'exemples de ceste preuention qui se peuuent grandement estendre.

Conuerte nos & conuertemur: mutabis eos & mutabuntur: trahe nos post te curremus: nemo potest venire ad me nisi quem pater traxerit. Ce sont authoritez qui nous enseignent, que si les voiles de nos desirs ne sont enflez de ce Zephire, en vain tendons nous au port de salut.

Ie veux, *que celuy qui nous a faits sans nous, ne nous puisse sauuer sans nous*, mais il est bien constant que s'il ne nous peut sauuer sans nous, nous ne pouuons aussi nous sauuer sans luy, *Sine me nil potestis facere*, dit-il.

Nous sommes ces Paralytiques, qui ne pouuons guerir sans homme, sans piscine, ou sans nostre Seigneur, c'est à dire, sans Confession, sans Penitence, ou sans vne puissante grace, *Veni Domine & vide, & visita vineam istam, fiat manus tua super virum dexteræ tuæ, & super filium hominis quem confirmasti tibi.*

Homelies Quadragesimales. 203

Ce bel Astre perce la nuée de nostre peché, penetre la verriere de nostre obstinatió, trauerse les rideaux de nos mauuaises habitudes, & nous esueille doucement du sommeil lethargique, qui nous tient assoupis, sinon que nous soyons tant durs, & reuesches, que de fermer les yeux, & clorre les fenestres, pour ne voir la splédeur des lumieres qu'il fait briller emmy les ombres de mort qui nous enueloppent. Hé! que ne sommes-nous à ces rays du naturel du soucy?

Que n'ouurons nous bien les yeux à ce clair flambeau qui nous descouure, & les riches couleurs de la vertu, & les taches de nos souïlleures, & dont l'esclat efface le lustre faux des planettes errantes de nos erreurs?

Ce n'est pas sans mystere que l'Espouse est comparee *à l'aube qui se leue*, d'où nous pouuons tirer de tres propres Symboles de l'ame, qui remonte peu à peu des obscuritez de la coulpe, au iour de la grace. Ceste belle Aurore chasse les fumees & vapeurs, tapisse le ciel de couleurs, le parseme de roses, emperle la terre de rosee, resiouyt toutes les creatures, la grace produit en l'ame les mesmes effects.

Que si elle rencontre vne ame rude, elle redouble ses efforts, *& tire par les chaisnes d'Adam*, ceux qui ne se veulent laisser conduire *aux cordons de la Charité*. La Lyonne iette son fan tout endormy hors de ses flancs; & elle l'excite par ses rugissemens. La grace en fait ainsi sur le pecheur assoupy, le faisant reuenir de sa pasmoison par de fortes secousses, *Facit planctum* Mach. 1.

velut draconum, & luctum quasi struthionum quando desperata est plaga.

Voyez comme N S. plore & crie haut, pour resusciter le Lazare figure du pecheur inueteré.

Heureux si nous estions aussi prompts que luy d'obeyr à ceste diuine voix qui nous appelle intetieurement de la mort du peché à la vie de sa grace par vne saincte conuersion.

III. Qui doit estre entiere (nostre 3. poinct) car à vray dire l'Amour de Dieu est delicat, qui ne veut point des restes, & ialoux qui ne veut point de moitiez, ny partager ou entrer en concurrence auec aucun autre, *iusques à vne œillade, iusques à vn cheueu*, il prend garde à tout, les yeux *tournoyās vagabonds, & pirouettans le font enuoler*, il ne veut que son espouse aye des yeux que pour luy, ny des paremens que pour luy plaire.

La Ciguë meslee auec le vin, c'est vn poison irremediable, & ceux qui veulent mesler dans le vase d'vn mesme cœur l'Amour de Dieu, *vin enyurant, mais vin des vierges*, auec la mortelle Ciguë de celuy du siecle, il procure sa ruine infaillible.

Aspirer au Ciel, & se retourner deuers le monde comme le quittant à regret, c'est tendre au port comme les rameurs à reculons.

C'est vne folie de se conuertir ainsi à moitié, on ne peut monter en haut sans quitter le lieu bas, vouloir viuoter comme les Amphibies, en deux Elemens.

Alterremus aquas, alter tibi radat arenas.

C'est vne impossibilité.

Eteocle & Polinice, ne peuuēt brusler en mes-

Homelies Quadragesimales. 205

me feu ; Eros, & Anteros ne se seruent pas de pareilles flammes.

On ne peut aller en deux chemins en mesme temps, il faut comme Hercules chez Xenophon, choisir le spacieux ou l'estroit, pour voyager vers l'Orient de la grace, il faut de necessité tourner les espaules entierement à l'Occident du peché.

Ces conuersions miparties sont des tiedeurs, qui ne peuuent esperer que le vomissement de la bouche de Dieu.

Ils commencent tousiours, & n'acheuent iamais, c'est la toile de Penelope.

Ou l'Asne du Cordier de l'Emblesme, qui rongeoit tout ce qu'il tissoit, aussi la sensualité en ces gens deuore toutes les resolutions de la raison.

Qui veut bien faire, doit ietter là les œuures de tenebres, & empoigner a bon escient celles de lumiere.

Et renoncer courageusement, *à tout pour suiure allaigrement nostre Seigneur*, comme la Samaritaine fit sa cruche pour aller publier le Messie.

Ces petites difficultez qui se presentent à l'abord de la conuersion des hontes du monde, ces apprehensions de difficulté, ces irresolutions, ces menuës vergongnes, ces ieusnes vn peu rudes, ces oraisons longues, ces vanitez qui nous flattent, ces loüanges qui dorlottent, tout cela ne sont que velitations preambulaires qui nous signifient que de plus grands combats attendent nostre arrieregarde, & qu'à la fin sera le plus fort de la meslee.

Mais tenons ferme, *la palme gist au perseuerer,*

il se faut relancer contre ce faix.

Ce sont les petits feux qui s'esteignent à ces bouffees, les grandes deuotions s'y embrasent.

Vne charge bien agencee, & en equilibre sur le dos, en pese la moitié moins.

—— *Leue fit quod bene fertur onus.*

Et le courage amoindrit la difficulté, *durum nam leuius fit patientia.*

Cernis vt in domitos vrunt iuga prima iuuencos.

Il en est ainsi des premiers exercices de vertu qui d'amers deuiennent doux, & se facilitent par la pratique.

Le seruice de N. Seigneur est appellé *ioug*, parce que pour peu que nous y prestions de nostre costé, sa diuine grace porte tout le reste de l'autre. Et puis comme le bois tortu se redresse dans le feu, aussi est-il impossible de nous redresser par la conuersion de nos peruerties inclinations sans le feu cuisant de quelque malaisance.

V. Laquelle consiste principalement en vne absoluë & forte renonciation à toutes sortes de pechez; *virtus est vitium fugere, & sapientia prima, stultitia caruisse.* Le principe du bien est le dechassement du mal, le commencement de la sainsteté de l'ame, comme de la santé du corps, est la purgation des humeurs vitiees des mœurs peccātes.

Les abeilles ne font iamais leur miel, qu'au prealable elles n'ayent deschassé les freslons de leur exaim.

Ignauum fucos pecus à præsepibus arcent.

Il faut defricher la terre de nostre conscience des surcots du peché, pour y semer le bon grain de la vertu.

Homelies Quadragesimales.   207

Il faut faire diuorce auec le monde, renoncer à sa pratique, & luy dire, *Res tuas tibi habe.*

Si nous voulôs nous voir à Dieu, & luy ioindre nostre *connubio stabili propriamq; dicare*, il faut premierement renoncer à tout ce qui luy desplaist.

Or le peché le chasse de l'ame, comme la fumee fait faire essor aux autres; & comme où est le Roy, là est la Cour, ainsi est ce Paradis par tout où Dieu est, par grace ou par gloire, & par consequent l'enfer où il n'est pas.

Renonçons donc, mes freres, à tous pechez, *& proiiciamus à nobis iugum ipsorum.* Secoüons ceste seruitude miserable, *qui facit peccatum seruus est peccati*, rompons ces chaisnes, *dirumpamus vincula ista*: desnoüons ces liens, *funes peccatorum circumplexos*, afin que *renonçans à nous mesmes*, nous viuions *in sanctitate & iustitia coram Deo omnibus diebus nostris.* Il nous en face la grace.

Et aussi de retenir de ceste Homelie, 1. que c'est que Conuersion, 2. combien y est necessaire la grace preuenante, & que pour valoir, elle doit estre, 3. Entiere, 4. Courageuse, 5. Renonçante.

IIII. DIMANCHE.
De l'Aumosne.
HOMELIE XXII.

Sequebatur eum multitudo magna.

IOAN. 6.

CE miracle de la multiplication des pains, qui vous a esté recité en l'Euangile, mes freres tres-chers, c'est vne aumosne generalle

In Ioan.l.
3.cap. 18.

que nostre Seigneur fait au desert à cinq mille hommes: Par là, dit S. Cyrille Alexandrin, *nous est recommandee la liberalité pieuse, & comme enseigne hautement, que plus on distribue misericordieusement, plus on affine copieusement.* O Aumosne portiere du Ciel! ô puits d'eaux viues, intarissable, & inespuisable! ce sera, 1. de vostre nature, 2. de vos honneurs, 3. de vos profits, & 4. de vos plaisirs que nous allons discourir à ces oreilles beantes.

I.
l.17. des Diuersit. c. 5. & l. 31. c. 66.

Ce mot d'Aumosne, est tout craché du Grec, *éleemosyni*, qui veut dire proprement *Misericorde*, vertu dont nous auons traité amplemēt ailleurs.

Et ce nom, selon les Ethymologistes, tire son origine du verbe, *éleo* qui signifie *misereor*. Voila quant à la diction.

Bas. in Ps. 114.

Surquoy bastissons ceste deffinition auec saint Basile, que c'est *vne compassion d'ame que nous auons vers ceux qui sont affligez, comme quand nous plaignons ceux qui sont tombez d'vn estat opulent en vne extréme disette, ou d'vne santé vigoureuse en vne grāde infirmité.*

Venons à la distinction, bien que ces paroles Misericorde, & Aumosne, soient souuent mesme chose, il y a neantmoins grande difference, car celle là est la cause, celle-cy l'effect, celle là est la vertu & habitude, & celle cy l'acte, & comme le ray de ce Soleil, la branche de ce tronc, le ruisseau de ceste source.

Celle là est dite, *Misericordia quod miserum cor faciat alterius miseria*, & celle cy par son effect, *quia miseretur & commodat, dispergit & dat pauperibus,* soulage ceste misere reelle en autruy, & de participation en soy. d'vne belle vertu bel effect, car comme dit le deuot sainct Bernardin,
il est

il est plus aisé aux bonnes ames de patir, que de compatir. Il estoit plus facile à ces saincts Aumosniers, dont nous produirons tantost quelques exemples, de souffrir la pauureté, que de voir l'autruy auoir disette.

Et quoy donc, si le pouuoir manque? lors mes tres-chers, le vouloir suffit: *Ie n'ay ni or ni argent*, disoit sainct Pierre au pauure boiteux: *mais ce que i'ay ie te le donne librement, au nom de Iesus Christ leue toy, & marche*: ô quelle aumosne de santé! *Licet de cellario nõ habeas quod dare possis*, dit sainct Augustin, *de thesauro cordis tui potes proferre quod tribuas*. Deux deniers de consolation, & vn charitable renuoy equipollent aux talens distribuez par les Richards. *Beatus qui intelligit*, qui a esgard il ne dit pas qu'il donne, *super egenum & pauperem*.

Venons aux descriptions. L'Aumosne est ceste *mammelle de l'Espoux, meilleure que le vin*, car la mammelle plus elle est succee, plus elle est feconde, mais le tonneau de vin plus il est tiré, & plus il tarit.

C'est ce puits de l'Espouse, qui plus il est puisé, plus il se remplit, & clarifie, & meilleure s'en rend l'eau.

Clem. Alexan. Pædag. 1. 5. c. 7.

C'est la *fontaine des iardins, source des eaux viues qui fluent d'impetuosité du Liban*.

C'est ce *fleuue impetueux dont le decoulement resiouyt la Cité de Dieu*: Et de fait le iugement de Misericorde aux vniuerselles assises se fera à ceux qui auront fait misericorde, *in die mala liberabit eos Dominus*.

Beatus vir qui miseretur & commodat, disoit ser-

Pſal. 15. mones ſuos in iudicio, quia in æternum non commoue-bitur; iuſtitia eius manet in ſæculum ſæculi, cornu eius exaltabitur in gloria.

S. Bon. in eius vita. cap. 9. Et ce dernier mot nous preſte la tranſition pour vous parler des honneurs de l'Aumoſne, que le bon P. S. François appelloit *vne noble prodigalité*.

L'Aigle, le Lyon, ces animaux genereux, laiſſent librement aux autres le reſte de leur proye le Loup, le Renard, ces beſtes ignobles & puantes, la cachent, & laiſſent pourrir; Images des Aumoſniers, & des taquins auares.

Tous les animaux ont les pattes contrebas, & comme collees à la terre, le ſeul homme, pour apprendre de la liberalité, a les mains eſleuees, peu tenantes & libres.

Auſſi les mains charitables de l'Eſpoux au Cantique: *Voyez comment elles ſont faites au tour*, forme verſatile & ſoupple, *& pleines de hyacinthes*, pierreries, ſymboles de Charité.

Belles & honorables mains, qui ont communiqué leurs influences à ces grands ſaincts ſi aumoſniers, dont l'antiquité nous fait tant de feſte. Voyez vn Abraham courant apres les paures pour leur donner, comme vn autre ſe porteroit pour receuoir.

Sainct Louys, noſtre bon Roy de France, rodoit les Hoſpitaux, comme les lieux de ſes plus cheres delices, & là ſeruoit comme à prix fait, les malades de ſes propres mains, & cheriſſoit l'honneur de ceſte abiection plus que ſon Diadeſme.

Combien ceſte inclination aumoſniere a elle

Homelies Quadragesimales. 211

rendu Saincte Elizabeth fille du Roy d'Hongrie recommandable, sa vie nous en recite de tres rares traicts.

Le B. Amé Duc de Sauoye, se rendit admirable par ceste vertu. Il fit vn iour voir sa Venerie à vn Ambassadeur de France, qui estoit vn monde de pauures, qu'il nourrissoit iournellement, & auec quoy il se promettoit (*& il n'a pas esté confondu de son attente*) d'attraper le Ciel. *Dispersit, dedit pauperibus, iustitia eius manet in sæculum sæculi.*

Sainct Gregoire le Grand, ce Pape domestique des pauures, merita-il pas par là l'honneur de receuoir vn iour nostre Seigneur sous la forme d'vn Pelerin?

Les charitez de saincte Catherine de Sienne, selon la mediocrité de sa fortune, sont excessiues, aussi sont elles autant admirables que peu imitables: quels honneurs aussi, & quelle gloire n'en receut elle de nostre Seigneur, tesmoin ceste petite croix d'argent, & sa robbe donnee pour l'amour de Dieu?

Chacun sçait les aumosnes de S. Martin, encor Cathecumene, deuenu Euesque, ayant à l'entree de l'Eglise donné sa robbe à vn pauure, tremblant de froid, tandis qu'il officia on vit sa teste toute enuironnee de clairs rayons, comme d'vn autre Moyse.

Le B. Pierre Texier, comme il se lit chez Leontius, en sa vie, ayant donné sa casaque à vn pauure en vit par apres nostre Seigneur reuestu.

La main de S. Osuual Roy d'Angleterre, si addonné à l'aumosne, suiuant la benediction d'vn

O ij

pieux Euesque ne pourrit iamais apres sa mort. Voulez-vous de plus grands honneurs?

III. Si le profit vous meine, oyez ceux ci: Les mammelles de l'espouse aux Cantiques, sont comparees à *deux petits cheureaux bondissans, blandissans, & paissans parmy les lys.* Quelle similitude? ces tendrons ne sont pas des mammelles: mais pluftost des succeurs, & vuideurs de mammelles: belle conception neantmoins, mes amis, & qui nous enseigne que faire l'aumosne est pluftost receuoir que donner, *da terram*, dit sainct Augustin, *& accipe cœlum*.

O diuine Alchimie, qui transformes la bouë en or de Charité, la terre en Ciel, la mortalité en eternité! *Non memini*, dit S. Hierosme, *mala morte mortuum qui libenter opera pietatis exercuit*.

Celuy qui ietteroit son manteau pour se sauuer de l'atteinte d'vn Taureau furieux, feroit il pas sagement, & profitablement? *Celuy qui rachete la peine de ses pechez par aumosnes* a pareille prudence.

La premiere purgation du Lepreux en l'ancienne Loy, estoit de luy raser les cheueux, cheueux symbole des superfluitez, l'erogation du residu de nos biens peut beaucoup pour la purgation de nos ames; en figure dequoy, voyez comme la Magdalaine auec ses cheueux, c'est à dire, auec ses richesses, essuye les pieds, c'est à dire, sustente les pauures de Christ.

Non, dit le Sage, *l'eau n'esteint point mieux le feu comme l'aumosne racle le peché*. Quel profit de suffoquer cet embrasement qui nous porte *en des ardeurs sempiternelles?*

Homelies Quadragesimales. 213

Qui ne semeroit ne recueilliroit iamais rien, il faut ietter son grain à l'aduenture: *& celuy qui l'espand escharsement, moissonne aussi escharsement.* 1. Cor. 9. Quand ce vient à la moisson chacun voudroit faire recolte; mais peu se donner le trauail du labourage, & tirer du grenier pour ensemencer la terre. O Dieu! & comment pretendons nous recueillir la gloire du Ciel, si nous semons si peu en terre dans le sein des pauures? *Celuy qui semera des benedictions, recueillira aussi des benedictions.*

L'Aumosne, dit sainct Basile, c'est *vne semaille* Hom. in *qui iettee rend au centuple.* Mes bons amis, vostre diu. auar. bled qui se perd au grenier, & sans cesse y deschet, profite ietté en bonne terre; cet or que vous gardez inutilement dans vos coffres, il se perd,& court vn mōde de risques: croyez moy, *faites vous des amis de ceste inique Mammone, qui vous preparent les logis és tabernacles eternels.* Ie vous Serm.1.de asseure que vous n'y perdrez rien. *Quicquid in* ieiu.Pent. *opera pietatis impenditur, non minuitur, sed augetur,* dit sainct Leon.

Extra fortunam est quicquid donatur egenis,
Quas dabis his solas semper habebis opes.
Thesaurisez en lieu, où ny les mains des larrons, ny la teigne, ny la vermouleure n'ayent point de prise.

Si vous ne voulez donner au pauure, prestez Prou. 15. luy: Voila nostre Seigneur qui se constituë sa Chrys. ho-caution,*& declare que ce qui sera fait au monde*, sera mil. 33. *fait à luy*, qu'il respond en son propre nom pour ad pop. *vn verre d'eau froide. Celuy qui aumosne le pauure, il* Ant. *preste à vsure au Seigneur*, dit le Sage : Et S. Iean Chrysostome n'appelle-il pas l'aumosne l'art le plus lucratif de tous les arts du monde?

O iij

Tenez pour maxime que *celuy qui mesprise les richesses du siecle pour l'amour de Iesus, il ne les perd pas, il les change,* dit vn ancien deuot, & qui feroit difficulté aux Indes de troquer des bagatelles, & michonneries à des gros lingots d'or?

O si vous sçauiez les grands interests que nostre Seigneur paye du peu qu'on donne par charité! vo⁹ ne voudriez iamais faire autre mestier. Saint Iean, dit l'Aumosnier, Euesque d'Alexandrie, & ce pieux Euesque d'Auxerre sainct Germain, vous en diroient bien des nouuelles, si nous auions le loisir de vous estirer ces exemples descrits en leurs vies.

Apud Sur.

Celuy seulement de la vefue de Sarepta, figure expresse de nostre Euangile, vous fait voir vne manifeste vtilité.

V.

Mais les delices m'appellent, telles delices mes bien-aimez, que la seule volupté de donner, faisoit escrier à l'Empereur Titus, qu'il auoit perdu vn iour auquel il n'auoit bien fait à personne.

O que ce mot de S. Paul est vray, *qu'il est bien plus gracieux de donner que de prendre!* c'est imiter Dieu en quelque sens.

Ouy Dieu, ce Dieu si continuellement liberal, *qu'il ne laisse de luire sur les bons & sur les mauuais,* qui ne laisse de cherir les pecheurs, ces Absalons rebelles.

Ce Dieu qui a les mammelles si pleines de bontez, qu'il ne cerche qu'à les faire succer.

Ce Dieu qui *opere sans cesse,* & fait plouuoir sur nous toutes sortes de biens.

Aussi le Prouerbe dit du bien-faisant, *que l'hom*

me à l'homme est Dieu, c'est faire l'office de Dieu, que de donner l'aumosne!

O le doux appauurir que de bastir icy bas des fondemens d'eternelle duree!

Le Lepreux Naaman fut purgé, se lauant dans le Iordain, fleuue doux coulant. *Date eleemosynam, & ecce omnia munda sunt vobis.*

Le Soleil leiche si gracieusement le dos par la douceur de ses rays, qu'il fait despoüiller l'homme, & le donner flatte mignardement, & d'vn plaisir si attrayant, qu'il met à nud les bonnes ames, voire auec Suauité.

Serapion rencontre vn pauure nud, il luy donne sa robbe; vn des freres le voyant sans habit, luy demande qui l'a volé, celuy-là, fit-il, monstrant le nouueau Testament qu'il auoit sous son bras.

Il le lisoit, & y trouue ce passage: *Va, vend tout ce que tu as, & le donne aux pauures.* Il vend le Liure mesme, & en donne l'argent aux necessiteux.

Quelle volupté si excessiue à iamais porté les hommes iusques à se vendre pour esclaues, pour en iouyr, comme nous lisons de plusieurs saints qui se sont vendus pour donner le prix de leur captiuité aux pauures?

Serapion que nous venons de produire, apres tout, se vendit-il pas pour substenter des orphelins?

Le B. Pierre Banquier, pour pareille fin, se laissa-il pas vendre?

Et S. Paulin Euesque, se fit-il pas volontaire- *S. Gre. l. 3* ment esclaue pour rachepter de son prix le fils *Dialo. c. 1.*

O iiij

vnique d'vne femme vefue qui couroit le peril du defespoir?

Voila donc 1.que c'eſt qu'Aumoſne, 2.ſon excellence, 3.ſó vtilité,& 4.ſon plaiſir. Vous ferez bien, mes freres tres chers, d'accóplir les Ieuſnes, & Prieres que vous pratiquez en ce ſainct temps,par l'adionction de ceſte fidelle eſcorte.

QVATRIESME LVNDY.
HOMELIE XXIII.
De la Cholere.

Inuenit in templo vendentes.

IOAN. 2.

LEs vents moderez & propices ſont neceſſaires, non qu'vtiles pour voguer ſur la mer, mais quand ils ſont trop violens,ils excitent des tempeſtes,& ſont tres dangereux; telle eſt l'impulſion de la Cholere bonne, ſi temperee, mortelle, ſi deſreiglee.

Sur la iuſte cholere que nous remirons en N. Seigneur dans le tableau de l'Euangile de ce iour où on le voit, chaſſant courageuſement les vendeurs & achepteurs du Temple: Nous prendrons, mes freres tres-chers, occaſion de vous diſcourir de la Cholere en cinq poincts. 1.de ſa nature & diſtinction, 2. de la bonne cholere, 3. des moyens de la recognoiſtre, 4. de la mauuaiſe, 5. & de ſes remedes. Ie vien.

I.
v. és Diuerſitez l.
s.ch. 23.

C'eſt vn erreur commun de ceux qui traitent de la Cholere, de la prendre touſiours en mauuaiſe part, & neantmoins il eſt vne certaine cholere, non ſeulement bonne, mais recommandée, voire & recommandee par la bouche du ciel, & nommee, *Sacrifice de Iustice*.

Le Psalmiste, *Irascimini & nolite peccare, &c. Sacrificate sacrificium iustitiæ*.

Et pour vous faire bien entendre ce secret, mes bien-aymez, il faut que vous remarquiez, qu'il y a bien de la difference entre cholere passion, & cholere vice, celle là est bonne, celle cy mauuaise, & de ceste inaduertence vient la mesme intelligence de ceux qui traittent de la cholere, sans preambuler ceste diuision.

L'vne & l'autre peut bien se definir selon les Scholastics, *vn appetit de vengeance prouenant d'indignation contre le mal*, mais elles se diuersifient selon leur obiect. Car comme c'est vne vertu de iustice, de hayr le mal, & en rechercher la punition, c'est vn vice d'iniustice, de vouloir prendre la vengeance du mal faux, que nous imaginons nous estre fait.

Les mauuais effects prouiennent d'vne mauuaise cause, les bons d'vne bonne, le courroux qui moderé produit du bien, ne peut estre relegué en la Cathegorie des vices.

Tout appetit de vengeance n'est pas vicieux, autrement le Prophete Roy n'auroit iamais dit. *Lætabitur iustus cùm viderit vindictam, manus suas lauabit in sanguine peccatorum*, & en plusieurs autres lieux, il ne parle que de bonnes vengeances.

Qui nous dira que la vengeance de soy mesme, de ses desbauches, & de ses pechez, par la mortification, les austeritez, les ieusnes, les disciplines, & les cilices, principaux outils de la Penitence, soit mauuaise?

Il est vray que,
Vt mala sunt vicina bonis, errore sub illo
Pro vitio virtus crimina sæpe tulit.

Les Metaux ont les Marcassites qui les contrefont, les pierreries, des happelourdes qui les contre-imitent, & les herbes salutaires, dit on, croissent iouxte les veneneuses, comme l'Antidote proche du mal, ainsi à la cholere passion, vtile bien dirigee, s'annexe l'ire vicieuse qui l'a contrefait.

Si est-ce qu'il y a autant à dire entre elles, que entre l'huile & le vinaigre, qu'entre la raison & la fureur, qu'entre le calme & l'orage.

II. Car pour vous representer le naturel de la bonne cholere, figurez vous, mes amis, qu'elle est comme le leuain en la paste, composition aigrette, mais sans laquelle le pain ne seroit qu'vne masse pesante, & indigeste, elle luy communiquant la saueur, la legereté, & les esprits.

Ainsi la cholere passion, conduite par vne raison iuste, donne vne pointe en la correction de ceux qui sont suiets à nostre chastiment, vtile pour leur salut, & pour nostre descharge.

C'est vn abus de penser faire aucune bonne animaduersion sans vne dragme de cet ingredient, non plus qu'anciennement de sacrifice sans sel.

C'est la sauce de haut goust, qui doit assaisonner par son temperament, & rendre sauoureuses les reprehensions.

———— *quod nouit pungere dogma sapit.*

Sans ceste suffusion de Rhubarbe, sans ceste mixtion d'Abſynthe, nulle medecine ſpirituelle peut operer.

On a bien trouué le moyen de tirer du poiſon, meſme le contrepoiſon, & de compoſer la Theriacque chaſſe venin, auec le meſme venin, & de la cholere paſſion bien reglée, on peut bien faire vne contremine à la cholere vicieuſe.

Ils diſent que les fruicts à noyau ont les amandes contraires en qualité, au ſuc qui enuironne la coquille, ainſi en eſt-il de la diſſemblance de la cholere, vice & paſſion.

Celle-cy eſt touſiours auec la raiſon, celle-cy deſpourueuë de iugement, pourtant les effets de l'vne ſont ſalutaires, & de l'autre nuiſibles, vn meſme amandier porte bien des amandes douces & ameres.

Quantes ſources ſont parmy le monde voiſines, & neatmoins de diametralement oppoſees qualitez, froides, chaudes, douces, ameres, claires, troubles, peſantes, legeres, maſles, femelles.

La bonne cholere eſt vne paſſion connaturelle à noſtre ame, la premiere de celles qui reſident en l'appetit, de là appellé iraſcible, donnée & creée de Dieu, & par conſequent *bonne*, voire *& valde bona*.

Elle nous ſert de chien fidelle pour nous eſueiller au bien, pour iapper par reprehenſions contre les vices brigands de nos ames.

C'eſt elle qui donne le fil & le tranchant aux ſainctes admonitions, qui ſans cela ſeroient mouſſes & plattes, tous les Prophetes en leurs aduertiſſemens, ne parlent-ils pas touſiours cõme *courroucez ſans touteſois pecher*, menacent-ils pas à tout propos de l'ire de Dieu.

Ire de Dieu, si chantee en l'Escriture, mais iuste auec laquelle il opere le chastiment des peruers, & le grand iour des assises vniuersels, n'est il pas appellé, *le iour de cholere.*

Quand nous voyons ces grands seruiteurs de Dieu, Moyse, Phinees, Mattathias, Samuel, S. Paul, sainct Iean Baptiste, sainct Estienne, se courroucer si puissamment contre les mauuais, oserions nous bien penser qu'ils pechassent en de si sainctes actions : mais plustost ne loüons nous pas leur zele, causé par ceste cholere passion?

V. és Diuersit. l. 36. c. 64

Quis consurget mecum aduersus malignantes, aut quis stabit mecum aduersus facientes iniquitatem? disoit Dauid.

Nostre Seigneur, selon les Theologues, n'a point eu de Passions, mais des Propassions, mais neantmoins quand il est mestier que cet Hercule nettoye la maison de son Pere, *maison de sainteté & d'oraison*, que les malheureux Pharisiens auoient conuertie en estable d'Augie, en Spelonque de Cacus, voyez comme s'esleuant par dessus des forces humaines, & cóme sortant des limites de sa douceur accoustumee, il renuerse auec trois *cordelettes, & bacs, & oüailles, & bœufs, & pigeons.* Pareil à vn fleuue qui sort de son lict pour rauager vne compagnie.

Ac veluti rapidus montanus flumine torrens
Sternit agros, sternit sata læta, boumque labores,
Præcipitesque trahit syluas.

III. Mais vous desirez peut-estre sçauoir, mes freres tres aimez, comment on peut pratiquer cefte bonne cholere, & certes ie vous confeffe que cela eft de difficile execution, non toutefois d'impoffible.

Ce que les Medecins difent, qu'il faut prendre exercice iufques à la premiere fueur, ie penfe qu'il auroit lieu icy, & qu'il feroit loifible de s'efmouuoir iufques à ce que la raifon fut preffee. Car nous tenons pour conftant qu'en la guerre fpirituelle, nous ne fommes point vaincus tant que l'ennemy ne fe foit rendu maiftre abfolu de noftre volonté, nous pouuons eftre bleffez d'attaintes brufques, mais non terraffez iufques à ce que le cœur foit ouuert.

Platon eft loüé de cefte iudicieufe retenuë, de n'auoir voulu chaftier vn mauuais garnement d'efclaue, pour cefte feule caufe qu'il eftoit trop efmeu.

Plutarque chaftiant vn ferf bien vertement, comme on luy obiectoit fa cholere, le bras, dit-il, me branfle, nullement le cœur.

C'eftoit vn Alcyon, qui fçauoit fabriquer fon nid fur les ondes du courroux, fans luy fubmerger.

C'eftoit vn efcuyer à dextre, qui fçauoit regenter le cheual de fon fentiment, fous la bride, le caueçon, & le mords d'vne puiffante, & predominante raifon.

Ie confeffe qu'il n'appartient qu'aux experts Pilotes de fe garder des efcueils emmy les tempeftes, mais pourueu qu'on ne perde point le Pole de veuë, il y a toufiours l'efperance de feureté.

Dieu a par vne certaine loy entouré les abysmes, bouché la mer auec des fortes portes, & donné la loy aux eaux pour ne passer leurs bornes, l'homme pour l'imiter doit sagement limiter les termes des boüillons de son courroux.

Pource Dieu en sa creation luy a donné ce grand priuilege, de superiorer son appetit, & le regenter à son gré.

Dauid confesse bien que son œil estoit troublé de grande cholere, voire & son ame, & son ventre, c'est à dire, ses parties interieure, moyenne, & superieure, mais par le moyen de la priere, il recoura sa premiere tranquillité.

C'est vn bon moyen pour maintenir sa raison en son Empire, que de s'vnir bien à Dieu par l'oraison, quand nous sommes à nostre bien-aimé il est à nous, & l'ayans nous sommes sainctement à nous-mesmes, car nostre estre c'est d'estre à luy Tuus sum ego saluum me fac.

S. Pierre en la tempeste luy crie, Seigneur sauuez nous, car nous perissons, il prie, il est exaucé, le voila qui accoise les vents, & les flots, & rameine la bonace.

Mais comment estre en cholere sans esmotion? aussi facilement, mes amis, que les rocs emmy les ondes de la mer sans s'esbranler.

Aussi aisément que les Pyraustes dans les flammes des fournaises, sans se consommer.

C'estoit vne merueille corporelle de voir trois enfans dans des feux sans se brusler, & c'est vn miracle de la grace, de voir vn homme froid dans les ardeurs de la cholere, si n'est-il pas tant miraculeux de conseruer des glaces, pendant les chaleurs de l'Esté.

Oftez les dents aux Couleuures, vous vous en iouez, oftez l'immoderation à la cholere, elle n'eft plus nuifible.

Et comme le foudre qui frape les serpens, leur ofte le venin, ainfi fait vne forte raifon toute malignité à la cholere.

Que fi elle paffe les bornes de la mediocrité, *outre lefquels ne peut fubfifter le bien,* comme parle vn ancien Poëte, lors ce n'eft que des-raifon, & rage forcenee.

IV.

C'eft vne briefue fureur, vne courte forcenerie, vne manie momentanee difent les fages.

C'eft vne impuiffance, & foibleffe, d'ame impatiente de toute oppofition, qui comme vn eftomac indigefte, rend les perfonnes fuiettes à de grands vomiffemens, à des flux de bouche iniurieux ou blafphematoires.

C'eft vn vent impetueux, qui ne caufe que naufrages, defaftres & repentirs.

——————— *qui non moderabitur iræ*
Infectum volet effe dolor quod fuaferit.
vent Cæcias, vent de Cecité, & d'aueuglement, qui attire à foy les nuages de mille brouïlleries.

Les efprits foibles, ferus de cet auertin, reffemblent aux corps vlcerez, que le moindre heurt bleffe & offence griefuement, & tres-fenfiblement

Ce font les tenebres palpables de l'Egypte, des tayes, & cataractes, prouenantes des fluxions d'vn ceruean mal timbré, qui offufquent entierement la lumiere de la raifon.

C'eft châter à vn fourd, c'eft oppofer des digues à vn torrét, que d'obftacler les efforts d'vn efprit transporté de ceste manie.

On voit que les Chiennes produisent leurs petits aueugles, tels sont les mouuemens de la cholere, que si la chaleur s'augmente, c'est la rage.

Le Crapaut irrité, se bouffit si fort de venin, qu'il en creue, ou s'en suffoque, le courroux ioüe quelquefois de ces traits à ceux qu'il possede, & de fait il se lit d'vn Ancien Empereur Romain, que ne pouuant vn iour se venger de quelque tort, la cholere l'estouffa.

C'est vn tonneau de moust fumeux, & escumant qui iette les fonds, si on ne luy donne quelque exhalaison, vne mine furieuse qui bouluerse tout, si on ne l'esuente.

Les Nautonniers perillans en vne tempeste, sont quelquefois contraints de ietter des marchandises en la mer, pour soulager leur vaisseau & se sauuer par ceste perte, & durant les bourrasques de la cholere, pour satisfaire à ceste fureur, de quels biens vtiles delectables, honorables, ne fait on littiere?

Auez vous iamais veu vn Serpent.

V. *Attolentem iras & cærulla colla tumentem.*
le gosier boursoufflé de venin, la langue noire de mortel poison. Vous auez veu le Cholerique enflé, debile, gros de fiel, & alteré de vengeances.

Et ce sera le premier des Antidotes, que nous vous conseillerons de prendre contre ceste cholique d'esprit, & Cholerique tranchee, que de considerer l'horreur de la face de celuy qui est regenté de ceste franesie.

Ora

Ora tument irâ, nigrescunt sanguine venæ,
Lumina Gorgoneo sævius igne micant.

Le Cholerique deuroit touſiours porter vn miroir auec ſoy, pour y conſiderer aux rencontres de ſes ſaillies les entorſes & conuulſions de ſon eſprit dans les alterations de ſa face.

Minerue ne quitta point pluſtoſt le ieu des fluſtes, apres auoir veu combien il luy apportoit de difformité, comme il ſe corrigeroit de ce deffaut, quand il en auroit viuement contemplé la laideur.

Le 2. Remede ſera la temporiſation, conſeil donné à Ceſar, par la recitation des 24. lettres Alphabetiques, & remede ſouuerain.

—ne fræna animo committe calenti,
Da ſpatium, tenuemque moram, mala cuncta miniſtrat
Impetus.—

Si l'homme regarde le premier le Baſilic, il le tuë, comme auſſi il meurt, s'il eſt regardé le premier. Si nous auons loiſir de conſiderer la cholere, nous en ſerons les maiſtres: mais ſi ce loup nous voit le premier, il nous enroüera.

Le 3. Antidote n'appartient qu'aux ſages, qui eſt d'endurer, ainſi le roc deſdaigne les traicts qu'on luy lance, impenetrable à leurs atteintes.

Ainſi le Lyon deſdaigne les petits animalets qui rodent autour de luy.

Ainſi le mont Olympe n'eſt point ſubiet aux orages, iamais agité des iniures du temps, ny broüillé des impreſſions Metheorologiques.

Le 4. sera de ne respondre rien: car s'opiniastrer contre vn courroucé, c'est contester auec vne Bacchante.

Les vases pleins frappez n'ont point de son, si ont les vuides: Le sage offencé, ou attaqué par iniures, ne replique point, estimant cela indigne de sa generosité: mais les esuentez, comme les Echos, pour vne parole en redisent plusieurs.

Que si on veut repliquer *au fol de peur qu'il ne s'estime sage*, que ce soit auec vne grande douceur & charité, vertus contraires à l'animosité & à la rancune. Vous sçauez *que la parole brise la cholere*, comme les gazons de terre assoupissent les coups de canon.

L'eau molle resiste aux boulets des harquebuses qui ne la peuuent penetrer auec violence.

Le Roseau se conserue contre le vent en ployant, & les gros arbres, faute de ceder, en sont fracassez, & desracinez.

Somme, l'eau distillante caue la pierre, & le doux propos sappe toute amertume, ce qui soit dit pour le 5. remede.

Quant au 6. ce sera le destour & la diuersion: ainsi se parent les coups d'espee, en destournant le corps, ou escartant la pointe de l'estocade.

Ainsi le Pilote esquiue les coups de mer en biaisant, toussiours la prouë ne peut pas fendre les flots.

Le 7. & dernier sera l'Exéple de N. S. lequel *estāt doux & humble de cœur, a esté mené cōme vn Agneau à la boucherie sans sonner mot, & a souffert toutes sortes d'illusions, d'opprobres, & d'iniures auec patience.*

C'est à ce parfait patron que nous nous deuons mouler mes freres, *& faire selon l'exemplaire qu'il nous a tracé sur le Caluaire.*

L'Agneau accoise le courroux de l'Elephant; que la veuë de *cet Agneau occis dés le commencement de l'Vniuers pour les pechez du monde*, adoucisse tous nos mauuais courroux.

Vous auez donc entendu 1. que c'est que cholere en general, 2. quelle la bonne, 3. & ses marques, 4. quelle est la mauuaise, 5. & ses Antidotes. Nostre Seigneur soit auec vous.

QVATRIESME MARDY.

Du Iugement temeraire.

HOMELIE XXIIII.
Nolite iudicare secundùm faciem.
IOAN. 7.

LEs Ardans qui luisent la nuict dans les prez, conduisent ceux qui les suiuent en de mauuais pas: & ceux qui suiuent la temerité de leur propre iugement, se portent en des precipices. *Est via quæ videtur homini iusta, sed nouissima eius ducunt ad mortem.* N.S. reprend de ce vice les Pharisiens en nostre Euangile, & leur enseigne ceste bonne leçon: *Nolite iudicare secundùm faciem, sed rectum iudicium iudicate.* Surquoy nous traiterons du Iugement temeraire, 1. de l'Actif, 2. de ses remedes, 3. du Passif, & 4. de ses Antidotes.

Prou. 14. v. 12.

Ioan. 7.

Iuger temerairement, mes tres-chers, c'est determiner comme asseuree, vne chose douteuse & incertaine.

P ij

Or ce Iugement outrecuidé se diuise communément en Actif & Passif. Celuy-là est quand nous iugeons temerairement des actions ou intentions d'autruy; Cestuy-cy, quand l'autruy iuge indiscretement des nostres. Parlons de l'vn & puis de l'autre, appliquons des cataplasmes à ces maux contagieux.

Quand nous iugeons temerairement nostre prochain, que faisons nous sinon vsurper d'vne presomption Gygantique l'office de Dieu?

N'est ce pas vn orgueil insupportable, & Luciferien, de s'arroger vne cognoissance diuine & vouloir estre *similis Altissimo*?

N'est-ce pas vn crime de leze Maiesté, d'attenter sur la Iustice souueraine d'vn Roy? & quel peché commettent les temeraires iugeurs, de mettre la main à ce qui est reserué à Dieu seul?

Voyez les Iudas, comment ils pechent effrontément au plat de la Diuinité.

Iamais les Icares, les Phaëtons, & les Promothées ne firent auec vanité, tant que ceux-cy en verité.

O Eues seduites! ô Adams aueuglez! vous touchez au fruict deffendu de la cognoissance du bien & du mal, si vous n'y aduisez, ce morceau vous coustera cher, il vous trainera en mille malheurs.

Iamais le cheual de Troye, ny le cheual de Sejan, n'exciterent tant d'infortunes que le temeraire iugement cause de querelles & de desastres.

Croyez-moy, iugeurs, vous estes des Momes

Insensez, qui par vos contrerollemens vous rendez odieux au Ciel & à la terre: chacun vous fuit comme pestiferez.

Et comme des Basilics, dont les yeux malins tuent la reputation des personnes plus saines & sainctes.

Araignes venimeuses, vous tournez les roses en venin.

Escargots, vous n'aimez que la fiéte & la bouë.

Louches, vous voyez tout de trauers, & la duplicité de vostre cœur vous fait voir tout à double.

Icteriques, vous voyez toutes choses iaunes pour la bile, & la bizanerie qui predomine en vous.

Vous auez beu du suc de l'herbe Ophiusa, puis que toutes choses vous paroissent extrauagātes, quelle farouche humeur; & incommode extrémement en la conuersation ciuile.

Ce qu'on voit par vn milieu falacieux est tousiours mal recogneu (tesmoin le baston droit qui paroist courbe dans l'eau.)

Si le niueau n'est iuste, tout l'ouurage qu'on allignera sera difforme. Le temeraire iugeant à quelque auertin dans la ceruelle qui luy fait tout prendre en mauuaise part, le rend ombrageux, & plein de mauuais soubçons.

C'est ietter de l'eau claire dans vn puits fangeux, que de luy remonstrer la verité, cela ne fait que remuer la bourbe, & exciter la malice.

Amon Roy des Ammonites, sur la mort de son pere Naaz, est conseillé de la part de Dauid par Ambassadeurs, luy les prenant pour espions, 2. Reg. 10.

leur fait vn affront & ignominie, qui le pensa ruiner; Voila que c'est de iuger temerairement & sinistrement des intentions d'autruy.

Fuyons, mes freres, ceste maligne gratelle d'ame, qui excite vne demangeaison delicieuse, qui apres cuit, & nuit grandement.

C'est manger des truffes, qui excitent tost apres de mortelles tranchees, & douloureuses ventositez.

I I.
1. Cor. 13.
Les Remedes de ce mal sont en premier lieu, vne exquise Charité, *qui est benigne, patiente, sans emulation, qui a des yeux de Colombe.*

C'est vn sacré feu qui conuertit toutes actions en sa pureté, qui leur oste la rouille, le mauuais air, & la contagion.

C'est vne mere abeille, qui des plus ameres herbes tire la suauité de son doux & roux miel.

Le 2. appareil sera l'Introuersion: Car *si nous nous iugeons nous mesmes, nous ne serons point iugez.* Moins nous amuserons nous à iuger l'autruy: Mais voyez comme on pratique le contraire; quantes gens se meslent de syndiquer l'autruy, chose deffenduë, qui ne se tastent iamais le poux chose recommandee.

C'est la laideur de leur conscience qui leur fait hayr ceste introuersion, pareils à ceux qui sont adulteres, parce qu'ils ont des femmes desagreables.

Lamies qui ne se voyans pas au dedans, ne font en l'exterieur qu'epiloguer les deportemens des autres.

La tortuë en seureté sous sa cocque, s'expose

Homelies Quadragesimales.

au peril en s'estendant : demeurons chez nous sans aller nous espandant sur les autres.

La 3. recepte est de peser *auec vne balance non fausse*, la griefueté de ceste offence si outrecuidee : car *celuy qui iuge son frere*, dit saint Iacques, *iuge la loy, & se fait superieur de la loy*. Voyez iusques à quel poinct d'arrogance guinde ce temeraire iugement. *Iacq. 4.*

Celuy qui iuge mal à propos son prochain, peche capitalement contre le premier precepte de Charité, *faisant à l'autruy ce qu'il ne voudroit qu'on fist à luy-mesme. Vne grande partie des hommes*, dit S. Augustin, *est fort prompte à iuger indiscrettement, & à la volee, iniustice manifeste, de iuger sans vn prealable interrogatoire*. *Matt. 7.*

Quelle folie seroit-ce à vn Magistrat de iuger le procez sur l'etiquette du sac ? Combien de gens sur l'apparence d'vne action, donnent des sentéces preiudiciables à la reputatiõ d'autruy.

Quelqu'vn a-il mauuaise mine ? aussi tost l'imagine-on quelque larron ou sorcier, quelle legereté ?

En 4. instance, remaschez les exemples des punitions soudaines de cés iugeurs à la volee. Marie sœur de Moyse, pour vn mauuais soupçon sur son frere, à cause de sa femme Ethiopienne, fut frappee de lepre. *Num. 12.*

Heli grand Prestre, iuge pour folle la Prophetesse Anne : voila qu'il se rompt le col. *1. Reg. 8.*

Michol repute Dauid son mary pour insensé, parce qu'il dansoit deuãt l'Arche, à cause de cela la voila punie de perpetuelle sterillité, qui estoit vne grande malediction en la loy ancienne. *2. Reg. 6.*

Mettons donc, mes freres, des gardes à nos bouches & vne porte de circonstances à nos leures: apprehendons de nous laisser emporter, comme cheuaux desbridez à la glissante pente de ces incertaines determinations.

III. Que si (pour venir au Passif) nous voyons nostre prochain faire de temeraires & sinistres interpretations de nos deportemens, ayons en plus de compassion misericordieuse, que de passion cholerique, sçachant *combien est menteuse la balance du iugement humain*.

On ne prend pas garde aux iniures que dit vn frenetique, au rebours. son mal nous fait pitié. Helas! ce frere qui iuge mal de nous, il a la fiéure en l'esprit, il a le palais depraué, nos actions pour bonnes qu'elles soient, le desgoustent.

Quelle innocence ne souffrira volontiers la Calomnie, en se ressouuenant des iniures & opprobres que nostre Seigneur a souffert indignement? Tresbien S. Chrysostome *souffrir la contumelie, c'est le propre de Dieu, calomnier autruy, c'est le naturel du diable:* Car ce mot de *Diabolos*, vaut autant que Calomniateur. Fuyons donc la calomnie actiue, de peur d'estre enfans de celuy-ci & souffrons la passiue pour nous conformer à celuy-là.

Hom. 39. in act. Ap.

Fuyons le rencontre de ces gens, *qui comme serpens ont affilé leurs langues,*

Improuisum aspris veluti qui sentibus anguem Pressit.

Langues fourchuës, qui tuent le renom de l'vn, en empestant l'oreille de l'autre.

Ils ont le venin d'Aspic sous la langue, leurs picqueures empoisonnent par vne maligne demangeaison.

Le Scorpion escrasé sert d'Antidote à sa blesseure, comme aussi la Cantharide, & le mespris de telles temeraires impostures, est vn souuerain remede contre le mal, qu'elles pretendent faire.

Recognoissons que les raynes, figure des mesdisans, entre lesquels les plus importuns sont les iugeurs temeraires, sont vne des playes de la Mystique Egypte du monde.

Ces sales animaux ne croassent que de nuict, ou dans la bourbe, ou quand le temps est couuert, le Soleil les fait taire, la verité en fin desuoile ces impostures.

Ce sont gens qui mouschent des chandelles auec les doigts, ils font reluire d'auantage le renom des gens de bien, & se remplissent d'ordure, de puanteur, & de confusion.

Ce sont Poulles qui quittent le grain de leur mangeaille pour gratter des vers sur vn fumier.

Pourceaux qui quittent les iardins amoenes des vertus, pour se veautrer, & barbotter dans les cloacques des vices, gens qui croyent que chacun leur ressemble. *Ces animaux*, dit S. Bonauenture, *mettent le museau où ils mettent les pieds, & les iugeurs temeraires, la langue par tout où ils mettent le nez*, Chiens de boucherie, qui ont tousiours la gueule sanglante. *Sepulchrum patens est guttur eorum, linguis suis dolosè agebant.* *In diæt. sal. c. 19.*

Desdaignons donc ces sacs à charbon, qui ne

sçauent que noircir. Socrate de quelqu'vn qui mesdisoit de luy, *il n'a pas fit-il, accoustumé de bien dire.*

IV. Nous voila insensiblement portez aux remedes en parlant du mal comme, 1. le mespris.

Auquel en 2. lieu nous ioindrons pour contrelutter ce monstre, *la gloire du témoignage de nostre conscience, quand toute vne armee seroit contre nous, si Dieu est pour nous,* que nous importe quand tout boulverseroit, *impauidos ferient ruina.*

I. Cor. 4. *Ie me soucie peu,* disoit sainct Paul, *d'estre iugé des hommes, Dieu seul est mon iuge,* qui me cognoist en l'interieur, qui sçait le secret de mes tenebres, & qui sonde mes reins.

―― *hic murus ahaneus esto.*

Nil conscire sibi.

En 3. lieu consolons nous sur la multitude de nos associez, il ne fut iamais que la malignité n'en vouluſt à la vertu.

Voyez combien temerairement Cain iugea de l'innocence d'Abel.

Combien Esau fit-il de sinistres iugemens contre Iacob?

Quantes mauuaises interpretations firent les freres de Ioseph de ses songes?

Saul prenoit-il pas en mal tous les deportemens de Dauid, pour iustes, humbles & gracieux qu'ils fussent?

Comment la sincerité de Mardochee fut-elle mal interpretee par Aman?

Quels malheureux iugemens les Iuifs n'ont ils fait des plus sainct Prophetes?

Quelles opinions côceurent-ils de S. Iean Ba-

Homelies Quadragesimales. 235

ptiste, precurseur du Messie?

Et N. Seigneur mesme à combien de iugemens a il esté exposé, semble-il pas *vn roseau agité des vents*, tant le voila exalté, *iamais homme ne parla de la sorte*, il est admiré, suiui, chery, on le veut faire Roy, escoutez les grands, *oZanna*, tost apres il est *vn magicien*, il est *vn seducteur*, *vn faux prophete*, il chasse les diables au nom de *BelZebub*, on crie crucifie, & quoy non? *Matt. 10.*

O cœcas hominum mentes! ô pectora cœca! nous disciples serons nous plus que le maistre? si le pere de la famille a esté nommé BelZebub, que seront les valets?

En 4. lieu considerons les Innocens iniustement preuenus, Susanne, & Naboth, en sont de riches exemples.

L'Abbé Daniel, comme il se lit és vies des Peres, accusé d'adultere, se purgea par vn miracle faisant parler l'enfant parlant à la mammelle.

Quasi semblable se lit de sainct Brice, Euesque de Tours.

Vous sçauez les impostures faites au grand sainct Athanase.

Pour 5. & dernier Antidote, fuyons, mes amis, les actions tenebreuses & soupçonneuses, *armons* *Ap. Suet.* *nous des armes de lumiere, quittans celle des obscuritez.*

Cesar vouloit sa femme non exempte de tache seulement, mais de soupçon. L'action suspecte si elle ne ruine, ternit tousiours la reputation.

Lysander punissant vn Soldat, qui s'estoit escarté de nuict, & protestant de n'estre sorti pour la picoree, ie ne veux pas, fait-il, que tu en donnes seulement le soupçon.

Voila que c'est mes freres, 1. de iugement temeraire actif, 2. ses remedes, 3. le passif, & 4. ses preseruatifs.

CINQVIESME MERCREDY.
De la cognoissance de Dieu.
HOMELIE XXV.

Vidit Iesus hominem cæcum à natiuitate.
IOAN. 9.

Moyse demande à Dieu de le voir en face, non, luy respondit-il, *on ne le peut voir & viure, mais tu verras mon dos.* C'est à dire, tu me consideras en mes œuures: l'Aueugle né demande à nostre Seigneur en l'Euangile courã, la restitution de sa veuë, laquelle recouurée d'vne maniere toute miraculeuse, il recognoist Dieu à ses œuures, & adorant Iesus, il confesse sa diuinité, en voyãt sõ humanité, surquoy nous prendrons suiet de discourir de la Cognoissance de Dieu, par les œuures de ses mains qui sont les creatures, monstrans comment elle est, 1. Claire, 2. Necessaire, 3. Vtile, 4. Delectable, 5. Excellente, Voyons.

1. Lycurgue ne fit point de loix pour les adulteres à Sparte, parce qu'il n'y en auoit point, & nous n'en voyós point contre les Athées, parce que non seulemét ils sont rares, mais peut estre nuls, à cause de l'irrepoussable instinct, que la nature a planté en nous, de croire vne diuinité.

Que s'il y a de ces monstres S. Paul les reclame *inexcusables de ne cognoistre l'ouurier en tant d'admirables œuures.* Dieu est par tout, & dãs ceux là mesme qui seroient si aueugles de ne le croire pas. *Iouis omnia plena*, nous *viuons, sommes & remuons en luy*, en qui, par qui, & pour qui tout est.

Les creatures, & la fabrique de l'vniuers c'est le theatre où il est inuisiblement visible, son aspect sésible est l'eschelle mystique de Iacob, par laquelle on monte *au Seigneur*, qui y est appuyé.

Appelles se fit recognoistre à la ligne presque imperceptible, qu'il traça sur celle de Protogenes, & Phidias graua subtilement & ineffaçablement son nom dans le bouclier de sa Minerue. Dieu en a fait ainsi en ses ouurages, y imprimāt vn caractere de sa diuinité, mais qui ne peut estre apperceu que par les bonnes veuës, ny discerné que par les versez en la doctrine de la foy.

Si on retrouua la stature d'Hercules en la mesure du Cirque, reuenant du pas au pied, & du pied au corps, quel doit estre, & combien immense l'ouurier de ceste grande & admirable masse que nous appellons monde? & en iceluy qui ne recognoist les vestiges de Dieu, sursemées, & imprimées de toutes parts?

Ce sont autant de doubles tableaux, & de visage de Ianus, l'vne face nous monstre à l'œil du corps la nature de la creature, & à celuy de l'entendement, l'infinité du facteur.

Toutes ses œuures le regardent, & visent à luy comme les lignes au centre, les branches au tronc, les rays au Soleil, les membres au corps les ruisseaux à leur source.

Antipheron, dit Pline, se voyant par tout, & Dieu se reposant sans repos (*car il œuure tousiours*) de ses trauaux sans trauail, en la creation du monde, reflechissant sur ses œuures, *il vit toutes celles qu'il auoit faites, & il les trouua fort bonnes*, par participation de sa bonté qu'il leur auoit diffuse, dispensee, & communiquee, & aussi parce qu'en elles il voyoit son image. Il faut donc estre bien aueuglé pour ne voir Dieu en tout ce qu'il a creé.

II. En outre il est necessaire de le recognoistre, car comme la foy qui perfectionne la cognoissance de Dieu, que la lumiere naturelle nous suggere, *Il est impossible de plaire à Dieu*, aussi est-il de l'aimer, qui presuppose le cognoistre : or sans la foy, & la charité, il n'y a nul salut.

Quand bien donc elle seroit difficile, si faudroit il s'efforcer de l'acquerir, sinon, *facie ad faciem*, qui est reserué à l'autre vie, du moins *per speculum & in ænigmate*. *Il se faut esleuer en vn cœur haut*, & auec vn grand, & toutefois humble courage, pointer à ceste cognoissance.

Qui sonde par trop *ceste Maiesté est opprimé de la gloire*, mais qui la recherche pieusement, & affectueusement, est couronné de la gloire, *& constitué sur les œuures de ses mains*.

Il faut croire pour approcher de Dieu, & l'entreuoir *à trauers les ialousies & fenestres trelissees*, qui tiennent au Cantique l'Espouse en eschec.

Ce beau Soleil perce quelquefois la nuée de ses œuures pour se desuoiler plus clairemét aux ames sainctes & deuotes par les rays de ses inspirations, & mesmes par visions, comme il se lit de tant de Saints, & de Sainctes qui ont esté familierement visitez de nostre Seigneur, mais ce sont graces gratuites plus à admirer qu'à

Homelies Quadragesimales. 239

desirer, & que souhaiter, si on n'est bien parfait, c'est estre beaucoup temeraire.

Contentons nous de remirer ce cher Espoux és tabernacles *de Cedar, és peaux de Salomon, & és entr'ouuertures des pommes de Grenade*, c'est à dire, és œuures de ses mains, où on le recognoist obscurément & emblematiquement, attendāt que *ostendat faciem suam & salui erimus.*

Nous pouuons tirer vne grādissime vtilité par ceste inspection des Creatures quand elles nous reiettent par contre-coup, à la cōtemplation du grand facteur. *Que vos œuures Seigneur sont admirables, que profondes vos cogitations, l'insensé ne les cognoit pas, ny le fol les entend. Seigneur ie me delecte en vos ouurages, & ie vous glorifie en l'operation de vos mains.* La Diuinité est vn cristal transparent, voire inuisible, auquel si vous apposez le plomb des creatures, ô que vous contemplerez, mes cheres ames, des merueilles en ce miroir! qu'il vous sera profitable pour la cognoissance de tout, puis qu'il vous expose en veuë ce grand Dieu, qui est tout. Escoutez l'harmonie des Cieux, *qui narrent sa gloire*, & dont le motet dit, *Ipse fecit nos, & non ipsi nos.* Le iour & la nuict comme deux chœurs entonnent son los d'vne belle correspondance, quoy nostre ame, *qui est le Royaume des Cieux interieur*, imitera elle point ceste Musique?

C'est ceste Philosophie sacree que Socrates attira des cieux dans son cœur, qui le rendit si vertueux, & si sage moralement.

Croyez moy, mes amis, non seulement nous cognoissons Dieu par nous, *mirabilis facta est scientia tui Deus ex me*, mais nous venons plus aisément à nostre cognoissance par celle de Dieu, *nouerim te, nouerim me*.

C'est le poids qui fait aller auec reigle & iustesse, les roüages & ressorts de nostre interieur.

C'est façonner Athos en Alexandre, que de racourcir en nous la cognoissance de Dieu, côme vn petit œil voit vne grande montagne.

IV. Mais en outre combien est delectable cet exercice, puis que Anaxagore renommé Philosophe de l'ancien temps, ne se disoit estre né que pour contempler le Ciel & le Soleil, c'est à dire, recognoistre la beauté du Createur en ces deux plus belles pieces de l'Vniuers.

Et d'vn air plus deuot, le grand S. Anthoine, l'honneur de l'horreur des deserts, repliqua à ce sçauanteau, qui l'allant voir s'estonnoit comment il pouuoit rester tout seul sans liures, & sans estude. I'en ay dit-il vn le plus excellent de tous, & de plus gros volume, composé par vn autheur incôparable, il n'a que deux fueillets, & ie ne le pourrois acheuer quand ie viurois cent vies, *c'est le ciel & la terre, & tout ce qui y est contenu*. C'estoient ses exercices ordinaires que d'admirer & loüer le Createur en toutes ses creatures.

Pource, dit le Poëte ingenieux, l'homme a le nez leué, non comme les autres animaux raualé contre terre, *sursum vocans illum initia sua*, dit Seneque.

C'est vn Aigle qui doit enuisager le Soleil, dans le Soleil mesme, *car Dieu a mis son tabernacle au Soleil, & en sort comme vn espoux de son lict*.

C'est

Homelies Quadragesimales. 241

C'est vn oyseau de Paradis, qui doit voler sans cesse en l'air, suspendu entre le ciel & la terre, & ne viure que de la rosee celeste, de la cognoissance du supréme Createur de l'vn & de l'autre estage.

Si vne fois nous plantions en nos cœurs le S. Amour de Dieu, nous verrions son nom graué en tous ses ouurages, & nous y entaillerions, & chiffrerions par tout le sacré, & amoureux nom de Iesus.

A la forme des Amans du siecle, qui escriuent par tout où ils se rencontrent, le nom de ces plattes beautez creées, apres lesquelles ils bruslent si impuissamment,

Hæc sunt in viridi nuper quæ cortice fagi
Carmina descripsi──

Et encores,
── Ipsa te, Tityre pinus,
Ipsi te fontes, ipsa te hæc arbusta vocabant,
── Te nostra chare, myricæ,
Te nemus omne canit.

Chantent ces Pastres non pas trop villageois.

Si nous aimions bien Dieu, nous le peindriós & grauerions sur tous les cœurs qui nous aborderoient, ce seroient nos delices, si sur les tendrets des petits enfans, ô que ces instructions se grossiroient auec l'aage, comme les lettres sur vne courge.

Si sur des cœurs enuieillis, ils garderoient ces ciseleures iusques à la mort, si sur des marbres encores plus longuement, quelles delices de voir tout son Amour?

Mais quelles excellences de cognoistre vn si

Q

sainct & diuin obiect.

Fœlices animæ quibus hæc cognoscere primùm
Inque domos superas scandere cura fuit.
Sic petitur cœlum. ——

vn cœur espris d'vn si beau feu.

Cœlum ad negatâ tentat iter viâ,
Cœtusque vulgares, & vdam
Spernit humum fugiente penna.

Si l'obiect donne l'estre à la chose, c'est estre Dieu, en quelque sens, que de l'aimer, dit sainct Augustin, & l'aimer presuppose sa cognoissance, il est la cause premiere & originelle de toutes les causes.

Fœlix qui potuit rerum cognoscere causas,
Atque metus omnes, & inexorabile fatum
Subiecit pedibus, luctusque Acherontis auari.

Si les Idées de Platon ont mis à si haut faiste d'estime sa philosophie, à quel plus haut degré doit estre mise la cognoissance de celuy qui est le Prototype des Idees, *qui fecit cœlos in intellectu?*

V. és Diuersitez, l. 8, c. 10.

Ce grand monde n'a fueille, grain de sable, ny estoille, ny la moindre pierrette, que ce ne soient autant de langues qui resonnent le los de son facteur.

Tot linguæ totidem ora sonant.

Æneid. 4.

à guise de la renommee du grand Poëte.

Tout ce qui meut se remue comme les anciennes machines, dites Automates des payens, par les secrets bransles de l'esprit du Seigneur, diffus en toute la masse de l'Vniuers.

Spiritus intus alit, totamque infusa per artus
Mens agitat molem, & magno se corpore miscet.

Et si cet esprit est cogneu & recogneu sans estre veu, il ne s'en faut esbahyr, *multa sunt quæ concedimus, qualia sint ignoramus*, dit Seneque parlant de nostre ame propre, que nous ressentons assez sans la voir.

Et qui rendit à vostre aduis Salomon si sage, sinon la grande sciéce qu'il auoit des choses naturelles depuis la labrusche iusques au Cedre, qui le porta iusqu'à la cognoissáce des surnaturelles.

Il est dit de Beseleel, & de ses compagnons charpentiers destinez pour la fabrique du tabernacle, & de l'arche, que l'esprit de Dieu estoit en eux, ainsi par les secrets des choses creés, on entéd le gãd secret des secrets qui est le Createur.

Car si nous voulions conferer ensemble les trois mondes, Archetype, Celeste, & Elementaire, suiets qu'en nos Diuersitez nous auons amplement manié, nous recognoistrions à l'œil que ces deux derniers visibles ne sont faits que sur l'estampe, & modelle du premier inuisible, aussi fut-il dit à Moyse, pour la composition du tabernacle, qu'il suiuist *le dessein qui luy en fust monstré en la montagne*. *l.7.cha.2*

Et que l'Eglise Militante n'aye beaucoup de paralleles auec la triomphante, c'est chose notoire à ceux qui cognoissent sa Hierarchie.

Reste de la cognoissance de Dieu en toutes choses que nous l'aimions, le remirions, & l'admirions, en tout & par tout, comme Arelius peignoit toutes les femmes à l'air de celles qu'il affectionnoit.

Appelles s'amouracha de Campaspe en faisant son portrait, si nous pouuiós en l'attentiue cósi-

Q ij

deration des creatures allumer nostre amour vers le Createur, ô le rare chef d'œuure! ô le diuin artifice! ô la pieuse occupation! ô le sainct Elixir!

Apprenez, mes bons amis, de ce discours, 1. que la Cognoissance de Dieu est claire, 2. Necessaire 3. Vtile, 4. Delectable. 5. Excellente, & Dieu vous conduise par icelle à son sainct Amour.

CINQVIESME IEVDY.
De la Mort & de l'Amour.
HOMELIE XXVI.
Ibat Iesus in ciuitatem quæ vocatur Naim.
LVC. 7.

Vitte inégale de la Mort contre l'Amour, car quelle disparité en vn squelette descharné, vne carcasse eneruee & pourrie, & en vn ieune Iouuenceau si vigoureux & puissant, que selon la vanité payenne, il a porté par terre tous les autres Dieux, & selon la verité Chrestienne, il a attrainé du ciel en terre *le Dieu des Dieux*. Vn riche tableau de ce combat est en l'Euangile de ce iour, qui parle de la resurrection faite par nostre Seigneur, du fils vnique de la vefue de Naim, où se voit la mort vaincuë par l'Amour, & où nous traiterons, 1. de la Mort, puis 2. de l'Amour, & 3. en fin de leurs contenances. Ie vay commencer.

1. La Mort & l'Amour tous deux aueugles, dit
V. Alciat. l'Embleme, inopinément changerent vn iour
embl. 154. de trousse, & voila que voulans faire leurs ordi-
& seq. naires exercices,

Tunc pereunt iuuenes, depereuntque senes.

Homelies Quadragesimales. 245

Ceste feinte nous apprend que, *hæc duo dissimillima natura, societate quadam nihilominus inter se iunguntur* comme parle vn ancien de la douleur & de la volupté, & nous verrons mieux cecy en nostre troisiéme pointe.

Disons seulement pour ceste premiere, que la mort est vne *Transelementation*, comme l'Amour est vne *Transanimation*, & c'est ce qui fait dire à Plato, que celuy qui ne reciproque l'amitié est meurtrier de son amy, luy arrachant l'ame & ne remettant la sienne propre en la place de l'ame enleuee. *L'Amour*, dit l'Espoux sacré, *est fort comme la mort*, il me semble qu'il deuoit dire *plus fort*, & la ialousie, Amour excessif, *dure, mais plus dure que l'enfer*. Themistocle tenoit son fils, petit enfant, le plus puissant d'Athenes, parce qu'il cōmandoit à sa mere, & sa femme à luy, & luy aux Atheniens. Disons cela de l'Amour que portoit à son fils ceste vefue de nostre texte, car il a vaincu nostre Seigneur (*misericordia motus*) & Iesus a vaincu la mort, & rappellé ceste ame du Iouuenceau des enfers. Amour donc plus puissant que ny Dieu, ny l'Amour, ny l'Enfer.

L'Amour est vn excez, & la Mort est vn decez, que dy-ie, & la mort Amoureuse de nostre Seigneur estoit-elle pas appellee *Excez*, par Moyse & Helie, en la Transfiguration?

Vous estes morts, disoit S. Paul à des ames mortifiees, *& vostre vie est enseuelie auec Christ en Dieu*, le feu, symbole de l'Amour, reduit-il pas la matiere aux cendres de la mort?

Aussi les anciens Parœmiastes appelloient cōmunément la *Mort la deité des Amans*, ou parce

Q iij

qu'ils l'inuoquent souuent, mais d'vne inuocatió esloignee de leur desir cóme le fagoteur de la fable, ou parce que l'Amour ne finit que par la mort. *Amorem sedat tempus, sin minus laqueus*, disoit ce Comique, si la mort encores peut esteindre l'Amour dont les charbós viuent dedás les cendres, *Ille meos amores habeat secum seruetque sepulchro*, disoit ceste amante fidelle apres le trespas, ou parce que l'Amour est la mort de l'Ame, cóme la Mort est la ruine du corps, ou parce que viure auec ou sans Amour, c'est tousiours mourir, *putas quod viuis*, disoit l'esprit à l'Euesque de Sardes, qui estoit sans charité *& mortuus es*, ou bien parceque aimer c'est viure en mourant, & mourir en viuant. La Mort disoit Platon, & sans Platon, cóme chacun sçait, *est la separation de l'ame & du corps*, qui ne prend sa qualité que de la vie anterieure, car comme *la mort des pecheurs*, qui sont sans Amour & charité, *est tres-mauuaise*, aussi *est deuant Dieu tres-precieuse la mort des Saints*.

Apoc. 3.

Deut. 34. Au lieu qu'il se lit au Deuter. que *Moyse mourut en la terre de Moab, par le commandement du Seigneur*, les Rabins lisent *au baiser ou entre les bras du Seigneur, car bien-heureux sont ceux qui meurent en luy*.

Comme doncques la Mort depose nostre corps dans le sein de la terre, ainsi l'Amour est vn depost de l'ame dans le sein de l'aimé.

La Mort auec sa faux tranchante des deux parts va bien iusques à la separation du corps & de l'ame, mais *le glaiue* de l'Amour *encore plus penetrant, pousse & atteint iusques à la diuision de l'ame & de l'esprit*, laissant au corps pour l'animer la plus basse crasse, & grossiere partie de l'ame, &

transportant en la chose aymee l'esprit qui est la partie superieure plus deliée, subtile & espurée, de sorte que l'Amant vit en son corps comme l'on vit en terre, mais en l'aymé, comme l'on vit aux Cieux, à la mode des purs esprits, *son ame estant plus*, selon la meilleure partie, *où elle ayme que où elle anime*, disoit sainct Augustin, ce docteur si versé *en la science des saincts*, qui est celle de l'Amour diuin.

La Mort est vn descoulement de nostre labile substance, *qui n'est qu'vne figure, vn ombre, vne image, vne vanité passagere,* vne matiere descheante, & l'Amour qu'est ce sinon vn escoulement de nostre ame qui est beaucoup plus souple, & fluide que nostre corps.

C'est vne estrage metamorphose que celle qui par la mort est faite de nos corps, si on pouuoit apperceuoir les changemens, renuersemens, & variations que l'Amour excite en nos esprits, on verroit bien d'autres transformations.

Si la Mort est vn feu, qui reduit & consomme en cendre, l'Amour est vn autre feu plus excellent qui pareil au feu gregeois, & artificiel, brusle dans ce qui le deuroit esteindre, *les eaux des angoisses, trauerses, & afflictions, ne peuuent amortir la charité.*

C'est *vn rameau de Camphre*, bruslant vne flâme esprise en du Napte, bitumes plus sulphurez que le soulphre mesme, & qui ne desmordent iamais le feu, quád vne fois ils l'ōt espris: le fort & puissant Amour ne tombe point sous la tombe & la glace du trespas, ny la froideur des lames sepulchrales ne peut ralentir ses embrasemens.

Q iiij

Tesmoin le Mausolee d'Artemise, dont l'Amour despita la Mort, reuiuifiant les cendres de son espoux par ce monument admirable.

 ——— *fœlices ter & amplius*
 Quos irrupta tenet copula, nec malis
 Auulsus quærimonijs,
 suprema citius soluat amor die.

Si la Mort semble esteindre l'Amour, c'est comme la terre qui fait mourir le grain, pour le faire & reuiure & repousser au centuple, l'Amour se sçait comme vn Antee rauigorer malgré le trespas, voire & se releuer plus dispost de son terrassement.

III. Venons maintenant aux Conuenances de ces deux choses qui paroissent à l'abord si dispathiques. La Mort dissout, *atque in ventos vita recessit*, & l'Amour resout.

 Et mihi dulce magis resoluto viuere collo,

& vn autre.

 Quæ se carminibus promittit soluere mentes.

La Mort est vn retour à son principe.

 Nam quodcumque suis mutatum finibus exit,
 Continuò hoc mors est illius quod fuit ante.

Et l'Amour est vne vnion au centre de son desir, diriez-vous pas à ouyr cestuy-cy, que l'Amour, & la Mort, sont d'vne ventree?

 Cedit item retro de terra quod fuit ante
 In terras, & quod natum est ex ætheris oris
 id rursum cæli stellantia templa receptant.

Voyez les Cousins en ce texte sacré, *Celuy a la plus grande Charité qui donne sa vie pour son amy.* Car quand bien l'homme donneroit & prodigueroit toute la substance de ses biens pour l'Amour, tout cela luy doit sembler peu de cas.

Allons aussi nous autres, & mourons auec luy, disoit ce genereux Apostre, à qui par apres le courage manqua quand ce vint au fait & au prendre.

A celuy qui a l'Amour des armes.

——— *pulchrumque mori succurrit in armis.*

Celuy qui a en recommandation l'Amour du pays, dira, *dulce & decorum pro patria mori*. Vous diriez que l'on n'est pas si tost espris d'vn violent Amour, qu'on ne se propose la mort.

Les fables d'Icare, de Phaëton, & de Promethee, nous monstrent assez comme la Mort est coniointe à l'Amour des choses releuées.

Celles d'Orestes, s'offrant à la mort pour Pilades, & d'Orphee descendant aux Enfers pour en retirer Euridice, la mesme descente de Thesée pour en rauoir Pyrithoë, & d'Hercules, pour en ramener Thesee, sont autant de tableaux où l'Amour & la Mort iouent mesme roollet sur le Theatre des Passions.

Ionathas mãge du miel, hierogliſe de l'Amour: & voila qu'il est menacé de mort. 1. Reg. 14. *Alciat. embl.* xii.

——— *Pallas hunc vulnere Pallas Immolat.* ———

Tout homme qui peche par vn Amour desordonné, *la mort est soudain à sa porte*.

Qui voudra esplucher les effets extrauagans du tonnerre qui tombe, pourra trouuer des rencontres gracieux sur les exorbitantes actions de l'Amour & de la Mort. Briser les os sans endommager la peau, succer les moelles sans casser les os, fondre l'argent sans lezer la bourse ou le coffre, froisser l'espee sans gaster le fourreau; ce sont les representations de l'A- v. l. 26. *des Dieux. chap.* 13.

pression que l'Amour fait en l'ame, sans violenter en apparence le corps: mais deuorer le fourreau, & non l'espee, brusler le coffre, & non l'argent, la peau, & non les os, ce sont des coups de la mort qui descharge sa fureur sur le corps, & non sur l'ame exempte de sa iurisdiction, & de ses prises.

L'Amour c'est bien quelque sorte de mort pour l'ame, mais vne vie pour le corps: car selon Plato, il est le pere de la gaillardise & gentillesse, & tient ceux qu'il possede esueillez : mais la Mort est l'Amour que le corps a de la terre, & la vie de l'ame, qui destachee de ces entraues s'enuole plus libre au lieu de son origine.

La Mort est vne vie mourante, car c'est le terme de nos iours, & la fin de nostre vie; c'est aussi vne mort viuante, car elle terrasse tous les viuans, *& sceptra ligonibus æquat*, disons cela mesme de l'Amour. C'est vne vie mourante, mirez cela en ces passages, *anima mea liquefacta est. Defecit cor meum & caro mea.* C'est vne mort viuante, car il excite des pasmoisons, & qu'est ce que Spasme, sinon vn interregne de la vie, & de la mort, vn crepuscule qui n'est ny iour ny nuict: remirez ces lieux, *Fulcite me floribus, stipate me malis, quia amore langueo : nunciate dilecto meo, quia amore langueo.*

La mort est vn trespassement, & l'Amour vn trepassement. C'est la vraye Metempsycose de Pythagoras. C'est vn lien qui vnit le fer au feu, l'eau au vin : La cire fondue a vne autre, c'est à dire, qui confond deux ames en vne, comme la mort meslange les corps auec la terre.

D'autres paralleles de l'Amour & de la mort,
Hac falcem gestat, gestat at ille faciem,
Afficit hic animum corpus, sed conficit illa,
Hic oculos cæcat, cæcat & illa oculos.
Disce hinc humana quæ sint consortia Vitæ,
Mors sternit tumulum, sternit amor thalamum.

Qui eust iamais pensé que deux choses si alienees, eussent peu tomber en quelque coniecture? Mais on cessera de s'en estonner, si on considere qu'és nuances de la peinture, les couleurs finissent l'vn en l'autre par vn meslange mesnagé, si à propos, qu'encores que le milieu soit semblable, les extrémitez toutesfois sont fort differentes.

Vsque adeo quod tangit idem est, tamen vltima distant.

Ainsi est il de l'Amour & de la Mort, qui bien que dissemblables en cause, sont neantmoins conformes en plusieurs effects.

Voyez en l'Euangile qui nous est proposé, comme la Mort a terrassé le corps de l'enfant, & l'Amour le cœur de la Mere; Amour & Mort qui viennent ensemble luitter auec nostre Seigneur, celuy-là l'a apporté du Ciel en terre, & l'a liuré à celle-cy, qui apres l'a emporté de la Croix aux enfers: d'où il est sorty victorieux de la Mort, mais vaincu de l'Amour.

L'Amour donc de ceste mere, & la mort de ce fils frapperét d'vn mesme trait de cõpassion le cœur pitoyable de ce bõ Maistre, il cõmande à la mort qu'elle cede à l'Amour, l'adolescent reuit, & la vefue (comme il se lit de quelques meres Romaines) pensa mourir de ioye. Voila comme la Mort & l'Amour roulent sur ceste Scene.

Apprenons encores que rien ne nous fait trouuer la mort si douce que l'Amour de Dieu, & rien n'excite tãt en nous cet Amour, que la consideration de la Passion de nostre Sauueur, pour nous mort d'Amour; & ce sera sur la mort d'Amour que demain retentira cet auditoire.

Retenez du moins du discours d'auiourd'huy, 1. que c'est que la mort, 2. quoy l'Amour, 3. quelles sont les conuenances de ces deux choses en apparence tant dissemblables.

CINQVIESME VENDREDY.
De la Mort d'Amour.

HOMELIE XXVII.

Si fuisses hic frater non fuisset mortuus.
IOAN. 11.

LA bonne grace à receuoir, inuite le donateur à vn present nouueau. La fauorable audience, mais plus que tres-chers, que vous prestastes hier au discours de la Mort & de l'Amour, me fait esperer vne attention nouuelle en cestuy-cy, que ie vous ay projetté de la mort d'Amour. La broderie sera de pareille estoffe; mais le fonds de diuerse. La matiere sera presque semblable; mais different le subiet. Car vous auez auiourd'huy entendu en la Saincte Messe le recit de la resurrection du Lazare, ce bon Gentilhomme grand amy & seruiteur de nostre Seigneur, mort peut-estre pour le regret de son absence; ce qu'on peut pieusement colliger de ces mots de la sœur dits à Iesus retournant: *Nostre Maistre, si vous eussiez esté icy mon frere ne fust pas mort.* Icy donc nous traiterons premierement de l'Amour de la Mort: Secondement, de la Mort d'Amour, & l'vn & l'autre poinct, tant par raisons que par exemples. Voyons.

Qui nous separera de la Charité de Christ? dit l'Apostre, *sera-ce la persecution, ou le glaiue, ou la nudité, ou la mort? non, rien de tout cela ne nous peut aliener de luy.* Peinture du Lazare amoureux de la Mort, sous espoir d'vne meilleure vie, & mourant d'Amour pour ne pouuoir supporter l'impetuosité de son affection.

Et quoy, bien que la mort soit *le terrible des terribles*, est-il nouueau de l'aimer, & de la cherir? quoy, le Pelerin se resiouyt il pas estant arriué au but de son voyage? L'Ouurier n'aime-il pas le Couchant qui termine son labeur? & le Coureur ne s'allege-il pas d'auoir parfourny sa carriere? le seul homme accoquiné au miserable estre de ceste mortelle vie, se fasche d'en voir la fin, & en voudroit, s'il pouuoit immortaliser la durée.

La Mort, non, ce n'est point vn mal, *ains c'est le seul bien de nostre vie*, dit Seneque, *c'est le grand iour natal de l'eternité de nostre ame:* comme celuy qui nous sort des flancs maternels, est celuy de la mortalité de nostre corps.

C'est le iour de nostre deliurance, l'issuë de nostre prison, la sortie mystique de nostre Egypte spirituelle.

Le Cygne, animal beau & blanc, se resiouyt de ses funerailles, & chante son Epitaphe.

La tourterelle delaissée, de qui le chant est vn gemissement, ne souspire que de suiure son pair que la Parque luy a rauy. Ames pieuses: hé! ne vous seroit-il pas loisible de desirer suiure vostre espoux à ses sanglantes traces?

L'ancienne loy de *Deuotion* mentionnee par Plutarque, faisoit mourir tous les esclaues au trespas de leurs maistres, & ils sautoient alaigrement dans leurs funestes buschers. *Si nous commourons auec le nostre, nous conuiurons auec luy, si nous compatissons, nous corregnerons.*

Si nous auiós les cœurs nauréz de son Amour, ô que nous aimerions la mort, nous pourrions lors dire, *hæret lateri lethalis*, ou plustost *vitalis arundo*.

Dauid en cent lieux (pour venir aux Exemples) aspire à ceste dissolution. *Quand viendray-ie, & apparoistray-ie deuant la face de Dieu? ie gemiray sans cesse iusques à ce temps. Helas moy! pourquoy mon pelerinage est-il prolongé? seray-ie long temps en exil? comme le Cerf les eaux, ainsi mon ame vous desire, Seigneur. Ostez moy de sentinelle, ô Dieu, &c.*

Ce mesme Prince outre du regret de la mort d'Absalon, enfant rebelle, indigne d'vn si bon pere: *Mon fils, Absalon mon fils, Absalon qui me donnera que ie meure pour toy?* ô Amour de mort!

Sainct Paul en tant d'endroits souhaitte son destachement. *Ma vie c'est Christ, & la mort mon profit. Ie ne vis plus moy, mais Christ en moy,* & à ses disciples, *vous me contraignez de seiourner auec vous.*

Sainct André alloit à la Croix, comme vn autre iroit aux nopces, & l'apostrophoit amoureusement.

S. Hilarion proche du trespas, *Courage*, disoit-il à son ame, *tu approches de ta retribution, ne tremble point*, souschantant à S. Paul, *qui attendoit à ce pas la couronne de gloire*: Et au Roy Psalmiste, qui console ainsi son esprit troublé: *espere en Dieu, le salut de ta face, & ton vray Seigneur*.

S. Martin, ce grand Archeuesque de Tours, desirant la mort, comme recompense, ne refusoit point de viure comme vn suplice, se remettant à la diuine disposition.

S. Augustin en ses Opuscules contemplatifs, est plein de ces saillies, en voicy entre autres vne *O amare, ô ire, ô sibi perire, ô ad Christum peruenire!* que ie laisse à ruminer & estendre.

S. Bernard aussi aspiroit à ceste déliaison, quand il prioit ainsi: *Mon Dieu, faites que l'embrasement de vostre Amour absorbe mon ame, afin que ie demeure pour l'Amour de vostre Amour, puis que vous estes mort pour l'Amour de mon Amour.*

Heureuse donc trois & quatre fois, & excelente la Mort qui nous prouiendroit d'vn si sainct Amour.

Mais quoy, peut on mourir d'Amour? & pourquoy non, aussi bien que des autres passions? Les vns meurent bien de cholere, les autres de ioye, d'autres de tristesse, autres de crainte, autres de desespoir, autres de haine, autres de desir: Et pourquoy non d'Amour, la Royne, & la plus puissante de toutes les passions?

Les lampes s'esteignét bien trop pleines, & les plantes se seichent trop humectees, & pourquoy ne seroient pas bien les corps suffoquez d'excez

III.

d'Amour. Demandez-en des nouuelles aux pasfecolorées, à qui la paſſion des creatures donne de telles violences : de quels ſymptomes & conuulſions doiuent donc reſiſter les ames eſpriſes d'vn Amour plus ſainct?

Le mouſt trop à l'eſtroit iette les fonds du vaiſſeau.

Les vents ſouſterrains trop reclus cauſent les terre-trembles.

Les torrens enflez ſe bourſoufflent contre leurs digues, & ſortent de leurs licts pour noyer les campagnes.

Les fournaiſes trop cloſes ſe fendent, dites tout cela des aſſauts que fait ſur le corps vn Amour exceſſif.

La chaleur reſoult & ſurfond, le feu deuore, conſomme, & reduit la matiere où il s'attache en cendre, & le feu d'Amour ne pourra pas faire mourir?

Le feu du Ciel qui embraſa l'holocauſte de Gedeon, eſt la figure de l'Amour diuin, qui enflamme les cœurs, & aneantit les corps.

C'eſt ceſte huile incendiaire dont parle Marcellinus, qui ne s'eſteint que par la cendre.

Le Cheſne, diſent-ils, meurt replanté en la foſſe d'vn Oliuier, d'où i'apprens que la dureté de cœur meurt dans la douceur d'vne amoureuſe manſuetude.

Auſſi l'Amour eſt-il peint par les anciens, tiré en vn char par des Lyons, pour teſmoigner qu'il dompte toute ferocité.

Le Soleil fait mourir, & pourrir le grain en la

la terre pour le faire renaistre, & la mort du diuin amour ne tend qu'à nous resluſciter à vne meilleure vie.

Au leuer du Soleil la manne ſe fondoit. Embleme fort propre de ceſte mort d'Amour que nous deſcriuons.

La Lune eclypſe quand elle ſe conioint auec le Soleil; & ſe faut il eſtonner, ſi maintes belles ames ſont expirées, mõtées à vn haut degré d'vnion auec Dieu, comme nous ferons voir tantoſt par vn monde d'exemples?

Ils content que les Magiciens font des Images de cire enchantées, auec quoy ils tuent ceux ſur qui ils iettent leur ſort, les faiſans mourir auec d'eſtranges tourmés. Le tiſon de Meleagre chez les Poëtes, ſeroit il point à pareil air? & ie tire de là, que les impreſſions d'amour ſont encores plus mortelles.

Les Palmiers, dit Pline, ſe font l'amour, & la mort de l'vn, eſt toſt apres le deſſeichement de l'autre.

Purpureus veluti cùm flos ſucciſus aratro,
Languescit moriens, laſſoue papauera collo,
Demiſere caput pluuia cum forte grauantur, &c.

Deſcription de la Mort de l'Amoureux Euryale chez le plus grand des Poëtes.

Me voicy tout porté aux exemples, allons d'ordre aux naturels, aux prophanes, & aux ſacrez.

Le Phœnix dont le renouuellement eſt notoire, eſt vne riche figure de ceſte mort d'Amour; car il fait l'amour en mourant, & ſe baſtit *in tumulo thalamum.*

Le Pelican en est vne autre fort expresse, de qui l'Amour cause la Mort.

Ie sursoy de rapporter ces chiens mourans sur les tombeaux de leurs maistres, exemples qui tombent quelquefois sous nos yeux, autrement que par la lecture des histoires.

Et cet Aiglon chez Pline, qui se brusla dans le funeste bucher de la fille qui l'auoit esleué, est vn vif pourtraict de la mortelle rage d'Amour.

Si les Poëtes sont de quelque consideration, puis qu'ils ont enueloppé sous leurs feintes les plus grands secrets de l'occulte philosophie. A quoy visent ces fables d'Echo & de Narcisse, sinon à nous representer des amours mortels, ou des morts amoureuses?

Et celle de Clitie metamorphosee en soucy, ou Heliotrope, sinon à nous enseigner les admirables effets du celeste amour?

Et ceste de Niobe qu'ils feignent pour la perte de ses enfans, qu'esperduëment elle aymoit, *diriguisse malis*.

Quant à la Mort amoureusement enragee de Dido, dont la riche descriptió chez l'inimitable a autrefois espreint des larmes à S. Augustin, ou que ce soit vne fable historiee, ou vne histoire fabuleuse, si est elle trop vifue pour n'en apprendre comme on peut mourir de trop d'amour.

Demetrius, au recit de Plutarque, s'en alloit mourant pour l'amour de sa marastre Stratonice, si Antigonus son pere, par l'aduis des Medecins qui recogneurent son feu secret, ne la luy

Homelies Quadragesimales. 259

cust baillée à femme pour luy sauuer la vie.

Et Calpurnia passionnément amoureuse de Cesar, n'expira-elle pas à l'aspect de la chemise sanglante de son Espoux massacré en plein Senat?

L'amour de la philosophie ne portoit-il pas les Brachmanes, ces Sages des Indes, à vne mort volontaire, preparee, estudiee, premeditee; ainsi que recite Plutarque de la mort de Calanus, qui seruit de spectacle à Alexandre?

Mais passons dans les campagnes Chrestiennes. Les Docteurs contemplatifs, & principalement sainct Bonauenture, tiennent que N. S. Iesus est expiré de ceste diuine mort d'amour, & disent que ny les foüets, ny les coups, ny les espines, ny les cloux, ny la Croix, ny tant d'autres souffrances le tuerent : mais ce fut le seul Amour qui enleua son ame : & de fait ceste inclination amoureuse de Chef, & cet *emisit spiritum*, sonnent euidemment vne mort d'amour : car qu'est-ce l'amour, sinon vne emission d'esprit? Esprit bien-heureux, lancé dans les mains de son Pere bien-aimé. La mort fabuleuse de Hylas, fils de Theodamas, est verifiee en son exclamation de *Heli, Heli lamaZabathani*.

La bien-heureuse Vierge, Mere de ce doux Iesus, l'a imité, comme en sa vie, aussi en ceste mort : car la tradition des spirituels luy fille les yeux d'vn trespas plein d'Amour.

R ij

S. Pierre le Disciple bien-aimé, expira renuersé en sa Croix de ceste façon, delicieusement cruelle.

La Saincte Penitente aussi est creuë en sa saincte baulme trespassée de ce doux amortissement.

Comme aussi S. Paul premier Hermite, que S. Anthoine trouua mort à genoux, les mains iointes, & les yeux esleuez, au rapport de sainct Hierosme.

S. François est tenu de mesmes auoir esté emporté par vn assault, & impetuosité spirituelle.

Et le bon frere Gilles, de ses premiers & plus feruens compagnons, qui tomboit en extase au seul Nom de Iesus, ou de Paradis: il est bien à presupposer qu'il est en fin tombé par ceste glorieuse mort.

Lisez la vie de saincte Catherine de Sienne, & vous verrez que la violence excessiue de son grand amour vers nostre Seigneur la suffoqua.

Ie croy le mesme de nostre bien-heureuse Mere Therese de Iesus, & qu'en fin quelque boüillon d'interieure ferueur luy enleua l'ame.

Le B. Pere Ignace fondateur de la Compagnie de Iesus, tesmoigne aux excez de sa conuersion, que sa fin doit auoir esté pareille.

Comme aussi celle du B. François Xauier.

Quant au B. Stanilas Kostka, Nouice encores de ceste saincte Compagnie, on tient pour constant que ce seul amour de Dieu luy a causé vne si honorable & desirable mort.

Vn homme deuot Anonyme, mais dont le

Homelies Quadragesimales. 261

nom est escrit en lettres d'or au liure de Vie, frequentant tous les iours auec grand zele, la saincte Eucharistie, pressé d'vne extréme maladie, entre autres incommoditez frequente, en violens vomissemens, se trouua priué pour vn temps de ce pain celeste, son vnique cõsolation, desirant, mais ne pouuant iouyr de ce bien qui est interdit en pareilles occurrences, il pria son pasteur de luy faire ceste grace auant que la mort luy sillast les yeux, que du moins il peust voir, adorer, & odorer ce sacré Viatique. On obtempere à son desir, merueille d'vn ardent & & seraphique amour, il voit, il adore, son estomac se fend, son cœur s'ouure, & attire à soy ceste viande supersubstantielle, & le patient meurt vrayement *in osculo Domini*. O Dieu! *fiant nouissima nostra huius similia.* *In Spec. Spirit.*

Mais que dirons nous de ce saint & pieux Soldat pelerin en la terre Saincte, qui apres auoir visité tous les lieux de la Vie, Mort, Passion, & Resurrection du Sauueur: quand il vint au mont des Oliuiers, d'où nostre Seigneur estoit monté au Ciel, il demanda de le suiure, ne voulant plus suruiure: & exaucé, il mourut d'Amour sur les vestiges ineffaçables que Iesus imprima là sur vne pierre, auant que se guinder dans les cieux, & s'asseoir à la dextre de Dieu son Pere. Riches exemples des morts precieuses d'Amour, & qui meritent d'estre bien remaschez & sauourez. *S. Ber. ser. 1. de Af- cen. Dom.*

Et nostre Lazare n'est-il pas à presupposer que de la mesme Mort d'Amour il estoit trespassé, luy estant plus supportable de mourir que d'estre priué de la chere presence de son Maistre:

R iij

O Mort sucree! ô Amour sacré! ô que nous serions heureux de finir par ce trespas, capable d'Apotheoser nos ames!

Voila nos deux poincts expediez le 1. de l'amour de la Mort, le 2. de la mort d'amour, & chacun discouru par raisons & exemples. Dieu, mes tres-aimez, vous en fasse tirer les fruicts que mon cœur vous desire.

DIMANCHE DE LA PASSION.

De la Penitence.

HOMELIE XXVIII.

Quis ex vobis arguet me de peccato?
IOAN. 8.

Exod.12.

LEs victimes des sacrifices anciens deuoient estre sans tache, pource estoient-elles baillées à examiner pour estre verifiées telles, ou du moins purifiées si elles auoient quelque macule. Nostre Seigneur Agneau munde, Hostie qui doit estre immolee pour nos pechez dans quelques iours, propose auiourd'huy à l'Examen la candeur de son innocence irreprehensible: disant publiquement aux Iuifs, *Quis ex vobis arguet me de peccato?* nous qui sommes conceus en peché, n'oseriós l'imiter en cela, car le ciel & la terre reclameroient contre nos crimes: Mais pour receuoir ceste blancheur de l'Innocence que nous auós perduë, il nous faut refugier à la Penitence qui sera ceste *hyssope amere dont les aspersions nous rendront plus blancs que neige.* De sorte qu'apres elle nous pourrons dire aux Demons, *quis ex vobis arguet nos de peccato?* puis que nos pechez seront oubliez, cachez, effacez, cassez, annulez purgez, lauez, remis, & pardonnez. Sur l'innocence impeccable de nostre Seigneur, nous prendrons occasion de vous discourir maintenant de nostre innocence peccable, qui est la Penitence, disant 1. que c'est, 2. ses parties, 3. Contrition, 4. Confession, 5. Satisfaction.

Ce mot de Penitence, mes tres chers, vient de celuy de Peine, ou de Punition. Comme qui diroit vne volontaire punition de son peché.

L'ombre n'est point plus annexee au corps que la peine à la coulpe, *culpam pœna præmit comes.*

> *Car Dieu l'a ainsi arresté,*
> *Que le dueil & la volupté*
> *S'entr'accompagneroient sans cesse,*
> *Et que le mescontentement*
> *Seroit d'autant plus vehement*
> *Que l'on auroit eu de liesse.*

Chante vn autre Poëte:

Et le repentir c'est vne peine interieure, vn ver secret & occulte, qui comme le ver du bois, prend naissance de la coulpe, regret plus sensible qu'aucune autre peine.

> *Pœnitet, & si quid miserorum creditur vlli,*
> *Pœnitet, & facto torqueor ipse meo,*
> *Cumque sit exilium magis est mihi causa doloris,*
> *Est que pati pœnam quàm meruisse minus.*

Ouid. l. 1. de Ponto.

Le Petun est vn simple, comme chacun sçait, qui a ceste proprieté de purger heureusement le cerueau, & la Penitence est vn Petun excellent pour purifier spirituellement le cœur des mœurs viciées & corrompuës. Voila quant au nom.

Pour la chose, auant que de venir à la deffinition, il faut necessairement passer par la distinction, il y a donc grande difference entre Penitence vertu, & Sacrement: car celle là est vne vertu Moralle, qui peut tomber en des ames mescreantes: mais celle-cy est particuliere seulement aux fidelles Chrestiens.

Conceuez cecy par ceste similitude d'vn bel esprit: Les Medecins distinguent leurs medicamens qu'vn ancien appelloit les mains de Dieu, en simples & composez, ceux là sont seuls, & tels que la nature les escloft, les autres sont meslangez auec l'art, & façonnez selon les preceptes de la science medecinale. La Penitente vertu, ressemble à ceux là; mais celle que nous appellons Sacrement composee de tant d'Ingrediens, comme ses parties, nos pechez, & le sang purifiant de l'Agneau, doit estre rapportee à ceux cy.

Et c'est de la Penitence comme Sacrement que nous auons dessleigné de traitter, & que selon la doctrine Catholique du sainct Concile de Trente, nous deffinirons ainsi: *Vn Sacrement institué par nostre Seigneur Iesus Christ en son Eglise, pour remetre par l'entremise des Prestres les pechez à ceux qui sont tombez apres leur baptesme, & les restablir en la grace de Dieu.*

Hie. ep. ad Demet. & Pource a-il esté fort bien nommé par vne commune voix des anciens Peres, vne seconde

planche apres le naufrage auec laquelle on se peut *in c.3. Isa.*
sauuer de la mort du peché. *Tertul. de*

6. Et encores par quelques-vns vn second Ba- *Pœnit.*
presme. Comme S. Augustin, Tertullian, S. Cy- *Pacian.*
prian, S. Ambroise, S. Hierosme. *epist. 1. ad*
10. Qu'il soit institué par N. S. il ne peut estre *Symp. A.*
desnié que par les aduersaires de l'Eglise, dont *ep. 180. et*
l'obstinatió fait gloire d'impugner les plus ma- *in Ps. 146*
nifestes veritez: quelle plus solide baze sçauroit *Tert. ibid.*
on demander que ces paroles? *Accipite Spiritum* *Cypriã. de*
sanctum, quorumcumque remiseritis peccata remittuntur *ablud. ped*
eis, quorumcumque retinueriti retenta sunt. *Amb. l. 1*

Et quel plus authentique fondement vou- *c. 7. de pœ.*
droit-on poser que ces mots, *Amen dico vobis* *Hier. l. 2.*
*quæcumque alligaueritis super terram, erunt ligata & * *cont. Pela.*
in cœlis, & quæcumque solueritis super terram, erunt *Ioan. 20.*
soluta & in cœlo. *Matt. 18.*

La matiere de ce Sacrement, ce sont les pechez
du penitent.

La forme, les paroles sacramentelles proferees
par le Prestre, *Ego te absoluo à peccatis tuis.* Voila
pas le signe sensible, & le sceau intelligible de
grace inuisible?

Prodigieuse sureminence des Prestres, dont
les bouches sont les organes sacrez d'où sortent
les Oracles, & les Arrests souuerains, qui prononcez en terre, sont ratifiez au Ciel.

Mais quelles sont les parties de ce Sacrement? II.
(nostre 2. poinct) vous sçauez bien qu'il y en a
trois principales, & essentielles, qu'on appelle
Contrition, Confession, & Satisfaction.

Ce sont les trois lances dont Ioab, figure du
penitent, tuë le peché denoté par Absalon, tan-

dis qu'il est suspendu par les cheueux, c'est à dire, attentif aux considerations de la vie future.

Il faut, disent les faiseurs de loix, *que la peine corresponde au delit*, pource comme nous pechons en Pensee, Parole, & Oeuure, la Contrition se rapporte à celle là, la Confession à l'autre, & la Satisfaction à celle-cy.

Nostre Seigneur ressuscita trois morts, l'vn en la maison, l'autre à la porte de la Cité, le tiers au monument, figure de ces trois pechez, & de ces trois parties de Penitence.

Ce sont les trois Graces filles du Soleil, & de la memoire, que la fabuleuse antiquité tenoit pour mediatrices du genre humain, car ces trois parties naissent de la grace preuenante de Dieu, & du repentant souuenir des fautes passees, ausquelles on renonce de cœur, de bouche, & d'effect. *Recogitando annos nostros in amaritudine animæ nostræ.*

L'abusee Gentilité a creu,

Ter geminamque Hecaten tria Virginis ora Dianæ.
estimant que Proserpine sous terre, la Lune és cieux, & Diane dans les bois fut vne mesme diuinité. Appliquons ces trois visages à la Penitence, & disons que le remords caché de la Contrition, la manifestation de son mal par la Confession, & la vengeance dompteresse & chasseresse des monstres du peché par la Satisfaction, composent ce Sacrement Alexicaque.

D'vn ton plus pieux disons que l'ame Penitente accomplissant ces trois actes est vrayemét *adorante comme myrrhe esleuë*, voila la Contrition amere, mais suaue, vn *Cinnamome soüef*, voila la

Confession, & *vn baume precieux & distillant*, voila la Satisfaction.

Somme ce sont les trois principales iournees d'Israel par le desert, auant que pouuoir sacrifier au Seigneur, aussi est-il raisonnable auāt qu'approcher de la table Sacree, de la saincte Cōmunion, de laquelle nous vous traiterons demain, de passer par l'estamine de ces trois actes de Penitence, que nous allons saluer de passade, ie dis bien saluer, car nous n'auons pas le temps de profonder ceste matiere si copieuse.

II.

La Contrition tient le 1. rang comme preambulaire, & portant le flambeau dans l'interieur, & le fonds de nostre estomac, pour y recognoistre nos offences, & recogneuës le broyer, & escraser par vn douloureux regret, & vne regrettante douleur.

Ie dis broyer, piler, & escarboüiller, car c'est cela proprement que sonne le mot de Contrition, qui vient de *Conterere*, qui vaut autant à dire comme esmacher, moudre, escraser. *Contere brachium peccatoris & maligni, arcus fortium conterentur, ipsa conteret caput tuum*, de ceste menuë brisseure est dite Metaphoriquement la Contrition de cœur, *qui sanat contritos corde, cor contritum & humiliatum*.

On dit que le Diamant est tres-dur à casser, mais aussi quand il se brise vne fois, il se reduit en cendres, les cœurs durs des plus obstinez pecheurs, quand vne fois ils sont touchez du doigt de Dieu, se puluerisent en d'extrêmes contritions.

Facta est velut mare contritio tua. Voyez comme ce grand corps aqueux de la mer, estant esmeu par les vents, se diuise en vne milliasse d'ondes. Telles sont les esmotions d'vn cœur contrit, & les vagues de ses sanglots sont aussi ameres que les flots marins.

Imaginez vous le froment mi sous la meule du moulin reduit en farine & poussiere blanche & menuë, & là dessus representez vous les cœurs repentans, comme grains de froment rendus mols & blancs, de noirs & reuesches qu'ils estoient par le peché.

Moyse puluerisa le veau d'or, que les Israelites auoient malheureusement idolatré, pour leur imprimer l'horreur de leur crime. La Contrition fait le mesme effect aux ames, fracassant les Idoles des pechez qu'elles cherissoient, & leur en imprimant puissamment l'horreur & la detestation.

Elle conuertit le iugement en absynthe, & ces voluptez, qui parauant sembloient douces comme miel, en apres semblent ameres comme fiel, ce fade sucre digeré repousse vne acrimonie en la bouche.

Acrimonie, qui par apres sert d'antidote au peché; car comme l'aigre pointe de la drogue donne quelque vertu purgatiue au medicament, ainsi plus rude est la Contrition, plus ferme & puissante en est la Confession.

IV. Seconde partie de la penitence, & nostre 4. Chef. C'est la lancette qui ouure l'apostheme de nos ordures interieures; que nostre Contrition prepare & meurit.

Homelies Quadragesimales. 269

C'est ce balay salutaire, auec lequel le Roy Psalmiste dit qu'il nettoyoit son ame : *Tota die exercitabar, & scopebam spiritum meum.*

C'est ceste tuile fendue, ce test de pot cassé par la Contrition, auec quoy le bon Iob racloit le pus en la sanie de ses vlceres.

O Dieu! que ce vomissement est salutaire pour purger nostre conscience de peccantes humeurs.

Ne seroit pas misericordieusement pieux ce Prince, qui offencé par vn de ses subiets d'vn attentat de leze Maiesté, offriroit, sans autre forme de procez, de luy donner sa grace, pourueu que simplement il recogneust sa faute? Helas! quantesfois, rebelles pecheurs que nous sômes, nous sommes nous rendus criminels de leze diuine Maiesté ? neantmoins ceste clemence infinie de la supréme bonté de Dieu ne demande qu'vne simple declaration de tant & tant d'offences, pour seeler & signer tout soudain de son sang l'entherinement de nostre grace, & le restablissement en nos anciens honneurs. Voila pas le Psalmiste qui chante cela expressement : *Dixi confitebor aduersum me iniustitiam meam, & tu remisisti iniquitatem peccati mei.*

Qui ne s'estonera de nostre ingratitude auprés vne si prodigue misericorde, & si copieuse Redemption, & de la lascheté de tant de poissons muets, & qui n'ont point de poulmon pour respirer l'air du sainct Esprit, *nüans & tournoyans* dans le vaste sein de la mer des delices du siecle, animaux reiettez pour ce suiet des sacrifices anciens, & spirituellement de la participation du sacrifice de la loy de grace.

Mais mon Dieu pourquoy mourons nous de la mort du peché, puis que nous auõs si en main ce remede de vie, que quelques vns ont appellé spirituelle resurrection?

Que craignons nous de descouurir au Medecin le mal vergógneux qui nous oppresse? pourquoy cacher dans nostre sien comme cet enfant de Sparte, des Renards qui nous deuorent?

Le moyen de garder ces charbons ardans en nostre poitrine sans les secoüer?

Aimons nous mieux pourrir en nos iniquitez, que de nous en faire quittes par la seule manifestation?

Dits hardiment pecheur, ce n'est pas vn homme qui t'escoute, c'est Dieu, & à qui iamais cette Maiesté supreme a-elle reuelé tes secrets?

Dits franchement, & sans feinte, car c'est au S. Esprit que vous mentiriez.

Dits confidemment ce n'est point à vn bourreau, mais à vn Pere, à vn Medecin, à vn frere, à vn amy, à vn Ange de Dieu, à qui tu parles.

Helas! mon frere, que ce ne soit pas icy ton escot, *quoniam tacui inueterauerunt ossa mea, corruptæ sunt cicatrices meæ, &c.*

V. Or, mon amy, les playes monstrees, soudees, & nettoyees il y faut pour l'entiere guerisõ appliquer les Cataplasmes de la Satisfaction.

Ces appareils, cõme chacun sçait, sont de trois sortes, l'Oraison regarde les maux de l'esprit, le Ieusne destruit ceux du corps, & l'Aumosne combat l'inique Mammone. Remedes vniuersels, & tres-efficaces pour dissiper le regne du péché, disons vn mot de chacun, & nous finirons.

L'eau battant continuellement les rocs endurcis, qui bordent les riues de la mer, la caue en fin, & y fait des cauernes, voire mesme vne continuelle distillation de gouttes successiues caue, & casse les marbres. L'oraison sappe ainsi peu à peu, & mine le peché, & fait de douces violences au cœur misericordieux de nostre Seigneur.

O Dieu, & que peut elle ? *multum valet deprecatio iusti assidua*. Le Soleil pare-il pas à la priere de Iosué ? le feu descend-il pas à celle d'Elie ? & le fer ne surnage-il pas à celle d'Elisee ? quoy plus les morts ressuscitent ils pas aux instantes supplications de ces deux Prophetes ? en fin c'est elle qui arrache la misericorde du ciel pour la transporter en terre, lie les mains à la la Iustice diuine, tesmoin la priere de Moyse, & extermine de l'ame qui la pratique, toute impureté.

Le Ieusne à cela luy preste main forte, car il degresse le corps pour rendre à l'esprit ses fonctions plus libres.

Le Soldat sans armes, ou les armes sans le Soldat sont inutiles, ainsi dit S. Chrysostome, l'Oraison & le Ieusne separez.

Les plaisirs sensuels, dit ce mesme Pere, nous lient les mains, & nous trainent comme captifs ignominieusement apres le chariot triomphant de la volupté, mais le ieusne terrasse ceste orgueilleuse, & nous remet en liberté.

C'est luy, dit sainct Augustin, qui met vn frein

au cheual farouche de noſtre corps, & le rameine à ſon deuoir.

C'eſt vne potion medicinale, diſent S. Baſile, & S. Ambroiſe, qui fait mourir en nous les vers des charnelles titillations.

Et quant à l'Aumoſne, ô la grande exterminatrice des vices! ô la grande redemptrice des captifs! ô la belle rançon des pecheurs!

Tob. 4. Oyez les ſacrez textes. *Eleemoſyna ab omni peccato, & à morte liberat, & non patietur animam ire in tenebras. Fiducia magna erit coram ſummo Deo, miſericordia omnibus facientibus eam.*

Tob. 24. Encore *bona eſt oratio cum ieiunio & eleemoſyna, magis quàm theſauros auri recondere, quoniam eleemoſyna à morte liberat, & ipſa eſt quæ purgat peccata & facit inuenire vitam æternam.*

Dan. 4. En Daniel, *Peccata tua eleemoſynis redime, & miſericordiis pauperum iniquitates tuas: forſitam ignoſcet Deus delictis tuis.*

Luc 22. En S. Luc, *quod ſupereſt date eleemoſynam, & ecce omnia munda ſunt vobis.*

Les eaux ſtagnantes & croupiſſantes ſont appellees mortes, & elles n'engendrent que puanteurs & putrefactions, les coulantes & fluides ſont nommees viues, & elles ſont claires, nettes, pures & ſalutaires, les richeſſes, mes amis, referees par auarice en des coffres, excitent mille maux, mais celles qui coulent doucement dans le ſein des pauures par l'aumoſne, ſont ce *fleuue qui reſiouyt gracieuſement la Cité de Dieu.* Celles là apportent la mort, & celles cy la vie.

Retenez de tout ce diſcours, 1. ce que c'eſt que Sacrement de Penitence; 2. quelles ſont ſes parties

parties sçauoir, 4. la Contrition, 4. la Confessió, & 5. la Satisfaction. Allez en la paix de nostre Seigneur.

CINQVIESME LVNDY.
De la Communion.
HOMELIE XXIX.

Qui sitit veniat ad me & bibat. IOAN. 7.

OV la commune leçon dit, *Vos mammelles*, vne autre porte, *Vos amours sont meilleurs que le vin, plus odorant que les parfuns, vostre nom est vn huile espanché*, autrement *vn sang aneanty, pource les pucelles vous cherissent.* O sacree! ô sucree Eucharistie! vous estes ceste feconde, & inespuisable mammelle d'Amours, *remplie de toutes les drogues du parfumeur, vous estes ce froment esleu, & ce vin germant les Vierges, vn sang intarissable,* vous estes ceste viue source de tous Amours, où le Sauueur nous appelle auiourd'huy quand il crie, *qui a soif vienne à moy, & boiue,* qui a faim me mange, afin qu'il viue en moy, par moy, pour moy, & qu'il demeure en moy, & moy en luy. O Sacrement tout de flammes! & qu'il viendra bien en suite du discours d'hier, qui luy prepara les logis. Icy donc vous orrez, mes tres chers, comme au banquet Eucharistique nostre Seigneur nous communique toutes sortes d'Amours, 1. celuy de Pere, 2. de Mere, 3. de frere, 4. d'Espoux, 5. de seruiteur, 6. d'amy.

Et il n'est pas contradictoire, mes enfans, que toutes ces qualitez conuiennent à vne mesme personne, puis que le Phœnix est bien Pere,

Mere, Frere, Espoux, seruiteur & vnique amy de soy-mesme, Iesus le Phœnix vnigenit, n'a il pas les mesmes prerogatiues? & la Vierge sa mere, n'a-elle pas esté du tres haut, *filia, sponsa, parensque, nurusque?*

Le Man contenoit tous gousts, & l'Eucharistie tous Amours, commençons par celuy de Pere que nostre Seigneur y tesmoigne. C'est le propre du Pere de nourrir son enfant de la substance de ses biens, mais de le nourrir de la substance de son propre corps, cela estoit reserué à l'infinie charité de nostre celeste Pere.

C'est icy vn banquet de Thyeste à contrepoil, où le fils mange le pere, non cruellement, mais amoureusement.

Dauid souhaittoit bien outré de douleur, de mourir pour son fils Absalon.

Le Lyon s'expose bien franchement à la mort pour sauuer ses petits, comme aussi d'vn instinct naturel toutes les autres bestes, il n'y a trauail qu'elles espargnent pour trouuer proye ou curee propre à leur nourriture, mais de leur donner leur propre corps & sang à manger, c'est vne action surnaturelle, & autant singuliere en N. S. comme elle est, & admirable, & adorable.

Il n'appartenoit qu'à nostre seul Pelican, de rauiuer ses petits par ceste maniere du tout extraordinaire.

Ce n'est plus icy Abraham qui veut sacrifier Isaac, mais plustost Isaac qui sacrifie reellement Abraham.

C'est icy que le grand Caton rentre en enfantillage pour se recreer auec les enfans, *& se deli-*

tier auec les hommes.

C'eſt icy que le vray Helie, ou pluſtoſt Heli Pere, ſe racourcit ſur l'enfant mort pour luy reinſpirer vne nouuelle vie.

Voirement n'eſt-ce pas le teſmoignage d'vn vray amour paternel, de nous auoir ainſi ſolidairemēt faits heritiers vniuerſels de ſon corps, de ſon ame, & de ſa diuinité? que pouuons nous plus deſirer que tout luy meſme, *le pere eternel qui nous a donné ſon fils, comment auec luy ne nous auroit il donné toutes choſes?*

L'heure meſme en laquelle il nous laiſſa ce precieux gage de ſon amour eſtant l'extréme de la vie aux portes & agonies de ſa paſſion, doit elle pas nous confirmer comme par codicille, la ratification de ſon extréme charité? *cùm dilexiſſet ſuos in finem dilexit eos, &c. videns Ieſus quia appropinquaſſet hora, &c.*

A ce ferme & fort amour du Pere, il adiouſte le doux & tendre de Mere, auſſi dit il en Oſce, que *comme le nourricier d'Ephrain, il l'a porté en ſes bras, qu'il a leué le ioug de deſſus ſes maſchoires, & qu'il a déchiré à luy afin qu'il mangeaſt*, où nous voyons trois amours, le 1. de mere & mere nourrice, le 2. d'vn laboureur ſoigneux de ſes bœufs, eſquels conſiſte ſa ſubſtance, le 3. d'vn pere ſoigneux de paiſtre ſa famille, mais le plus delicat, c'eſt le premier tout plein de mignardiſe & de ſuauité. Car à vraydire la peinture d'vne mere qui allaitte ſon petit poupon, c'eſt le crayon plus vif de la charité & amour extréme que noſtre Seigneur communique en la Cōmunion, nous repaiſſant de ſon laict conuerty en ſang, comme celle-là de

II.
Oſee 11.

son sang changé en laict nourrit son tendron. *Seigneur nous nous souuiendrons de ces vostres mammelles par dessus le vin, & de vostre calice salutaire, & de vostre calice excellent & enyurant.*

Psal. 47.
Mich. 7.

La Mere pour retirer le petit enfant de manger des ordures, & de la terre, luy dône des pois sucrez, ô mondains ! *conglutinatus est in terra venter vester, lingitis terram sicut serpentes.* Voicy vne manne sucree qui vous fera oublier les aulx d'Egypte.

Mais, ô brutaux ! vous les souspirez encores, & vous osez bien dire auec ces miserables Israëlites, *que vostre goust s'affadit d'vne viande si legere.* Insensez, *quis vos fascinauit ?* ô vous auez en l'esprit des pasles couleurs.

Quelle chose mon bien aimé, disoit la mere à Samuel, *quelle chose mon bien aimé de mon ventre, quelle chose le bien-aimé de mes vœux,* peux-tu desirer de plus ? ô ame ingratte, ainsi te parle Iesus.

O Asne sauuage, tu payes de ruades, & de mespris la mere qui t'allaite.

N'en faites pas ainsi pieux esprits, mais recognoissans cet Amour de mere, côgregez vous sous les aisles de ceste Geline qui vous reclame.

Volez apres ceste aigle, vostre mere qui vous prouoque à aspirer au ciel. Les petits de sa couuee que ceste Royne de l'air cherit le plus, sont ceux qui sont esclos plus prés du cœur, approchez de vostre cœur ceste celeste viande, & vous serez les fauoris de Iesus nostre Amour.

III. Il est encores nostre frere, car nous sommes par adoption, *heritiers de Dieu, & coheritiers de*

Christ, nous pouuons dire de luy comme Ruben de Ioseph, *il est nostre chair, nostre sang, & nostre frere, il est reuestu de chair fait à la forme des hommes, verbe fait chair.*

Le voila qui enueloppé sous la robbe de ces accidens, *va cerchant ses freres en Desert de ce monde*, qui paissent les troupeaux de leurs sensualitez.

Frater, est dit, *quasi ferè alter*, & n'est il pas *habitu inuentus vt homo*? & icy n'est-il pas en nous, *& nous en luy*? n'est-il pas vn autre nous mesmes? ne sommes-nous pas d'autres luy mesme? quelle prerogatiue de deuots Communians d'estre conformez, deiformez, transformez, & vniformez en Dieu?

Voila le passionné Castor, qui partage auec nous mortels, Pollux son immortalité, le dit-il pas, *& ego resuscitabo eum in nouissimo die, qui manducat meam carnem habet vitam in se.*

O que ne pouuons nous si bien nous vnir à ceste diuine humanité, à ceste humaine diuinité que nous peussions composer en verité la vanité du fabuleux Gerion des Poëtes, auquel *in tribus vnus erat*.

O qui me donnera mon petit frere, qui succez si tendrement les mammelles de ma mere, que ie vous trouue à l'escart, & que ie vous embrasse. C'est icy, ô ame pie, que se rencontre ceste amoureuse, & chaste fraternité. C'est *par cecy que nous serons transferez de la mort à la vie, si nous aimons nostre frere.*

O frere qui estes encores l'Espoux de mō ame *qui me donnera que vous me baisiez d'vn baiser de vostre bouche*, ce sera icy où ie vous embrasseray, & vous m'embrasserez, où ie vous engloutiray, &

IV.

vous m'abforberez, *où ie vous mangeray, & ie vi-uray pour vous.*

Ce fut en la saincte Communion, mes amis, que la B. Catherine de Sienne, fut espousee en presence de la V. M. & de son bon Ange, par Iesus nostre Espoux, & le sien par la susception d'vn anneau visible, ô quelle faueur! du moins qu'il nous soit permis de l'admirer, si nous sommes indignes de l'esperer.

Au mariage c'est vne saincte conionction *de deux en vne chair*, & en la Communion ne pouuons nous pas dire, *que nous sommes l'os des os, & la chair de la chair de Christ, puis qu'il est en nous, & nous en luy?* mariage mystique de l'ame.

Ouy, & encores qu'elle aye *adulteré, & forniqué auec mille adulteres, neantmoins* cet Espoux est si doux, *qu'il rappelle ceste Sunamite égaree*, & luy promet pour vn petit mot de repentir, *d'oublier toutes ses fautes passees, de luy redonner son estole premiere, & luy restituer son honneur, & son plus ardãt amour, luy redonner les pierreries & carquans, ses bagues & chauffures*, & en outre ce precieux & inestimable ioyau, gage de son indicible affection, ô Createur! plus traitable que les creatures!

O Dieu! & qu'est deuenuë ceste ialousie, qui vous a fait prendre le nom de *Ialoux*, & qui au Cantique, *vous fait enuoler pour vne œillade hagarde,* ô Espoux passionné! qui me donra que ie sois tout à vous, comme vous estes tout à moy?

Les loix ciuiles ont prohibé les donatiós entre mary & femme, constant le mariage, *de peur*, disent-elles, *qu'ils ne se spoliassent par vn excez de mutuel amour*, mais en ces diuines nopces, c'est vne

Homelies Quadragesimales. 279

perfection de tout donner, & ne laisser rien de reste pour dire, *mon bien aimé est tout à moy, & moy tout à luy.*

Ie ne vis plus moy, mais Iesus en moy. Mon moy c'est d'estre à luy. O Iesus! que ie sois tout à vous, s'il vous plaist. *Faites moy grace,* diray-ie auec vn ancien autheur Grec & Chrestien, *que mon amour que ie vous donne, se mesle parmy les ardantes chaleurs de vostre cœur, & que de là comme recerchant son logis il reuienne à moy, attirant auec soy le vostre, lequel aussi retournant cercher sa source entraine le mien auec soy, afin que faisans continuellement ce perpetuel tour, & retour, flux & reflux, nos passions, nos desirs, nos volontez, & leurs effects ne soient qu'vns.* Ouy, ô mon Amour, & ceste demande n'est point temeraire, vous m'en auez vous mesmes dressé le formulaire, quand vous auez prié, *que nous fussions vns auec nos prochains en charité, comme vous estes vn auec vostre Pere.*

Athenag. l. 2. du vray amour.

O ma chere ame! tressauts-tu point quand cet Espoux suaue, *le chef tout plein de rosee, les mains distillantes de Myrrhe, les cheueux lauez de parfums, touche le trou* de ta bouche, pour s'insinuer en ton cœur?

Mais parce que ce mot d'Espoux sent encores quelque froideur maritale, le voulez-vous voir seruiteur amoureux de nos ames ses maistresses? lisez tout le Cantique des Cantiques, vous ne le trouuerez en autre equipage, que de chaste poursuiuant.

V.

O sage Moyse, comment aimez vous ces Egyptiennes? qu'est-ce de l'homme pour en faire tant

S iiij

d'estat? O Samson qu'auez vous à faire apres ces perfides Daliles?

Voyez ce grand Seigneur, qui pour captiuer la bien-veillance de sa maistresse, quitte le brocatel pour reuestir le bureau, & se déguiser en paysan. Voyez la diuinité qui s'habille de nostre grossière humanité, & qui ne luy donnera son cœur? celuy certes qui n'en aura point.

Diriez-vous pas, *que ce nouueau Adam est fait comme vn de nous autres?* ô qu'il est malaisé, voire mesme à Dieu, dit cet Ancien, d'aimer, & d'estre ensemblement sage.

O qui pourroit & ce mystere Eucharistique, *notas facere in populis adinuentiones eius*, comment il est trauesty, & comment *il nous regarde de trauers les voiles & ialousies des accidens.*

Eschines n'ayant rien dequoy recognoistre son maistre Socrate, de la science qu'il luy auoit apprise, se donna luy-mesme pour esclaue à ce sien precepteur, & nostre Seigneur n'ayant rien plus precieux que soy, car d'ailleurs *il est pauure, & n'a pas où se reposer*, il se donne soy-mesme à nos ames, ses maistresses cheries.

Le voulez-vous voir amoureux transi à la porte de nostre cœur? oyez le qui crie au Cāt. *Aperi mihi soror mea sponsa, ego sto ad ostium & pulso*, il attend là & souspire, oyez cela d'vn autre air.

At lachrymans exclusus amator limina sæpe
Floribus & sertis operit, postesque superbos
Vngit amaricino, & foribus miser oscula figit.

Le voulez-vous voir, s'amusant à des chiffres, à des cachets, à des bracelets? le voicy, *Pone me vt signaculum super cor, super brachium tuum.*

Homelies Quadragesimales. 281

Le poisson Sargus aime les Cheures, le pescheur se traueftit en cet animal pour le prendre, & voicy noftre pescheur amoureux, qui ayant par la faute d'Adam recognu la friandise de noftre nature, qui se transforme en viande pour appafter nos cœurs, les enrôler & arrefter par son amour.

S'il eft fi paffioné feruiteur, il eft encore plus fidelle amy, *& qui a trouué l'amy fidelle, a trouué vn thresor*. O quel thresor que l'Eucharistie! perle Euangelique, manne cachee, gage d'Amour.

IV.

On admire vn Pilade, vn Nifus qui se precipiterent à la mort pour leurs amis. Oreftes & Euryale, tout cela font fables, & quand ce seroient veritez, que seroit-ce de conferable auec la prodigalité de Iefus noftre fidelle amy?

On lit de Ionathas & Dauid, que *leurs ames eftoient conglutinees*. On admire de ce que Ionathas pour reueftir Dauid se defpoüilla de sa propre cafaque. Foibles effects pour eftre confrontez aux excez de l'Amour de noftre amy.

12. Reg. 18.

Ouy, noftre amy, quelle presomption y trouuez-vous, puis que luy-mefme nous infpire cefte fainéte confiance? *Iam non dicam vos feruos, sed amicos meos. Vos amici mei eftis, fi feceritis, &c. Venite amici, inebriamini chariffimi*. Il appelle mefme Iudas fon amy. Le Lazare auffi, quand il dit: *Le Lazare noftre amy dort*.

La B. Mere Terefe demandât à N. Seigneur la conuerfion d'vn Docteur fort fçauant: mais de mauuaife vie. *Il me femble*, difoit-elle, ô mon Espoux! *que cet homme fera propre à eftre noftre amy*. Et toft apres confufe de cefte fainéte confiance;

mais comment, dit elle, *vne si miserable que moy ose elle parler ainsi:* O que N.S.aime ces humbles hardiesses de la part de ses amis, notamment quand ils negotient auec luy au téps de la Cómunion.

Bouclons icy ce discours, & remarquez, mes bien aimez, comme en l'Eucharistie nostre Seigneur nous communique les Amours, 1. Pere, 2. de Mere, 3. de Frere, 4. d'Espoux, 5. de Seruiteur, & 6. d'Amy. Taschons au moins de reciproquer tant de flammes d'vne estincelle.

CINQVIESME MARDY.
De tirer profit de l'Heresie.

HOMELIE XXX.

Ambulabat Iesus in Galilæam. Ioan. 7.

LE bon & fidelle chien, ayant flairé le trac de loup, ne cesse de iapper, afin qu'on s'en donne garde. Viuans emmy tant de loups pesle meslez dans le bercail de Iesus Christ, comment se peut on empescher d'en aduiser le monde? *I'ay* *Isa. 62.* *mi sur toy, Hierusalem, des sentinelles, qui ne cesseront d'aduertir, & crier iour & nuict.* Aux lieux contagiez, on ne parle que de preseruatifs: parfums, & suffumigatiós, aux maux, que de remedes! C'est pourquoy nous ramenons si souuent l'heresie en ieu, comme le mal qui nous presse le plus: *& nunquam satis dicitur quod nunquam satis discitur.* Les cheuaux recous du loup, sont & courageux, & ombrageux. Aux machinations des Iuifs il me semble tousiours voir les surprises des Heretiques sur les simples. Mais comme N. S. ainsi qu'il se voit en nostre Euangile par son excel-

Homelies Quadragesimales. 283

lente bonté tiroit du bien de leur mal, mon- Ioan. 7.
strant à son exemple comme nous pouuons tirer profit de l'heresie, si nous sommes bien aduisez, pratiquans par elle ces grandes vertus, 1. de Patience, 2. Simplicité, 3. Prudence, & 4. Force: comme a fait nostre Sauueur, ainsi qu'il se voit en l'esprit du texte.

I.

Loüós Dieu, mes freres bien aimez, de ce qu'il nous a, cóme soldats genereux, fait naistre emmy les combats & destours pour le seruice de son Eglise, c'est l'element & l'aliment de la patience que le côtraste, celuy *qui n'est tenté que sçait* Eccl. 34.
il? Tousiours la gloire hazardeuse d'vn braue dessein doit auoir pour seconde vne ame pleine de courage, iamais le soldat ne voit la couronne qui s'effraye au milieu des assauts. *La patience est* Heb. 10.
necessaire pour participer à la retribution, & en icelle Luc. 21.
nous pouuons paisiblement posseder nos ames.

Soyons comme les rocs en la mer qui se polissent par les flots, & se tiennét de leurs atteintes molles. La vertu se paist, & se plaist és difficultez elle aime le haut goust & l'amertume.

Tu ne cede malis, sed contra audentior ito.

La zizanie fait paroistre le bon grain, comme l'espine releue la beauté de la rose. La queux & la lime esguisent & esclarcissent le fer. L'heresie a poly en s'esmoussant, nostre rudesse.

Ce sont verges dont nostre pere nous foüette, que tost apres il brisera.

Comme soldats de la compagnie du Roy nous sommes à la pointe, c'est icy vrayement l'Eglise militante, la triomphante en terre, elle est delà les monts.

Matth. 5. Vous *frappe on en vne iouë, bailleʒ l'autre,* vous
Rom. 12. *violente on d'aller cent pas, adiousteʒ-en encor cent,*
ce sera vaincre le mal par le bien, & ietter des charbons
en la face de l'heresie, ceste hydre malencontreuse.

1. *Cor.*11.   *Il faut qu'il y aye des heresies, afin que les esprouueʒ*
soient manifesteʒ. Esclairons comme des estoilles
en la nuict.

2. *Cor.*10.   Combattons *auec les armes spirituelles non charnel-*
les, à la barriere où nous sommes plantez. *Trauer-*
sons au refrigere par le feu & l'eau des difficultez.

Soustenons le mal de peine, & abstenons nous
du mal de coulpe. Redoublans à bien croire à
l'opposite des errans, qui nous entourét comme
la rose plantee aupres des oignons, renforce sa
bonne odeur, & le musc proche des cloaques.
Ruinons l'heresie par le sçauoir, & la probité.

La contradiction a ià fort augmenté nostre
science, que leurs aguets perfectionnent nostre
conscience, ainsi tirerons-nous profit de nos
ennemis.

Ne blasmons point l'autheur de la nature, pour
auoir fait les serpens, les mousches, les tempestes, & les tonnerres; tout cela est bon à prou de
choses que nous ne sçauons pas, quand la maladie ne seruiroit qu'à la patience, ce ne seroit pas
peu d'acquerir par la foiblesse du corps la fermeté de l'esprit: & comme dit S Paul, *tire la force*
2. *Cor.*12. *de l'infirmité, Bon Seigneur,* chante Dauid, *de ce que*
Psal. 118. *vous m'aueʒ humilié, afin que i'apprenne vos iustifica-*
tions. Souffrons donc ceste peine de nostre coul-
pe, & que nos souspirs ioints à nos souffrances,
vainquent la misericorde de Dieu, & la malice
des Errans.

Viuons aussi en simplicité *emmy ceste gent peruerse.* Comme Iob, Abraham, Loth, en Hus, Chanaam & Sodome.

Comme Iob en la maison de Laban, comme Moyse en celle de Iethro, comme Israel és terres Egyptiennes.

Celuy qui a tiré les trois enfans de la fournaise, Daniel du lac des Lyons, nous peut conseruer nets emmy ces contagions pestilentes.

Ducente Deo flammam inter & hostes
Expedior, dant tela locum, flammaque recedunt.

Si Dieu est pour nous, qui contre? si nous marchons en simplicité de cœur deuant sa face, nul ennemy pourra preualoir sur nous.

Viuons vne vie exemplaire à cœur ouuert, & deboutonné. Dãs des maisons percees à iour de toutes parts, comme ce Romain, *reiettons les œuures de tenebres, & reuestons nous de celles de lumiere.* Que leur maligne suruueillance oblige nostre simplesse à bien viure, & faisons en sorte que la noire enuie confesse, qu'encor elle aye de la peine à l'empescher de nous loüer. *Soyons donc simples comme Colombelles.*

III.

Mais aussi (nostre troisiéme poinct) *prudens comme serpens.* Animaux accords & fins, & qui sçauent proprement se purger au Soleil des humiditez qu'ils ont contractees dans les trous de la terre.

Qualis vbi in lucem Coluber mala gramina pastus,
Iam positis nouus exuuiis, nitidusque iuuenta,
Arduus ad Solem linguis micat ore trisulcis.

S'il nous arriue par force forcee de pratiquer auec les *Pretendans*, remarquons prudemment leurs deffauts, & marchons en cette conduite le flambeau en la main,

& quasi per ignes suppositos cineri doloso.

Qu'vne saincte deffiance nous tienne tousiours sur nos gardes, que leurs blandices nous facent plus de peur que leurs menaces, *les chiens timides iappent plus qu'ils ne mordent*, les malins pincent en carressant.

S'ils lancent quelque traict *de leur parole de Dieu reformée*, comme la Baleine son ombre, sçachez que c'est pour vous attirer, pour vous deuorer, escartez vous de ces monstres.

C'est vn or sophistiqué qui reluit, & ne vaut rien, la coupelle de l'interpretation, ou de la traduction le fera cognoistre faux, ceste monnoye est adulterine, si elle n'est marquee au coin du sentiment de la vraye Eglise.

Ils enueloppent de ces manteaux leurs peruerses nouuelletez, cachans des serpens sous des fleurs, *fugite hinc pueri latet anguis in herba.*

S'ils insinuent par vn *certes reformé*, souuenez vous que les vents coulis sont les plus dágereux, & qui font plus de maux, & excitent plus de catharres, que les bouffees de la plus violente Bise.

Ces Cygnes ont le plumage des paroles blanc, mais la chair noire, animal reietté és sacrifices anciens.

Dauid ne voulut iamais se fier à Saül qui l'appelloit *son enfant*, pour l'attraper, & l'entraper.

Et Dauid mesme, quand il machinoit la mort d'Vrie, n'est-ce pas lors qui luy faisoit plus de mignotise?

Les Pyrates, pour surprendre des vaisseaux en mer, font sur la rade des faux Phares, où les Marchands inconsiderez se viennent rendre la nuict; & les voila pris, & destroussez: telles sont les malicieuses allegations des Heretiques: quoy?

———— *putasne*
Dona, carere dolis Danaûm? ————

Saul en sa tente auoit tousiours vn pot d'eau, 2. *Reg.* 13. & vne lance, l'errant ne va iamais sans l'eau d'vne specieuse apparence; mais iointe à la lance d'vne pernicieuse intelligence. Braue, qui comme Dauid à assez de sçauoir pour luy enleuer la lance de sa fausseté, & le laisser auec l'eau de sa confusion, & de sa honte.

Que si par mesgarde il vous tomboit quelque liure de leur farine entre les mains O! soyez icy encores plus prompts à vous destourner de ces fallacieuses pages; mais enuoyez-les *en la male croix*. A quoy sont bonnes ces espineuses brossailles, reparées de serpens, sinon à ietter au feu?

Souuenez-vous que ce sont des fueilles Asphaltites, qui cachent des serpens sous vne belle monstre. Et lors,

Improuisum aspris veluti qui sentibus anguem
Pressit humi nitens, trepidusque repente refugit.

Iettez moy là ceste viperine escriture. Et comme S. Paul à Malthe, lancez aux flammes le serpent qui vous a voulu mordre. *C'est vn genre de pitié d'estre cruel en cecy.*

Si vous gardez ce feu gregeois, nulles eaux le pourront esteindre, la seule cendre peut amortit ce feu, *montium fundamenta comburit.*

Arrius se reuolta-il pas, & par son ambition, & par la lecture d'vn liure sophistique?

Plusieurs voulans accommoder du sublimé se sont incommodez, & voulans gagner, se sont perdus.

Mais ce ne sera qu'vn meschant petit liuret duquel on se peut plustost mocquer, qu'il ne peut offenser: pensez à la souris, qui osa bien mordre Brasidas ce valeureux Capitaine.

Parua necat morsu spatiosum vipera taurum,
A cane non magno sæpe tenetur aper.

Les mousches icy deuiennent des Elephans, des pepins de grands arbres.

La sentine d'vn Nauire s'emplit goutte à goutte, & coule à fonds le vaisseau, si on ne bat promptement la pompe.

Le vin est l'antidote de la Cicuë, mais meslé ensemble, c'est vn poison irremediable: la verité est la mine du mensonge, chacun veu à part: mais meslangez, comme és liures Heretiques, où entre deux vertes s'en trouue vne meure, c'est la mort.

La cause naturelle de cet effort est, parce que le vin dilatant le cœur, fait penetrer plus auant le venin, & la verité entreueuë dans des nuages, ouure le pas aux erreurs.

Que si vous auez quelque don de science par dessus le vulgaire, & que vostre suffisance, comme le Soleil, puisse passer sur ces ordures sans s'infecter. Remarquez prudemment & iudicieusement, que ces hommes, comme notte *In Apol.* Tertulian, sont contraires aux Poëtes & Philosophes

sophes Payens qui *enseignoient la verité en la vanité*, car la fable du Deluge, celle de Phaëton, & tant d'autres, qu'estoit-ce sinon des veritez du Pentateuque ombragees : mais les errans *preschent la vanité en la verité*, croyans, ce semble de paroles, mais nians d'effet, ou bien prenans les paroles à faux ou à contresens.

De ces mots plus lumineux que cent Soleils, *Cecy est mon corps*, ils quintessencient ce contradictoire; *Cecy n'est pas mon corps*, & pourquoy? parce qu'il leur plaist, Icteriques qui ne voyent és choses que les couleurs de leurs yeux malades.

Ils ressemblent dit S. Hierosme à Balthasar, qui dans les vaisseaux sacrez bailloit à boire à ses Courtisanes. Pretextans de l'Escriture leurs vilaines passions.

Ils reuestent les idoles de leurs fausses erreurs, qu'obstinément ils adorent des habillemens de Dauid.

Et le diable leur pedagogue, leur tourne en pierre *d'achoppement la pierre d'edification*, qui est l'Escriture sacree. Leur y faisant voir tout autre chose que ce qu'elle dicte par vne optique trompeuse, qui leur fait paroistre courbe ce qui est droict.

Ainsi par le Soleil la Lune & les creatures, eschelons pour se guinder au Createur, il fit mescognoistre Dieu aux Idolatres, leur faisans adorer ces choses, comme des Diuinitez ainsi fait il mescognoistre Dieu par l'Escriture aux errans, qui se deuoit bien cognoistre par l'Escriture. *Basil. l. de vera virgin.*

Vous recognoistrez la fraude de leurs liures, comme on discerne le miel venimeux d'Heraclee pour s'engarder, il est doux à cause de l'aconit frequent en ces lieux, & c'est ce qui le rend mortel, il n'est rien si fardé, & pipeur, que l'escrit de l'heretique.

La teste tourne apres qu'on en a mangé, & la lecture de ces liures donne des vacillations.

Il enfle, & ceste lecture excite des propres iugemens des presomptions.

Il trouble la veuë, l'erreur aueugle. *Dereliquit me virtus mea, & lumen oculorum meorum, & ipsum non est mecum.* Puis se conuertit en amertume, & ces fantasies en repentir, & en inquietudes.

Le plus expedient est de s'en dessaisir, car nous ne pouuons estre visitez de Dieu tant que nous recelons les armes de ses ennemis, comme dist en vision la Vierge sacree à l'Abbé Cyriac, qui auoit des liures de Nestorius en sa cellule, cóme on peut amplement voir, & c'est vne histoire de tres digne remarque, au Pré Spirituel.

Cap. 46.

IV. Que si nous les voulons fuyr sans les fuyr, & viure auec eux sans les frequenter, ce sera sans doute vn grand exercice de force. *Fortitudinem meam ad te custodiam.*

Imitans en cela ce Religieux Pambo, qui ne regarda iamais femme au visage, non pas mesme sa mere, ny sa sœur.

C'est mon parent, c'est mon voisin, s'il est entaché de cœur on doit tout abandonner en ceste peste. *Iusti assument pennas, sicut aquilæ volabunt, & non deficient.*

Isa. 40.

Il n'appartient qu'à Mezentius,

Corpora corporibus coniungere, mortua viuis.

Les ames qui viuent en la pureté de la foy, n'ont

rien de commun auec ceux qui sont morts à la verité de la creance.

La gratelle de la vacillation, & de l'ergotisme se prend par contagion.

Le Lys trop patiné se flestrit, le miroir hassé se ternit, & l'eau fresche touchee d'vn crapaut se tourne, ie dis tout cela pour mostrer que la frescheur de la foy, si elle ne deschet, s'empire tousiours par la communication de l'errant.

C'est vn bouc qui perd l'arbre & la plante dont il ronge le bouton, pour le venin de ses dents.

Vn Lyon qui met la pourriture où il fiche la dent. Il le faut donc fuir, *cane peius & angue*.

La Mandragore ne nuit point, ains recree par certaine suauité, estant flairee de loin, mais de pres elle engourdit tous les sens, & appesantit les testes; ce n'est rien de viure en vn pays où soient des Heretiques, pourueu que nous ne les pratiquions que de loin: mais leur hantise trop particuliere est pernicieuse & nuisible.

N. S. estale toutes ces quatre perfections en l'Euangile que nous auons en main, 1. La Patience, és algarades qu'il souffre des Iuifs, machinans sa ruine, 2. La simplicité, viuant doucement en Galilee, 3. La prudence, ne se voulant exposer à leurs fureurs, son heure n'estant venuë, 4. La force, en ce que malgré tous leurs efforts, il ne laisse d'aller à la feste, & s'eschapper de leurs mains. Si nous l'imitons, nous *colligerons des raisins, des espines, & des figues des bressailles*, faisans profit de nostre tribulation. Et tirans des imperfections de l'heresie, la perfection de nostre foy.

Matt. 7.

1. *Cor.* 10.

SIXIESME MERCREDY.
De l'Eternité.
HOMELIE. XXXI.
Et vitam æternam do eis. IOAN. 10.

CE que Simonides de Dieu, nous le pourrions aussi dire de l'Eternité, que plus on y pense, plus on y trouue à considerer, car quel bout pourroit on rencontrer en ce qui n'a ny commencement, ny fin? C'est vn cercle dont le centre est vn present continuel, & la circonference illimitee embrasse tout le passé, & l'aduenir, quelle veuë seroit bastante de penetrer ce qui n'a ny terme ny borne? Si est-ce qu'auec l'aide du Ciel nous nous essayerons de profonder cet abysme en ceste Homelie fondee sur ce mot de nostre texte Euangelique. *Ie donneray à mes* Ioan. 10. *oüailles la vie eternelle, & elles ne periront point eternellement.* Faisons voir, 1. que c'est que le Temps, 2. quoy l'Eternité, & la terminans par la Consideration de la double eternité, 3. bien-heureuse, & 4. malheureuse. Soyez attentifs.

I. Comme les Geographes, qui en peu de papier nous descriuent la terre; & les Astrologues, qui en vne petite Sphere nous representent tous les branfles des Cieux, ainsi tascherons-nous de faire conceuoir l'infinité de l'Eternité par le Temps, nous portans à ratiociner des choses incogneuës & incomprehensibles, par les faciles & intelligibles.

Mais encores, comment parler du temps,

Homelies Quadragesimales. 293

chose imperceptible, si mesme le grand S. Au- · II. Con-
gustin confesse ne le pouoir donner à entendre *fess. c. 14.*
neantmoins empoignons ceste Couleuure glis-
sante auec des fueilles de figuier, la traitans par
les aides de la Philosophie.

La Genie de sa nature definit le *Temps, la me-*
sure du mouuement. Quelque autre, *vn flux conti-*
nuel & successif de momens. N'est-ce pas reuenir
aux atomes de Democrite, puis que le moment
est és choses temporanees, ce que le poinct in-
diuisible és corps Geometriques?

Sa distinction est tres-commune en *Passé,*
preterit & futur, parties figurees par les trois Graces, filles du Temps, & de la Memoire.

Et ne sert à rien l'argument Sophistique de *l. aduers.*
Straton ressuscité par l'Empyrique Sextus, qui *Matth. v.*
renuerse toutes choses, sçauoir qu'il n'y a ny *Arist. l. 4*
temps, ny mouuement; parce, disoit-il, que le *Physic. ca.*
teps passé n'est plus, le present est vn instant mo- *11. & 13.*
mentanee, qui ne se peut exprimer, coulant im- *& l. 6.*
perceptiblement comme vn argent vif; le futur *cap. 5.*
n'est pas encores : Doncques il n'y a point de
temps, & recharge, tout ce qui a mouuement se
meut au lieu où il est, ou au lieu où il n'est pas,
non en celuy là, sans changer de periferie, non
en cestuy-ci; car il n'y est pas, donc nul mouuement ; captions friuolles ; car le temps present
se prend auec extension ; & le mouuement se
fait au branfle du lieu où on est, à celuy où on
n'est pas: ce sont toiles d'araigne, qui n'arrestent
que les foibles esprits.

S. Augustin excellemment, nous conceuons *l. 11. Con-*
le passé par la memoire, le present par l'appre- *fess. c. 10.*

T iij

hension & le futur par l'esperance de le voir, & l'auoir.

Arist. l. 4. c. 14. Physic.
D. Tho. 1. qu. 10. c. 6.

Tresbien les Maistres, quand ils enseignent que la propre mesure du temps est le cours du premier mobile, car au delà il n'y a que l'Eternité.

Apoc. 10.

Et l'Ange mesme de l'Apocalypse, declare qu'apres la consommation des siecles, les cieux estans arrestez, *Tempus non erit amplius.*

A present c'est vn postillon qui court sans arrest, & qui sans cesse mine & sape les fondemens de nostre estre labile.

Ezech. 1.

Pareil aux oyseaux d'Ezechiel, *il va tousiours en auant, & ne retrograde point. Le temps irreuocable*

Ouid. Met. 15.

vole, chante vn Poëte ancien.

Il consomme & *ronge tout,* comme vne lime sourde, & atterre les plus robustes d'vn heur insensiblement sensible.

Toute auarice est mesloüable, dit Seneque, *sinon du temps, tandis que nous l'auons,* dit le sacre texte, *œuurons le bien, la nuict viendra qu'on ne pourra plus trauailler,* c'est le moment d'où desspend nostre eternité, ou bien heureuse, ou mal-heureuse.

Pseau. 18.

Mal-heureux celuy qui employe à se filer vn enfer, le temps qui luy est donné pour operer son salut: *Tempus faciendi Domine, dissipauerunt legem tuam.*

II.

Or pour passer du temps à l'Eternité, il nous faut remarquer que toutes choses tant surnaturelles que naturelles sont en trois rangs, les vnes n'ont ny commencement ny fin, les autres commencement non fin, les autres & commencement, & fin. Dieu seul est de la premiere classe,

Homelies Quadragesimales.

& se trompoit l'Aristote en y mettant le monde, de la seconde bande les Anges, les ames, & les corps qui resusciteront, du tiers estage les choses creées subiectes au trespas.

L'Estre de Dieu est tousiours present, *car en l'Eternité*, dit Philon Iuif, *il n'y a passé ny aduenir. Il est tousiours luy-mesme*, dit le Royal Chantre, *& ses ans ne deffaillent point: mais toutes les choses creées s'vsent, & se changent comme des vestemens. Tout ce qui est sous le Ciel a son temps, & apres certain espace s'escoule & éuanoüit.* L. de mundo. Psal. 101. Eccle. 3.

Mais de peur de tomber dans l'incongruité d'Androcides, qui ne pouuant representer le Gouffre de Scylla, s'amusa à peindre plus ingenieusement les poissons, & les riuages, que les flots engloutissans de cet abysme effroyable. Laissons là le temps, & ses parties, pour regarder de plus pres que c'est qu'Eternité.

Certes la veuë m'esbloüit à son aspect, les yeux me sillent à ceste infinité, la teste me tourne en ce precipice, c'est selon la vision de S. Augustin, escriuát de la Trinité, vouloir enserrer l'Ocean dans vne coquille, cet abysme inscrutable n'a ny fonds ny riue, c'est s'embarquer sur vne haute mer auec vn esquif, & mesurer le ciel auec vne paille, & s'amuser à côtester les sablons du riuage Lybique qu'entreprendre vn tel dessein.

Celuy qui en pleine mer, monté sur vne hune esleuee, ne voit que le ciel & les ondes, bié qu'il voye tout ce que son œil peut apperceuoir, si ne comprél il pas ny la profondeur de la marine, ny la vaste estenduë des celestes Spheres, suffit si la moindre surface en paroist à ses yeux

T iiij

On ne peut voir ensemble les deux poles, ny conceuoir ce qui n'a ny principe ny but.

La conception de l'esprit, comme la veuë du corps, se perd illimitee.

Le finy ne peut enclorre l'infiny, & la pointe de nostre esprit en ce subiect, est comme la prunelle du chat-huant aux rays Solaires.

C'est comme le zero qui roule les nombres dans l'infinité innombrable.

C'est comme le rond d'vne rouë qui ne commence ny finit en aucun lieu.

Aussi les Egyptiens representoient-ils l'Eternité de leurs dieux par vn serpent recourbant sa queuë à sa teste, voulans signifier qu'ils n'auoient comme point de naissance, aussi aucun trespas.

Il y a encores moins de proportion entre le temps & l'Eternité, qu'entre le temps de nostre seiour au ventre naturel à vne vie de cent annees, que di-ie, mais que de la duree du Microcosme, à celle du Megalocosme, que di-ie : mais point du tout ; car quelque duree on s'aille imaginant, qu'a elle de conferable auec elle qui ne se peut comprendre ?

Magist. 2.
dist. 19.
Belle la distinction des Theologiens, par laquelle ils donnent à entreuoir le temps & l'Eternité ; ils disent que l'homme en l'estat d'innocence auoit *posse mori & posse non mori*, qu'apres il a eu & sa posterité, *posse mori, & non posse non mori*, que les bien heureux auront *posse non mori, & non posse mori*, les mal-heureux, *non posse mori, & non posse non mori*. Remarque qui merite d'estre pelee & ruminee.

Somme pour clorre ce pas de l'Eternité, nous nous contenterons de sçauoir que c'est *vne durée qui n'a point de commencement, & qui ne finira iamais.*

Eternité principe de la Conuersion de tant de sainctes ames, comme il seroit long à desduire de SS. Catherines de Gennes, & de Sienne, & notamment de S. Augustin, comme on peut remirer en ses Confessions.

Mais principalament ces ames diuinement amoureuses, se representoient l'eternelle felicité, oyez Dauid, *Inclina cor meum ad faciendas iustificationes tuas in æternum propter retributionem* & en tout le Pseaume, *quam dilecta.*

III.

Psal. 118.
Psal. 83.

La B. Mere Terese, confesse en sa vie, qu'elle se sentoit transportee d'allegresse toutes les fois qu'on chantoit à la Messe, *& regni eius non erit finis.*

Ce sera lors *que ne seront plus, ny la mort, ny la douleur, ny les pleurs, ny les chaleurs, ny les froidures, ny la faim, ny les regrets, car tous les maux de ceste vie seront passez comme vn ombre figuree.*

Apoc. 21.

Nostre mere la Hierusalem celeste est libre de toutes miseres, elle est bastie d'vn Diamant d'eternelle durée, *sur les fondemens posez en des montagnes sainctes & inescroulables.*

Galat. 4.
Psal. 45.

La Beatitude est l'arche d'Alliance, composee de bois de Setim, incombustible.

Ses lambris sont de Cedre incorruptible, c'est dit sainct Augustin, *vne vie viuante*, au lieu que celle cy est vne vie mourante, ou vne mort viuante.

Ceste eternité bien-heureuse, est naifuement

bien representee en la source viue, & sans cesse boüillonnante du Paradis terrestre, eau perenne qui ne tarit iamais.

Et par le Laurier arbre triomphant tousiours verdoyant & non suiet au foudre.

Là on ignore le temps, on ne conte ny par ans, ny par saisons, ny par iours, ny par heures. Aussi peint-on les Anges ces Courtisans celestes tousiours ieunes, parce qu'ils ne vieillissent iamais estans en vn mesme & permanent estre de felicité indeficiente, *& chantent perpetuellement*

Apoc. 7. *vn Cantique nouueau.*

Hebé, content les Poëtes, estoit la Couppiere ou Eschansonne des Dieux, c'estoit elle qui leur distribuoit le Nectar, l'Ambrosie, & le Nepenthe. Marque de l'estat tousiours ieune, vigoureux, & non deschant, qu'ils croyoient en leurs fausses diuinitez.

D'vn ton plus sainct & veritable, Dauid fait dire ainsi à l'Eternel Pere, parlant à son fils Eternel: *Filius meus es tu, ego hodie genui te*, marque, ô Theologiens, de la continuelle generation, que le Pere, *in diuinis* fait de son fils, & cet *Hodie est in principio & nunc & semper.* O Dieu! *generationem tuam quis enarrabit?*

Desirable felicité, est-il bien possible que le moment de nos iours soit bastant pour conquerir l'eternité de ta duree? ô bonté infinie de mon Createur!

IV. Mais que dirons-nous de la malheureuse,

Quamquam animus meminisse horret dictuque refugit Incipiam. ———

folle & sifflee de tout le monde, la fantastique,

& erronee opinion d'Origene, cet esprit gasté par sa propre excellence, qui s'imagine abusant de la misericorde de Dieu, au preiudice de sa iustice, qu'en fin apres vn long espace de siecles les damnez & les demons sont pour remonter à la gloire, & sortir de leurs infernales geoles.

Extrauagance contrariante à l'Escriture, aux Peres Orthodoxes, & à toute raison.

La sentence du iugement final, dit ainsi, *Ite maledicti in ignem æternum.* Sainct Paul parlant des damnez, *pœnas dabunt in interitu æternas.* Sainct Iean, *leurs tourmens seront aux siecles des siecles.* Sainct Iude parlant des Demons dit, *qu'ils sont emprisonnez en des liens eternels.* Sainct Marc declare que celuy qui pechera *contre le sainct Esprit, n'aura point de pardon à toute eternité, mais qu'il sera coulpable eternellement,* quoy ? & mille autres tels lieux.

Matt. 25.
2. Thess. 2.
Apoc. 14.
Marc. 3.

Ie laisse la multitude innumerable des Sentences des Docteurs, qui tous sous chantent à ceste verité, le Symbole seul de S. Athanase, doit suffire pour tous, qui conclud ainsi, *ceux qui auront bien fait, iront à la vie eternelle, qui mal, au feu eternel.*

Ce sera voirement lors que les miserables *habiteront auec les feux deuorans, & penetrans sans consommer, & auec des ardeurs sempiternelles.* Ils ressembleront au Tonneau des Danaides, tousiours accablees, & comblee sa & douleurs sans trouuer aucune fin à leurs miseres.

Leurs corps ressembleront auec verité au foye fabuleux de Promethee, tousiours rongez &

renaiſſans morts à tout bien & ſeulement vifs au mal.

Ce ſeront des lampes eternelles & incombuſtibles dans le centre de la terre, qui dureront en ces peines tant que Dieu ſera Dieu, c'eſt à dire, à iamais le grand iamais.

Ce ſeront des pierres Asbeſtes, inconſumptibles dans ces fournaiſes eternelles, des Salemandres, & des Pyrauſtes douloureuſement viuantes, en ces embraſemens enſouffrez, *allumez* *Thren. 1. du torrent ardent de la face de Dieu.*

Ils payeront ſans ceſſe les funeſtes apports, & intereſts de leurs coulpes, ſans pouuoir iamais ſe redimer du principal, *encores ſera-ce vn grand traict de la diuine miſericorde de ce qu'ils ne ſeront point aneantis,* bonté immenſe qui brille touſiours à trauers les plus effroyables rigueurs de ſa iuſtice.

Ie laiſſe icy à eſtirer les conceptions du bon Grenade, & autres ſpirituels pour l'exaggeration de ceſte terrible eternité, comme bien ſeantes au pied d'vn Oratoire, 1. vne larme verſée en chaque ſiecle rempliroit pluſtoſt le monde que ces malheureux viſſent le bout ſans bout, de leurs ſouffrances, 2. vn oyſillon auroit pluſtoſt tary tout l'element de l'eau, n'en prenant qu'vne goutte apres chaque millenaire, que de voir la fin de ceſte infinité, quoy plus ? *in inferno nulla redemptio, ſepulchra eorum domus illorum in æternum.* nous q

A tant auons nous monſtré, 1. que c'eſt que le temps, 2. & l'eternité, 3. les felicitez de la Bienheureuſe, 4. les calamitez de la Malheureuſe.

Prions Dieu, mes bien aimez, que nous puissiōs si vtilement employer le temps de nostre vie, que ce moment nous conduise à l'Eternité, & que les fruits de nostre penitence, & les œuures de nostre villication, nous facent recognoistre par nostre grand Maistre pour *ces oüailles ausquelles est preparee la vie eternelle, & qui ne periront point eternellement.*

SIXIESME IEVDY.
La Pechereffe Pœnitente.
HOMELIE XXXII.
Mulier erat in ciuitate peccatrix.
Lvc. 7.

LA Courtisane Phryné, funeste flambeau de la Ieunesse Athenienne, fit changer par ses attraits, l'arrest de son exil emané de l'Areopage. Et voicy vne Magdaleine Courtisane opprobre de Hierusalem, de la maison, & encores d'Israel, dont les saincts repentirs flechissent la iustice de Iesus, seuere Areopagite, & la changent en misericorde, & pleine remission de ses pechez, c'est icy la gracieuse carriere des langues disertes, mais nous auons dit adieu à l'Eloquence en ce tissu, où ie vous vay traiter, 1. que ie n'ose parler du peché de ceste saincte Penitente, de peur de laisser dans les foibles esprits de mauuaises impressions, 2. sinon par forme de detestation, 3. trop bien de sa Conuersion soudaine en general, & 4. les particularitez d'icelle.

C'est vne matiere si chatoüilleuse & glissante,

que celle de nostre chair, qu'entreprendre de corriger & purger ses imperfections, si on n'est bien suffisant, on est bien temeraire, *il est malaisé de manier la poix sans se salir.*

Notamment le parler de ce peché laisse tousiours dans les foibles esprits des impressions dangereuses & pestilentes, c'est lancer des pierres en l'eau dormante, qui multiplient des cercles à l'infiny.

C'est en ce poinct où reluit la prudence des Predicateurs, comme la discretion des Confesseurs, pour n'apprendre aux minces esprits ce que salutairement ils ignorent, & n'imprimer en des chartes blanches de mauuais characteres.

Aussi l'Orateur est-il appellé, *vir bonus*, auant que *dicendi peritus*, car à vray dire, *rien ne corrompt tant les bonnes mœurs, que les mauuais discours.*

Il en prend en cecy comme des Controuerses ce sont viandes friandes, comme les truffes, mais venteuses, & que souuent on prend à gauche, quoy que donnees à droict.

Ie n'ay iamais approuué ceux qui destrosnent la simplicité de ce siege icy de verité, où ie parle, pour y subroger l'affeterie, c'est habiller vne matrone chaste en Courtisane, que de trauestir ainsi la saincte parole de Dieu.

Aux discours de pieté, la friserie des mots adnient aussi mal qu'aux subiets graues la Musique gaye, & Lydienne.

Il y faut aller rondement & auec poids, & laisser là les mignardises des inuentions artistes pour les discours prophanes, *Ce sont les Courtisans* qui s'habillent mollement, sieent seulement à la Sacrée Theologie, *quæcumque sancta, quæcumque casta, quæcumque pudica.*

L'Espouse a elle pas *les leures bandées d'vn ruban vermeil*, marque de la pudeur de ses paroles!

Ie preambule tout cecy, mes cheres ames, affin de vous oster l'esperance vaine, qui vous feroit attédre de moy quelque peinture artificieuse de Magdalaine la Pecheresse, telle que maints autres pulpites mieux enlanguez vous pourroient representer.

Car outre que la simplicité de mon parler est incapable de soustenir le vol de si florissantes descriptions, ie suis en ceste creance que ce seroit preiudicier à la grauité de la parole de Dieu, que ie vous annonce, *non en sublimité de langage, mais en ostension d'esprit & de vertu.*

Et puis ie suis si mauuais Chirurgien, que peut estre voulant penser, ie blesserois.

Il me vaut mieux ietter à corps perdu à inuectiuer à feu, & à sang, contre ce puant & vilain vice de la chair, fumée de l'Auerne & du puits de l'Apocalypse, auquel nostre Penitente s'estoit si laschement, & honteusement abandonnee.

Helas ceste pipeuse & detestable volupté, flatte l'ame par les titillations du corps, & l'enjolle si estrangement, qu'en fin comme les breuuages de Circé, elle abestit & abrutit les hommes.

Et comme vne fausse & dangereuse Lothe, elle fait oublier la vraye partie qui est le ciel.

Pareille aux Locuſtes de l'Apocalypſe, elle cache ſous vn ſpecieux viſage vne queuë de Scorpion.

Et comme les Aſpics, par vne imperceptible picqueure, gliſſe dans les os vn letargique ſommeil.

Harpie, qui a ſous vne belle & gracieuſe face vn ſale eſmeut, qui honnit & empuantit tout honneur, & reputation.

Syrene enchantereſſe, qui par ſes illuſions, & preſtiges, medite noſtre naufrage.

Et quel plus grand naufrage peut il arriuer, notamment à vne femme, que de perdre cet honneur, vnique element des ames bien nées, ſans lequel *elles ſont mortes viues? car que reſte-il à vne femme*, dit cet Ancien, *apres la ruine de ſa pudeur?*

Voyez cōbien eſt infame, odieux, & deteſtable, cet innominable vice, dont la vertu contraire, s'appelle honneur par le vulgaire, & *ſainĉteté*, és ſacrees pages, *ſuiueʒ la ſainĉteté*; c'eſt à dire la chaſteté, dit l'Apoſtre, *ſans laquelle nul ne verra Dieu*.

Les exemples de ceux & de celles, qui ont pluſtoſt choiſi la mort, que de ſuruiure à ceſte gloire violee, ſont frequens dans les hiſtoires.

Lucrece, Chiomare, Timoclea, Sophoniſba, Spurina, & Damocles en ſont de riches tableaux quoy que prophanes.

de Sainte Pelagie, ſa mere & ſes ſœurs, loüees par ſainĉts Ambroiſe, & Auguſtin, en fourniſſent vn en la Chreſtienne, auſſi ſingulierement admirable

Amb. l. 2 de vir.
Aug. de ciuit. l. c. 26.

mirable que peu imitable, comme aussi saincte Sophonie.

Fuyons donc, mes tres-chers, ceste infame des-honnesteté, qui ternit le lustre, qui lustre toute belle ame, non d'effect seulement, mais de parole, voire & de pensee, il faut estre ialoux de la pureté de nos cœurs, comme de celle de nos corps, car ce n'est pas le tout d'auoir le corps munde, *si le cœur n'est net*. Il n'y a que les Corbeaux qui s'arrestent aux voiries, mais les Colombes aiment le dedans de l'arche, & l'Oliue, dont les fueilles & les fruicts ont quelque semblance de cœur. *Euseb. in eccl. hist.*

O Dieu! *celuy qui est debout se garde de choir*, ces grands hommes tombez en ceste labile pente, Dauid, Salomon, Samson, Sichem, Absalon, Loth, sont de merueilleux pourtraits de nostre infirmité & de peremptions, preuues comme *la volupté est vn appast de tous maux*.

Et le mauuais Architriclin, qui garde pour la fin du repas le pire vin, *vua eius, vua fellis, & boiri amarissimi*.

Nostre Pecheresse Penitente, touchee de l'horreur & de la laideur de son infamie, vient en fin tout à coup à resipiscence, & fait estonner tout le monde de son si subit changement.

III.

C'est icy où se verifie ce Paradoxe Stoïque, *qu'on peut deuenir vertueux en vn instant*. Paradoxe certes suiuant la nature, mais tres-facile à la grace, dont les actions, comme celles de la lumiere esclatent en vn moment, *& Dieu qui sçait tirer la splendeur des tenebres*, & qui sçait tirer en vn clin d'œil les creatures des cachots, inuisibles du

V

non estre, *dont le dire & le faire*, le pouuoir & le vouloir, sont iumeaux, ayant en peu d'espace touché le cœur de ceste repentie, le Metamorphose en moins de rien.

Si vous vous estonnez de la rapidité du premier mobile, pensez que c'est vne intelligence nourrice qui la fait ainsi promptement rouler, si la soudaine mutation de la Magdalaine vous rauit, imaginez vous les transcendans effects de la diuine attraction.

La voila toute autre, & qui pouuoit dire auec ce Poëte.

Vuidez de mon esprit pensers pleins de delices,
Car ie ne suis plus moy, mon cœur est tout changé,
Puis qu'au lieu de plaisirs, vous m'estes des supplices,
Ie vous ouure la porte, & vous donne congé.

Voila comme vn autre Moyse, qu'elle brise les Idoles de ses affections, ou plustost infections desreiglees, & que puluerisees par les cendres de la Penitence, elle les boit auec les larmes de ses yeux, *mangeant la cendre comme pain, & meslangeant son breuuage auec ses pleurs.*

Voila comme vn bon Iosias, qu'elle arrache l'Idolatrie de son cœur, & purge de souïlleures ce temple du Sainct Esprit, tant & tant prophané.

Elle ne laisse pas vne ongle de desir en *l'Egypte* du peché, sçachant combien la reserue d'Achan luy auoit esté preiudiciable.

Elle tüe l'Amorrheen, le Hetheen, le Iebuseen, estouffe tous ces sept pechez mortels, denotez par les Demons, qui possedoient son corps, &

Homelies Quadragesimales. 307

dompte tous les obstacles qui pouuoient retarder son dessein de cheminer à la terre promise.

En Cilicie le maistre mort, on brusloit sur son buscher tous ses valets, & ce qu'il auoit le plus chery pendant sa vie, & ses esclaues en sautoient de ioye. Le monde est mort au cœur de la Magdalaine, se faut-il estonner si elle consume au feu de son ardant Amour, toutes les marques de son esclauage?

Elle s'espanche comme l'eau qui ne laisse aucun vestige apres soy. Belle eau qui laue ses taches, & racle ses ordures.

Merueille de la nature, la terre, & certaine boüe purifiees par le feu, deuiennent vn verre clair & transparent, merueille de la grace qui change la boüe & ordure de nostre pecheresse au cristal tres-pur d'vne Penitence celebre.

Merueille de l'artifice, par le moyen des Pilons & de l'eau, vn drap noir & soüillé, deuient vn papier blanc, merueille de la diuine grace, *qui change les pechez de ceste femme, rouges comme escarlatte, en la blancheur de la neige.*

Mais aduisez comment elle se punit à proportion de son peché, *se corrigeant par où elle a mal fait, & exhibant ses membres pour seruir à iustice en sanctification, comme elle les auoit exhibez pour seruir en ordure à l'iniquité.* Rom. 6.

Car (pour venir aux particularitez de sa Conuersion) voyez comme elle change les feux impudiques de ses yeux en pieuses larmes, ses cheueux si vainement tressez, & crespez, en torchons, & ses parfums en offices

IV.

V i

de pieté. Voyons cela d'ordre.

Yeux hautains, & esleuez, qui auez six tendons qui vous releuent, & seulement deux qui vous abaissent, ô que vous estes changez! quoy vous n'osez vous retirer de terre?

Yeux qui voyez tout auparauant, & ne vous voyez pas vous mesme, ô vous estes si retrouersez à vostre propre consideration, que vous ne voyez plus rien au dehors.

Yeux auparauant si bruslantes Pleiades, comment estes vous deuenus des humides Hyades? vous qui portiez le feu dans tous les seins, comment versez vous dans le vostre tant de torrens de pleurs?

O Dieu! ces mauuais feux ont fait naistre ces eaux, & ces bonnes eaux resusciteront de meilleures flammes, feu gregeois de l'Amour sainct, vous bruslerez emmy ces ruisseaux. *Car les eaux ne peuuent esteindre l'ardeur de la Charité.*

Les yeux, disent les Naturalistes, tiennent de ces deux elemens si contraires, le feu & l'eau, celuy là fait l'emission des rays, celle-cy la reception des especes, de celuy-là naissent les flammes, de celle-cy sourdent les larmes.

Les rays Solaires, quand ils sont trop ardans rotissent les herbes, que les Rosees par apres rauigorent & rafreschissent, & voicy que les pluyes des larmes resuscitent la grace en l'ame de nostre Penitente qui estoit morte par les embrasees chaleurs de ses concupiscences.

Voila comme les feux & les eaux confinent en mesme suiet, ainsi l'antiquité a elle fait sortir les flammes de sa Venus, des eaux de la mer.

Eau admirable des sainctes larmes, qui d'vn costé esteint le feu du mauuais amour, & de l'autre, comme *vn huile espandu*, enflamment le sainct Amour.

Belles larmes, dire peu de vous, ce seroit vous faire tort, en dire beaucoup pour ceste heure ce seroit trop, allongez les si vous voulez du renuoy que ceste marge vous offre.

L. 17. des Diuersitez, c. 3. & l. 19. c. 1.

Ie viens aux cheueux, malheureux liens des ames inconsiderees, repaire des mauuais desirs, nid des impudicitez, enseignes d'Adonis, estendars de vanité, bouchons de chair à vendre, autrefois vous captiuiez les cœurs, maintenant vos tresses flotantes, ondoyantes & negligees, captiuent encores les sacrez pieds de Iesus, les enrêthent, & les arrestent.

Frustra iacitur rete ante oculos pennatorum. Voila celuy, *qui ambulat super pennas ventorum*, & neantmoins vous le garrotez.

Les Gentils consacroient à Apollo les premices des cheueux de leurs enfans.

Singerie du diable, à l'imitation des anciens Nazareens de la loy, qui nourrissoient pour Dieu leurs cheuelures, & luy en dedioient la premiere taille.

Voicy nostre Nazareenne Euangelique, qui commence les premices de la conuersiō, par l'oblatiō de ses cheueux, à vn office vil d'apparence, mais d'effect preferable à vne Royauté.

Torchons d'Amour sainct, dignes essuyoirs de ces plantes sacrees, lassees helas! & recruës

V iij

aux venuës & allees de la redemption des ames.

O pieds vous ne ferez pas ingrats, celle qui vous arrose de ses larmes, sera dans peu de iours arrosee de vostre sang, & ces gracieux torchons remplis de ce parfum precieux, digne prix de mille mondes.

Parfum qui nous fait souuenir des Aromates, que ceste Amoureuse Penitente verse copieusement sur ces diuins pieds, son refuge asseuré, & l'Azile de toute misericorde.

C'est maintenant que ceste Espouse reconciliee peut dire que, *comme le Roy estoit en sa couche, son Nard a espanché son odeur*, Nard plante odorifetante & basse, signe de son humilité, qui ne sent qu'escrasé, figure de sa contrition, simple, chaud & humide, marque de sa charité, & de ses pleurs; bas en couleur, portraict de sa vergongne; purgatif, ce qui denote le nettoyement de son ame.

Voila ses fards, ses ceruses, ses eaux d'Ange, ou plustost de diable, ses eaux de Naphthe, bruslantes de ses vermillons, & tant d'autres artifices que les beaux diseurs Rhetorisent icy, changez en onctions sacrees, misericordieuses, & sepulchrales.

Sacrees, car l'attouchement du corps de Iesus, portoit toute sanctification.

Misericordieuses, car cet espanchement denotte mystiquement le soulagement des pauures, qui sont les pieds de nostre Seigneur.

Sepulchrales, car selon la coustume des anciens Iuifs & autres, il estoit frequent d'embaumer les morts, pource noſtre Seigneur diſoit de ceſte action de la Magdalaine, *Mittens hæc Vnguentum* Matt.26. *hoc in cor*[*p*]*us meum ad ſepeliendum me fecit.*

En voila aſſez. Colligez, Auditeurs, de tout ce diſcours, 1. qu'il eſt dangereux de laiſſer des impreſſions mauuaiſes dans les foibles eſprits, 2. Combien eſt deteſtable le vice de deshonneſteté, 3. la conuerſion en general de noſtre Penitente, & puis, 4. les particularitez.

SIXIESME VENDREDY.
De la Malice de l'Hereſie.
HOMELIE XXXIII.

Collegerunt Phariſæi concilium aduerſus Ieſum.
IOAN. II.

ET quoniam variant morbi, variabimus artes, Mille mali ſpecies, mille ſalutis erunt.

Où double le mal faut doubler le remede, où foiſonnent les Scorpiós, là les Antidotes abondent, il eſt malaiſé de n'eſtre ſans preſeruatifs contagié en vn mauuais air, nous auós ià parlé de la fuite des Errans, icy de la Malice de l'Heréſie, 1. ſoit en ſa frauduleuſe conuerſatió, 2. ſoit au maniemét des eſcritures, 3. ſoit en l'eſtalemét de ſes faux eſcrits, 4. malignité qui doit eſtre euitee, & pour les grãds dommages qu'elle apporte, & 5. pour la manifeſte vtilité qui nous reüſſit de fuir la peſtilente frequentatió de ceux qui en ſont infectez. L'Euágile que vous auez ouy és ſacrez myſteres, mes bien aimez, eſt vn parfait tableau de tout cela, ou le *nõ changé*, ſe deſcouurent les artifices des Heretiques contre les fidelles, en

Ioan. 11.

la malignité des Iuifs contre nostre Seigneur. Ie viens.

V. és Diuersitez, l. 62. c. 7. La malice est vne corruption & peruersion d'ame qui comme vn mauuais estomac conuertit en cacochimie les meilleures viandes.

Vne Harpie, qui infecte les mets plus exquis.

Psal. 13.
Esa. 59. *Elle porte le venin d'Aspic sous la langue, & elle coue les œufs d'Aspic.* L'heresie a toutes ces qualitez, & non contente d'estre pleine de venin, elle meurt de desir d'en infecter tous ceux qui se fiorent à elle.

C'est vne Hiene qui contrefait sa voix pour deuorer ceux qu'elle attire par son cry.

Vne Syrene qui ne chante que pour nous faire perdre.

Pareille à ces Cicognes, qui habitent proche le riuage du Nil, dont l'haleine douce empoisonne.

Son ris est Sardonien, ses pleurs de Cocodrille, son amitié semblable à celle de ces familles d'Affrique, qui ensorcelloient en faisant les doux yeux.

Quand les Iuifs machinoient la mort de nostre Seigneur, c'est lors qu'ils le caiolloient de paroles emmiellees, & quand l'heretique nous flatte, c'est pour nous piper & precipiter.

Psal. 54. *Ses discours sont douïllets comme l'huile, mais ce sont des traicts qui laissent le fer en la playe, tela amentata,* affilez à la queuë de quelque specieuse, mais fallacieuse raison.

Ce sont les appeaux de l'oyseleur, par lesquels il attrape l'inconsideré volatille.

Les larrons appellez Philettes, chez Seneca, ou

autremẽt ailleurs, les baiseurs, esgorgeoient les passans en les embrassans par signe d'amitié.

Acolades de Singes, qui estouffent leurs petits en les carressant.

Celuy que ie baiseray c'est luy, prenez-le, disoit le malheureux Iudas aux Iuifs : Voyez vous là le procedé de l'heretique.

Auez vous ouy en l'Euangile, *les Iuifs s'assemblent pour machiner contre Iesus* ? Voila pas des loups, quoy que s'entremangeans, & inassociables, qui s'accordent pour faire curee d'vn paure brebis?

Voyez ces mauuais vieillards qui conuiennent pour deceuoir ou ruiner Susanne : Ainsi s'empressent les heretiques pour surprendre vne ame, *pour circonuenir le iuste*, pour faire tomber en leurs pieges quelque miserable qui leur prestera l'oreille.

Et pour venir plus facilement à bout de leurs pretensions, ils mettent la glus d'vne fausse & erronee interpretation aupres de l'appast specieux *d'vne bonne escriture mal entendüe*, source de tout erreur, dit S. Augustin.

Ils s'en seruent comme de tresbuchet ou de leurre, pour aptes surprendre, ou chapperonner les oyseaux mal aduisez.

Comme de miroir à prendre des oysillons à la pipee. *Ils deçoiuent par propos emmiellez, & douces benedictions.* Rom. 16.

Comme fit le faux Prophete Balaam, qui apres auoir beny Israel, persuadoit Balac de le faire paillarder auec les femmes Moabites. Ainsi en font les Reformateurs qui ont reformé Nom. 22.

la saincte continence en paillardise, & le tout par l'alambic *de la liberté Euangelique*, & par l'Escriture contre l'Escriture mesme : *Mettans vn*

Apoc. 2. *scandale en la maison d'Israel, induisans à gueulle & fornication.*

1. Cor. 7. Qu'ainsi ne soit, vn exemple, *& crimine ab vno disce omnes.* Ils allegueront auec sainct Paul, qu'il *vaut mieux se marier que brusler.* Et n'aduisent que en tout ce chapitre, c'est vn perpetuel paranymphe & persuasion de la Charité, ne tolerant le mariage, que comme par indulgence de l'infirmité ce que ie te prie de voir, & ruminer mon cher liseur, & pour ta consolation, & pour la confusion de ces Ministres, ou bourreaux de la parole de Dieu.

Adioustons encores cestuy-ci contre la saincte Eucharistie, ils vous cracheront ces mots de *Iean. 6.* sainct Iean, *mes paroles sont esprit & vie.* Et en tout ce chapitre il y a cent coupegorges de leur erreur, où ie renuoye plustost que d'en charger ceste page.

Et cependant s'ils lancent ces traicts mal entendus dans les oreilles ignorantes, voila que les imaginations scrupuleuses s'y multiplieront comme feroient les cercles dans vn lac, par l'iniection d'vne pierre.

A guise des Cantharides & des serpens, ils font venir des plus belles roses de l'Escriture.

Et comme les fondeurs statuaires du mesme metal, qui representoit l'image d'vn Prince, ils feront celle de quelque vilain animal.

La Seiche poisson cauteleux, se tapit sous le sable, & laisse passer sa queuë comme vn appast pour y attirer le petit poisson, qu'elle deuore quand il s'en approche: ainsi se mussent les heretiques sous l'apparence des escritures, pour surprendre les moins accorts.

Ils dorent de ces mots les pillules ameres de leur doctrine erronee, faisant aualler leur venin auec ce vehicule.

Ac veluti pueris abſynthia tetra medentes,
Cùm dare conantur prius oras pocula circum,
Perfundunt suaui mellis flauoque liquore.

Lucr.l.6.

Ou bien, dit S. Gregoire de Nazianze, comme les gobelets empoisonnez s'agencent auec delicatesse, ainsi le mensonge s'insinuë dans les oreilles, pretexte d'vne specieuse fallace.

Lib. de fi.

Les Cordonniers approprient le bout de leur gros fil auec vne pointe ferme, mais menuë; la fausseté pour s'introduire affile sa premiere pointe à quelque ombre de vray semblance.

La paillarde de l'Apocalypse, image de l'heresie, ne donne-elle pas à boire son venin *dans vne coupe doree?*

L'Escriture alleguee par l'heretique, ce n'est plus Escriture, c'est vn corps animé du faux esprit de sa malicieuse interpretation, elle n'est en corps & en ame, en lettre & en intelligence, qu'en l'Eglise qui la prend d'autre main, au lieu de pain se repaist d'vn serpent.

La verge estoit vn serpent hors la main de Moyse, S. Augustin proteste, *qu'il ne croiroit pas à l'Escriture si l'authorité de l'Eglise ne l'y contuiot.*

Contr. ep. fund. ca. 5.
Exod. 4.

Toute main qui distribuë le pain sacré & sucré de ceste diuine parole, est lepreuse hors le sein de l'Eglise, si elle s'y remet, cóme il aduint à la main de Moyse elle deuiendra nette.

La paste est bonne, mais le leuain de l'interpretation heretique la rend toute corrompuë.

Et ne faut s'estonner quand ils reclament *l'Escriture*, *l'Escriture*, ny quand ils l'alleguent ; le diable s'en est bien osé seruir pour tenter nostre Seigneur.

Et en cet Euangile, Cayphe Pontife meschant, cache bien sous vne verité de l'Escriture, son Homicide, & sanguinaire volonté, quand il dit la prophetie : *Qu'vn homme deuoit mourir pour tout le peuple.*

III. Que dirons nous des escrits des Heretiques? qu'il les faut & detester, & abhorrer comme des habits, & des maisons contagiees de peste, ou de lepre.

V. Cyp. ep. 2. Autrement *qui touchera la poix en sera contaminé*
40. Theo. *& souillé.* Il y a excommunication, non à les lire
in Ps. 1. seulement, mais à les tenir riere-soy.
Aug. l. 2. *Il n'y a point de seureté*, dit S. Hierosme, *à dormir*
q. in c. 40. *proche d'vn serpent, il se peut faire qu'il ne mordra pas:*
Greg. l. 18 *mais il se peut faire aussi qu'il mordra.*
Mor. c. 9. Vn homme qui tiendroit du poison chez soy,
Eccl. 13. seroit suspect de malefice, il n'appartient qu'aux Apoticaires iurez. Les seuls Docteurs, & gens capables, peuuent sans contagion, comme des Medecins, manier ces voiries pour les refuter.

C'est garder vn charbon dans son sein, que de resserrer vn liure heretique en son estude, *Celuy*
Eccl. 3. *qui aime le peril il y perira.*

Le paysan de la fable eust pitié d'vn serpent

qu'il trouua engourdy de froid, il le mit en son sein pour le reschauffer, desgelé, sa recognoissance fut de picquer & tuer son bien-faicteur; Plusieurs marchandent à brusler les liures des heretiques qui leur viennent és mains estimans auoir assez de foy, comme la verge de Moyse, pour deuorer les autres serpens, & souuent ils se trouuent pris au piege, ou du moins enuelopez de vacillations, tepiditez, aueuglemens, scrupules, que la vaine curiosité leur engendre.

Il n'appartient pas à tous d'arracher les dents aux Couleuures, & s'en iouër; tous les Pharmaciens ne sçauent pas bien composer le Theriaque. C'est plustost fait de couper le nœud Gordien, que s'amuser à desmesler ses entortillemens inexplicables.

C'est en ce fait, aussi bien qu'en la chair, *vbi oculus deprædatur animam nostram, vt vidi, vt perii, sic me malus abstulit error.*   *Thren. 3.*

Encores, dit S. Leon, *que dans les liures Heretiques il semble y paroistre en quelques lieux vne image de pieté & d'erudition, si est-ce que iamais ces viperes ne sont vuides de venin.*   *Epist. 93.* Ce sont les sauterelles de l'Apocalypse, qui derriere vn beau visage portent vne queuë empoisonnee.

Ils meslent, dit S. Gregoire le Grand, *le bien auec le mal, afin d'alleicher, faisans monstre de celuy là, & corrompre en inspirant celuy-ci.*   *Mor. l. 5. 5. 11.* Pareils à celuy qui monstre au chien du pain d'vne main, & tient vne pierre de l'autre pour l'assommer.

Rumpunt, ædificant, mutant quadrata rotundis.

On trouuera toutes couleurs dans les escrits de ces Cameleons, excepté la blanche de la verité, mille routes destournent de ce blanc, vne seule y arriue.

Quand on hait quelqu'vn d'vne haine puissante, ceste auersion passe iusques aux portraits qui le representent; & si nous hayssons l'erreur comme nous deuons, nous aurons en grande horreur les fueilles infortunees qui le contiennent, & n'aurons point de cesse que nous ne consacrions à Vulcan les fruicts qui nous viendront és mains de ces arbres malencontreux: *au-*

Eccl. 30.
Ierem. 31.
trement si nous mettons les dents en ces fruits verds, elles resteront agacees.

Si vous flairez de trop prés ces Mandragores pestilentes, sans doute elles vous endormiront sans y penser, & glisseront en vos moüelles l'assoupissement lethargique de l'erreur.

C'est s'empoisonner volontairement, disoit

Orat. 4.
ad Mona.
l'Abbé Isaias que de lire ces liures. *Vous n'aurez pas plustost gousté de ces volumes, que le ventre de vostre entendement en sentira l'amertume* par vn en-

Apoc. 10
gourdissement & aueuglement.

S. Ephrem ayant eu communication d'vn liure heretique, colla en sorte les fueillets, qu'on ne s'en peust plus seruir: puis le rendit ainsi finemét à vne femme etrante qui luy auoit presté.

Les dons des ennemis, dit la Grecque Parœmie, *ne sont point dons*, ou du moins ils sont tousiours suspects.

—— *timeo Danaos, vel dona ferentes.*

C'est admettre le cheual de Troye chez soy, que d'y laisser entrer vn liure heretique.

Homelies Quadragesimales. 319

C'est le cheual Sejan qui rendoit en fin ses possesseurs miserables.

IV.
Comme vrayes abeilles fuyons ces puanteurs, & animees, & inanimees, ces araignes ne font qu'embarrasser l'œconomie de nostre foy, & le miel de deuotion qui en doit se composer dans la ruche de nostre ame, auec les fleurs des plus odorantes vertus, est corrompu par leurs ordures.

Ostons nos yeux de dessus leurs escrits, & nos oreilles à l'importunité de leurs cris, l'ame s'empoisonne par l'oreille, & les yeux comme les corps, par la bouche.

Nous ressemblons à ces cheures dont parle Alcmeon, qui halenoient par l'oreille.

Rebbecca receut des pendans d'oreille d'Isaac par les mains d'Eliezer, pour nous enseigner que l'ame fidelle doit conseruer *son oreille par où luy vient la foy* à son celeste Espoux, *lequel aime mieux ses oreilles que ses sacrifices.*

Bouchons nos oreilles aux enchantans discours des heretiques, ils n'ont que du foin dans la corne. Bien heureux celuy qui ne va au conseil des peruers, qui ne suit la voye des pecheurs, & ne s'assied en la chaire de pestilence, fuyant l'Eglise des malins.

Psalm. 54.

Psalm. 1.

L'oliuier meurt replanté en la fosse d'où l'on aura tiré vn chesne; le Catholique perdra la vie de l'ame, s'il tombe en la fosse de l'heretique.

——*Hic niger est, hunc tu Romane caueto.*

V.
Voila cóme il faut fuir l'errät pour le dómage qu'il rapporte, or *damnū cessans est lucrū emergens.*

Car comme le loup n'enrouë, & n'oste la voix qu'à ceux qu'il surpréd au despourueu, & le Bafilic ne tuë que ceux qu'il voit le premier, ainsi l'heretique ne blesse que ceux qui ne sont pas preparez à esuiter son rencontre.

Le Heron demáda vn iour aux petits oyseaux, dit la fable, pourquoy ils fuyoient, de peur, luy firent-ils, qu'en fin tu ne deuiennes Espreuier, & puis nous ne nous voulons pas, comme toy, accoustumer aux tenebres.

Chaque element est commodément en sa sphere, de leur meslange se fait le tintamarre des meteores, chacun à quartier ne sera pas mal, il est malaisé de frotter le blanc au noir, sans le salir.

Pour la conseruation de la chasteté, il vaut mieux frequenter auec le plus meschant homme, qu'auec la meilleure femme du monde; car on n'est pas tenté auec son frere. Et pour tenir la foy en sa cádeur & pureté, il vaudroit mieux estre auec le plus mal morigeré Catholique, qu'auec vn heretique morallement bon, car celuy là desbauché en la volonté, est droit d'entendement, mais cestuy-ci ne peut auoir la volonté iuste, ayant l'entendement depraué.

Anytus & Melitus, les deux faux accusateurs de Socrates, leur calomnie descouuerte, furent en telle execration emmy Athenes, que de desespoir ils se pendirent: si l'heretique estoit delaissé d'vn chacun, il penseroit à sa conscience, & craindroit *d'estre enseuely de la sepulture des*

Iere. 22. *asnes.*

Celuy qui en vn beau vase de porcelaine porteroit vne precieuse liqueur de Baume, ou de Myrrhe, aduiseroit bien à ses pas, de peur de perdre

perdre tout par le desbris d'vn mauuais rencontre, nous portons la celeste liqueur de la foy dans le fragile vaisseau de nostre cœur, gardons que le heurt & la frequentation des heretiques ne nous brise, ou du moins ne nous fresle.

Nostre Seigneur estoit bien pour le moins autant ferme que nous, & neantmoins voyez en la fin de l'Euangile comment *il ne conuerse plus auec les Iuifs, mais s'en va au desert d'Effren auec ses Disciples*. *Ioan. 11.*

Ainsi vous auez appris, 1. la cauteleuse conuersation des Heretiques, 2. leur deprauation és Escritures, 3. à reietter leurs liures, 4. à euiter leurs discours dommageables, 5. le profit qui reuient de les laisser là.

Heureux, mes tres-chers, qui vit en la terre de Gessen en Egypte, sans participer aux abominations des Egyptiens. *Genes. 47.*

DIMANCHE DES PALMES.
De la Palme de Perfection.
HOMELIE XXXIV.

Cùm appropinquasset Iesus Hierosolymis.

Matth. 21.

LA Palme est sans Controuerse la Royne des arbres, & le symbole de Perfection. Voicy le Roy des Roys, le Seigneur des Seigneurs, & l'exemplaire accomply de toute Perfection, qui triomphe auiourd'huy des cœurs, auec des aclamations, qui tesmoignent la grande cognoissance qu'on a de son merite. Ce iour est appellé des Palmes, parce qu'à son entrée en

X

Hierusalem le peuple, comme dit S. Iean, ioncha son chemin de Rameaux de Palmes. Sur ces Palmes & sa Perfection, nous prendrons pour subiect de vous discourir de la Palme de Perfectiō. Vous faisant voir, 1. quelle est la Perfection Chrestienne, 2. sa Gloire, 3. ses Commoditez, 4. ses Delices. Le tout sans m'esloiner des Parallelles de la Palme. Prestez-moy vostre attention.

Ioan. 12.

I.

Les sainctes pages mon cher Auditoire, mettent la perfection en diuerses vertus, que ie voy symbolisées és proprietez de la Palme.

En premier lieu, en la patience: *Patientia opus perfectum habet, Patience fille de la tribulation, tribulation profitable.* Le patient plus il est affligé, plus il se perfectionne, & la Palme fructifie par ses retranchemens.

En 2. lieu, au reglement de la langue; Car dit S. Iacques: *celuy qui ne peche en parole, i. est homme parfait.* Et la Palme a ses fueilles droictes, & en forme de langue. Figure de la rectitude des propos.

Iac. 3.

En la Solidité de la Foy, *Perfectorum est solidus cibus: sapientiam loquimur inter perfectos, resistite fortes in fide.* Et la Palme à vn bois tres dur, ferme, & massif Tel le fidelle, duquel on peut dire: *Iustum & tenacem propositi virum, &c.*

Heb. 5.

En l'humilité, *discite à me quia mitis sum & humilis corde.* Et le bois de la Palme, comme les autres, ne surnage point, mais va au fond, marque de ceste vertu. Que si vous adioustez en la douceur, nottez aussi que la Palme resiste aux vents ployant doucement ses branches, & cedant par son faiste; mais sa racine & son tronc demeure ferme & immobile.

En la pauureté Euangelique qui renonce à la terre pour aspirer au Ciel, *si vis perfectus esse, vade, vende omnia quæ habes, &c.* Et le fruict de la Palme fait & constitué, comme nostre cœur est ouuert, & large par en haut; & de la seule pointe d'embas vise à la terre.

En 6. lieu, il n'est que trop constant & cogneu de chacun, que le Sommet de la perfection Chrestienne consiste en la Charité, qui regarde l'Amour de Dieu, de nous mesmes, & du prochain. *Charitas est vinculum perfectionis. Sitis perfecti in eodem sensu, & non sint in vobis schismata.* Et les Palmiers denotent-ils pas ceste dilection, puis que pour estre fructueux, on les accouple l'vn à l'autre, & ils ne viennent qu'és pays chauds?

Ezechiel veid *vne palme entre vn Cherubin, & vn Cherubin*, Image d'vne ame constituée en la Charité de Dieu, & de son prochain. *Ezec. 4.*

Or combien ceste perfection soit Excellente, & Glorieuse, il ne la faut tirer d'autre consideration, que de penser qu'elle embrasse, & comprend toutes les vertus, & est la dompteresse de tous vices.

La Palme est le vulgaire Symbole de Victoire; *& Palmæ in manibus eorum*, est-il dict des Triomphans Martyrs en l'Apocalypse, & *Apoc. 7.* la perfection *est victoria quæ vincit mundum.*

Elle est tousiours verte, & ce mot de vertu est dicte *à viriditate*, autres disent *à virilitate*.

Elle a l'escorce aspre & rude; mais neantmoins belle à voir. La Perfection est autant gracieuse à considerer, que difficile à acquerir.

Elle est comme par escaille & degrez raboteux; & on ne paruient à la Perfection que par de scabreuses *montées en son cœur*. On ne va à l'Oratoire de Salomon que par vn escalier jonché de pourpre, elle est en verité, ce que le Parnasse des Poëtes n'est qu'en vanité, sur vne croupe de penible accez.

Au bas la Palme est rude, au dessus, douce & belle. Les commencemens de la Perfection sont des espines que le progrez change en roses. Mirez cela és Beatitudes Euangeliques, voila des larmes, & en consequence des consolations.

Son bois est impourrissable, & les Parfaicts acquierent-ils pas *immarcessibilem gloriæ coronam*?

Elle est rare & precieuse, la Perfection l'est encores d'auantage.

Vir bonus & prudens, qualem vix reperit vnum
Millibus è multis hominum consultus Apollo.

& c'est en quoy elle est plus estimable.

Elle est longue à venir, & dit on cent ans auant que porter du fruict, il faut vne merueilleuse Longanimité pour aspirer à la Perfection.

Ses fueilles sont en forme de glaiues, & la Perfection est *vn glaiue tranchant des deux parts, atteignant iusques à la diuision de l'ame & de l'Esprit, des tendons & des moüelles..*

Elle s'esleue en haut en forme pyramidale, & la Perfection par le feu de la Charité sousleue l'homme de la terre au ciel.

Elle est droite & releuee *statura tua assimilata est Palmæ*, dict l'Espoux à sa parfaicte Amante, pour monstrer que les ames *qui ont leur conuersation au ciel*, ne pensent rien que de sublime: *sicut elatæ Palmarũ*, ne respirent rien de mortel & terrestre: *Oculos suos non statuerunt declinare in terrã*.

Et bien que de sa sommité ceste plante baise les nuës, elle ne laisse de ietter des profondes racines en la terre.

——— *quantumque ascendit ad auras*
Æthereas, tantum radice ad tartara tendit.

Aussi dit S. Augustin, *plus on veut bastir haut l'edifice de la perfection, il faut approfondir de tant plus bas les fondemens dans la terre.*

Elle se rebrousse contre les fardeaux, & le Parfaict a pour deuise.

Tu ne cede malis, sed contra audentior ito.   Plut. Symp.

Aussi la parfaicte Espouse est-elle dicte *quasi palma exaltata in Cades.*   A. Gell. *l.3.c.6.*

Debora rendoit ses iugemens soubs vne Palme, & la Gloire du Parfaict *spirituel est de iuger sainement de toutes choses, sans estre iugé de nul.*   Iud. 4.

Et ces Palmes grauees aux parois du temple de Salomon, que denotoient-elles, sinon la gloire des ames parfaictes, *qui sont les saincts temples de Dieu?*   Ezech. 41.

Les Vtilitez suiuent les Excellences, y a-il rien de plus desirable que la duree? & combien est longue celle de la Palme appellee *Phœnix* en   III.

Iob. 29. Hebrieu, comme il appert en ce passage de Iob, que nous vous auons expliqué tout à l'entree de ce Caresme. La perfection conduict-elle pas

Homil. 1. son sectateur à l'eternelle duree? *In memoria æterna erit iustus. Recipietur in æterna tabernacula, sedebit in tabernaculis fiduciæ. Non peribit in æternum, iustitia eius manet in sæculum sæculi.*

Voire plus elle est ancienne, plus elle est fructueuse, & ses dattes plus douces. Le parfaict a tousiours les ferueurs d'vn commençant. Sainct François, *o mes freres*, disoit-il, *quand commencerons-nous à bien faire ?* Et il estoit ja consommé en vertu.

Elle se renouuelle quand on luy arrache ses vieilles branches, & la vie du parfaict est comparee *au raieunissement de l'Aigle.*

Branches propres à faire des petits paniers, exercice manuel des anciens Anachorettes d'Orient. Paniers qui me representent les aumosnes des parfaicts, *qui dispersent, & donnent aux pauures.*

Perfection qui se plaist en la pauureté, comme la Palme en vn solage sablonneux, & maigre.

Plusieurs, dict Seneca, *par les richesses ont esté destournez de philosopher, il faut estre, ou pauure, ou semblable au pauure pour deuëment vacquer à l'esprit.*

Aude spes contemnere opes, & te quoque dignum finge Deo.

La graisse des biens de la terre est mesprisable, *pro nihilo habenda terra desiderabilis. Mutanda terra fructifera in salsuginem, ainsi sterilis pariet plurimos.*

La Palme hayt le fiens, au contraire des au-

Homelies Quadragesimales. 327

tres arbres, & le parfaict desdaigne le fumier des richesses, & ceste est la vraye richesse, dict vn ancien que de la mespriser.

Elle ne fructifie qu'en conjonction auec vne autre, ou bien en espanchant les fleurs d'vn Palmier masle autour d'vne fueille. Sans la grace de Dieu on sçait assez que la perfection ne se peut acquerir, mais outre cela y confere grandement la conuersation des vertueux ; *car on deuient bon auec les bons.* Ioas Roy d'Israel, & son peuple, firent bien tant qu'ils obeyrent au sainct homme Iojadas, qui lors estoit grand Prestre.

Et ces fleurs du masle esparses, que nous representent elles, sinon les diuines graces, & inspirations? *Car,* disoit l'Apostre, *par la grace de Dieu ie suis ce que ie suis, & sa grace n'est point inutile en moy.* On sçait assez *que sans luy nous ne pouuons rien faire..*

Du sel (chose estrange) ou de l'arene, ou des pierres aux racines de cet arbre, c'est ce qui le faict profiter, mirez là les vertus qui croissent à leur perfection dans les austeritez.

Il a tousiours fleurs & fruicts, & le parfaict des desirs & des effects.

Ses fruicts meurs sont tresbons & stomacaux, mais les verds sont tresaspres & dâgereux, iusques là que Pline rapporte que plusieurs des soldats d'Alexandre furent suffoquez pour auoir voulu manger des dattes vertes. Vne vertu consommée est autant bonne, que perilleuse, vne demie perfection. *C'est ceste science qui enfle, & ceste Charité qui edifie,* dont parle Sainct Paul,

X iiij

Car celuy qui pense sçauoir quelque chose, & ne sçait rien, il ne sçait pas encores comment il faut sçauoir.

La Palme est bonne & vtile en tout, l'Hermite Onofrius és vies des Peres se seruoit pour son viure, & vestement, de celles qui estoient autour de son Hermitage. Et qu'est ce d'estre parfaict, sinon accomply en tout?

Plin. l. 7. cap. 7. Cet arbre, comme le Laurier, n'est iamais atteint du foudre, & la Perfection n'est pas subiette à la punition diuine.

IV. Que si nous recherchons les delices des Parfaicts, nous en trouuerons sans nombre, & de tant plus solides que iustes.

Non, les fruicts de la Palme ne sont point tant sauoureux que la perfection est delicieuse : *Ascendam in palmam, & apprehendam fructus eius.*

Fruicts extrémement aymez des Elephans, qui nous representent les ames fortes.

Fruicts onctueux, qui nous figurent l'abondante grace, qui s'espand sur les parfaicts *in misericordia vberi, & inebriantur ab vbertate domus Dei, & torrente voluptatis eius potantur.*

Il est d'autres certaines dattes qu'on appelle Mirabolans, qui ont bien la mesme forme des dattes de Palmes, mais fort differentes au goust. Tels sont les hypocrites qui contrefont les parfaicts; mais dans l'interieur ils n'en ont pas les contentemens.

Ambr. & Basil. in Exam. Il y a mariage entre les Palmiers, & entre les ames spirituelles, hé Dieu! ou combien y a-il de spirituelles delices telles ames bien-aymez, que l'Espouse s'en pasme aux Cantiques à tous propos.

Homelies Quadragesimales. 329

Ces arbres s'entr'embrassent, & enlassent leurs branches, voila pas les baisers sacrez de ceste parfaicte Colombe?

Elles conçoiuent par le vent, & les odeurs, & les ames accomplies par les inspirations, *à timore tuo concepimus & parturiuimus spiritum salutis: os meum aperui & attraxi spiritum; emitte spiritum tuum & creabuntur.*

Le vin des dattes de Palmes, est bon contre les illusions, & en donne on à ceux qui sont troublez, la Perfection dissipe toutes tentations, & phantosmes.

Ces fruicts clarifient la voix, *& la voix* de l'Espouse, est-elle pas douce? *aures domini in preces iustorum, deprecationes eorum exaudiet & saluos faciet eos.*

On dit que quand les Palmiers sont aux riuages opposez d'vn ruisseau, ils s'inclinent pour s'accoster. Et Dieu, *inclinat cælos suos, & descendit, & inclinat aurem suam iustis.*

De ces accolades on prend quelquefois commodité de faire des ponts, & la perfection est vn pont tres asseuré pour nous passer de ce monde au ciel nostre eternel bon heur.

De toutes les stations d'Israel dans les deserts, nulle fust plus delicieuse & recreatiue que celle d'Elim, où il y auoit tant de fontaines, & de Palmes, en celuy qui est parfaict, *fit fons aquæ viuæ salientis ad vitam æternam.*

Il vient en Affrique vne certaine sorte de Palme dicte Adypsos, dont le fruict a vne grande faculté de desalterer, & la perfection, seure des delices du siecle, c'est *ceste eau desalterante,* dont le Sauueur faisoit estat à la Samaritaine.

En fin ce ne sont que fleurs delicieuses, que delices florissantes. *Iustus vt Palma florebit, lectus noster floridus, fulcite me floribus*, & fleurs que nul hyuer ne tuë fleurs odorantes, fleurs fructueuses fruicts florissans, *flores mei fructus honoris*.

Il est vne sorte de fleurs dicte, *Palma Christi*, que nul animal ose gouster, parce qu'elle est rude & mordicante, neantmoins fort medicinale, le seul Asne brute chardon, en tire de l'vsage.

C'est la verité que les hommes charnels & animaux, comme parle Sainct Paul, ne peuuent pretendre à la perfection, moins les orgueilleux & superbes, qui volent comme les oyseaux du ciel, *qui ambulant in magnis, & mirabilibus*. Les seuls humbles & abiects comme les Asnes, & les mortifiez sont capables de ceste grace, *Deus abscondit eam à sapientibus & reuelat paruulis*.

V. és Diuersitez, l. 17. c. 1. C'est auiourd'huy donc le Triomphe de l'humilité, & du grand *Palma Christi*. Vous retiendrez de nostre discours, 1. que c'est que perfection, 2. sa Gloire, 3. ses profits, 4. ses delectations. Dieu vous donne le courage d'y aspirer, & la force d'y atteindre.

LVNDY SAINCT.

Preambulaire de la Passion de noſtre Seigneur.

HOMELIE XXXV.

Paſsio Domini noſtri Ieſu Chriſti.

LE grand Preſtre Aaron, premier Pontife de l'ancienne loy, eſtant decedé ſur la montagne de Hor, tout Iſrael le plora par l'eſpace d'vn mois. Et Ieſus, *eternel Preſtre, ſelon l'ordre de Melchiſedech*, & ſouuerain Pontife de la nouuelle alliance mourant ſur le mont de Caluaire, n'eſt-il pas iuſte, non que raiſonnable de lamenter ce treſpas rigoureux qu'il a ſouffert pour nos pechez tout le cours de noſtre vie, & principalement en toute ceſte lugubre ſepmaine que l'Egliſe ſon Eſpouſe *de ſang* conſacre au ſouuenir de ce funeſte anniuerſaire. Suiect le plus riche de tous les ſubjets, & où le téps má queroit premier que la matiere. L'abódance de laquelle nous fait anticiper de quatre iours, celuy auquel fut executé ce cruel maſſacre, que ie proiecte ſimplemét de vous deduire, la iournee eſt gráde, la nauigatió longue, la courſe eſtenduë, le ſaut de ceſte foſſe de ſág large, pource nous reculós, nous partons, nous deſmarons, nous nous leuons à bóne heure pour parfournir auec l'ayde du ciel, ceſte ſepmaine, que pour la conſecratió & effuſion de ce ſacré ſág, nous appellons ſaincte, ceſte traite, courſe, ce voyage, ce ſaut, & parce que les actes & stances diuerses de ceste horrible tragedie dont nous reseruons la representation és iours suiuans, requierent necessairement vn prologue preparatoire, entendez moy auiourd'huy vous preambulat, 1. des figures, 2. de l'horreur, 3. de l'ordre, 4. de l'acheminement de ceste lamentable passion, mais que ce soit auec des cœurs disposez à la Compassion.

I. C'est maintenant, mes tendres ames, que l'Eternel Abraham immole aux rigueurs de sa Iustice, son innocent Isaac, *proprio filio suo non parcens, &c.*

C'est maintenant que le rigoureux Iephthé consacre son vnique progeniture au decret immuable de son eternelle prouidence, pour vaincre la mort par sa mort, & l'enfer par son sang.

C'est maintenant que le Bouc Emissaire, chargé d'execrations & des pechez du peuple, est enuoyé aux deserts du Caluaire.

C'est maintenant que les pecheurs lepreux sont mondifiez par l'aspersion du sang *de ce passereau solitaire.*

C'est maintenant que le vray Ionas est ietté dans la mer de son sang, pour le salut de nostre barque.

C'est maintenāt que Sāson croule la salle des Philistins, & escrase nos pechez par sa mort.

C'est maintenant que l'innocent Ioseph est mal traitté de ses freres, & que de parallelles en ceste figure!

C'est maintenant que le Roy d'Israel meurt pour acquerir la paix à son peuple, *ipse est pax nostra*, ce que l'ancienne histoire nous recite de

Homelies Quadragesimales. 333

Codrus qui se precipita à la mort pour rendre ses subiects victorieux, selon la promesse de l'Oracle.

C'est maintenant que le vray Abel succombe aux homicides enuies des Caïns enragez.

C'est maintenant que Iacob passe le Iordain, interpreté fleuue du Iugement, auec le baston de sa Croix.

C'est maintenant qu'est accomplie la verité dont le serpent d'airain n'estoit que la figure.

C'est maintenant que les Idoles de nos pechez sont enfoüies au pied du Terebinthe de la Croix.

C'est maintenant que le vray Agneau Paschal, non couronné de fleurs, mais d'espines, est sacrifié pour memoire de nostre passage de l'Egypte & esclauage du peché au desert de la Penitence, & en la terre promise de la grace iustifiante.

C'est maintenant que le bel Absalon, pendu par les cheueux de son humanité à l'arbre de la Croix, est transpercé de toutes parts.

C'est maintenant que le vray Ionathas, estant meurtry, nous deuons imiter au moins les outrees lamentations de Dauid.

C'est maintenant qu'il faut que tous les vrays Israëlites, tous les bons Chrestiens facent de grandes doleances sur la mort du bon Roy Iosias, du doux Iesus, ce qui a esté Prophetisé expressement par Zacharie. *Effundam super domum Dauid, &c.* 2. *Par.*35.

Zach. 12.

Sus donc, *Contemplons, & appellons les pleureuses afin qu'elles nous aydent à lamenter, que nos yeux* Isaïe 9.

fluent des torrens de larmes, car c'est maintenant la desolation de Syon. Mais qui nous donnera ces eaux à nos chefs, & à nos paupieres, ces sources eternelles pour plorer nuict & iour, vn si cruel massacre? mes chers amis, le Crucifix pour tant de sang qu'il verse pour nostre redemption, ne vous demande en contr'eschange qu'autant de larmes de compassion, ô Dieu! ie me doute qu'encores serons nous si durs que de luy refuser vn si inesgal eschange.

Ierem.7.

11. Ouy, car l'horreur seiche ces sources, tarit ces fontaines, & glace ces liqueurs.

Obstupui, steteruntque comæ, & vox faucibus hæsit.

peinture de nostre transe. Ce sont les petites douleurs qui se laissent ouyr, & qui se paissent, & payent de pleurs, mais les signalees engourdissent les sens, obstupefient l'esprit, & si roulent quelques vaines larmes, c'est par vne espreinte, violemment arrachee.

Mens immota manet, lachrymæ voluuntur inanes.

Quel fils bien né peut non pas voir mourir, mais à peine seigner son pere, & nous passerions à pied sec, ou à paupieres seiches, la mer rouge du sang de nostre Pere, de nostre Maistre, de nostre Amour, de nostre tout?

Si les Cherubins affrontez sur l'arche mirent les figures encloses auec estonnement, venez esprits enflammez d'Amour, & transsillez d'effroy sur la verité de l'arche de la Croix.

C'estoit en vain que Timante voila le pere d'Iphigenie, puis qu'vne biche luy fut subrogee en sacrifice.

En vain que les filles de Sion faisoient l'anniuersaire de la fille de Iephté, puis que selõ quelques Docteurs, elle ne mourut que d'vne mort ciuile recluse en steri ité tout le reste de ses iours.

C'estoit en vain que les amis de Iob, outrez douleur, ne le pouuoient contempler en si grande misere, d'où la patience le retira.

C'estoit en vain que les Gentils celebroient auec lamétations la feste appellee *Adonia*, pour la mort d'Adonis, puis que selon leur erreur, il estoit passé entre les Demy-Dieux, à vne meilleure vie.

C'estoit en vain que le Soleil (comme content les Poëtes par vne fable controuuee sur la verité de l'histoire de Iosué, ou d'Ezechias) retrograda de peur d'esclairer au banquet desnaturé de Thyeste, car ceste horreur fabuleuse n'auoit rié de conferable auec celle dont nous preparons l'espouuentable tragedie.

C'est maintenant que Calpurnia se pasme à l'aspect de la chemise sang âte de sõ cher Cesar.

C'est maintenant que Iacob deschire ses vestemens, plore, crie & lamente, *par vn long temps*, à la veuë de la Tunicque sanglante de son bien aymé Ioseph.

C'est en fin maintenant, *Que la voye est ouye en Rama, vn grand pleur & hurlement, Rachel plorant ses enfans sans vouloir admettre dans les playes de sa douleur amere, de merc, l'onguent lentif d'aucune douce consolation.*

Icy mes amis icy.

——*crudelis vbique*
Luctus, vbique pauor, & plurima mortis imago.

III.

Mais quel ordre sçaurions nous trouuer emmy

les confusions & desordres de ceste histoire tragique, les regrets se plaisent desreiglez, & l'agencement assiste les contrainct & les gesne, cela seroit bon si nous n'auions absoluëment & entierement renoncé aux couleurs oratoires, & si iamais Thesee eut besoin, pour se tirer du Labyrinhet de Crete, du fils d'Ariadné, nous auons encores plus de necessité de celuy de la Methode, pour nous expliquer dans l'implication de ce Meandre de rages & d'orages.

Il estoit commandé aux Israëlites, deuant que måger l'Agneau Paschal, de le diuiser si proprement par les iointures, que pas vn os n'en fust brisé, c'est mediter comme il faut la Passion de nostre Seigneur, vray Agneau immolé, que d'examiner ordonnément les particularitez de ses souffrances, sans luy briser les os par des digressions exorbitantes.

Exod. 12.   Il nous faudra desmesler ces fusees auec patience, & y proceder auec beaucoup de diuisions, & compartimens.

Car ce qu'est le fondement en l'edifice, la racine en l'arbre, l'ame au corps, la symmetrie au bastiment, la disposition aux parterres, le gouuernail en vn nauire, la charte & le quadran és mains du Pilote, cela mesme est l'ordre en vn discours iudicieux & serieux.

Le Plan donc au dessein de nostre structure, ou plustost les actes de nostre Scene tragicque, seront 7. suiuant les 7. stations que tous les contemplatifs remarquent en la Passion de nostre Seigneur, & sur chaque Station nous prendrons quelques chefs à considerer qu'apres nous
soubs-

soubdiuiserons en parcelles.

Ce sont les 7. Colomnes de la maison de Sagesse.

Ce sont les 7. planettes brillantes & bruslantes dans le Ciel de la diuine misericorde.

C'est le chandelier à 7. lampes, qui doit luire sans cesse dans le tabernacle de nostre cœur.

C'est le liure à 7. sceaux, que le seul Agneau peut desclorre, puis qu'il est escrit dedans & dehors, sur son corps & sur son cœur.

Ce sont les 7. sources desquelles surgeonnent comme des 7. emboucheures du Nil, les 7. Sacremens de l'Eglise.

Ce sont les 7. estoilles qui entourent le throsne du fils de l'homme.

Ce sont les 7. tonnerres qui estonnent les reprouuez, & qui consolent les esleus.

Ce sont les 7. coups auec lesquels nostre vray Hercule a abbatu les 7. testes de l'hydre du peché.

Ce sont en fin les 7. iours de la recreation ou Redemption du monde, mais las! quelle difference? en la Creation il n'endure rien, & fait tout icy, il endure beaucoup, & ne fait rien sur ces courages d'acier, qui le bourrellent & crucifient.

Or auant que de venir à la premiere de ces stations, il me semble necessaire, non que conuenable, de vous representer par vn Narré, ou aduance preambulaire, la connexité preparatoire, ou acheminement à ces actes sanglants.

IV.

Y

Noſtre Seigneur donc ayant laué les pieds, & acheué la Cene legale auec ſes bien aymez Apoſtres, ayant en ce dernier ſouper, dit & fait les plus grandes & ſignalees choſes, qui ſe peuuent non pas dire, mais imaginer, ſi encores elles ſe peuuent imaginer, les textes Sacrez où les Euāgeliſtes font l'entree, & le prelude de ce funebre recit, portent que *Hymno dicto egreſſus Ieſus trans torrentem Cedron venit in villam vbi erat hortus.* Expoſons & poſons ces paroles, pour le dernier poinct de ceſte Homelie.

L'*Hymne dit*, 1. voila que noſtre Cygne deſgoiſe ſon epitaphe nuptial, & ſon mortel Epithalame, 2.

Voila que noſtre Dauphin ſe reſiouyt voyant s'auoiſiner les tempeſtes, & comme les Dauphins il aime la Muſique, ou comme les Lacedemoniens, il va à la guerre au ſon des inſtrumens Muſicaux, 3.

Il benit *Dieu en tout temps*, tant en proſperité qu'en aduerſité, tant de la mort que de la vie, uy rendant graces des afflictions paſſees, & ſe diſpoſant d'vn grand courage aux futures, & nous apprenant, *à nous reſiouyr quand nus tombons és tribulations*, puis que par icelles s'œuure noſtre ſalut.

Ieſus ſortit du Cœnacle & de Hieruſalem, 1. pour nous apprendre quelles ſont ſes ſaillies *à ſummo cœlo egriſſio eius*, du ciel en terre en ſon Incarnation, de Bethleem en Egypte, ſoudain apres ſa naiſſance, toute ſa vie il n'a ceſſé comme Ioſeph, *de cercher ſes freres*, iuſques a la laſſité de, teſmoin la Samaritaine, auſſi l'Eſpouſe le compare à vn Cabril sautillant de coupeau en coupeau sur les cimes de Bethel, & parcourant les collines, maintenant?

— *Syluas saltusque pererrat*
Hæbraos, hæret lateri lethalis arundo.

Car il declare à ses Apostres, *que son ame est triste iusques au mourir*, & ne peut trouuer de Dictame pour enleuer la fleche de ceste agonie qui luy perce le flanc, & luy presse le cœur.

Il sort de Hierusalem, pour nous apprédre qu'il faut quitter les delices du monde, pour bien sauourer les fruicts de sa Passion.

Et passe le torrent. Ainsi dit le Psalmiste, *que son ame a passé le torrent* des afflictions, *& des eaux intolerablement ruineuses & rauineuses.*

Voila Dauid, qui prend au torrent des pierres pour terrasser Goliath, *lapides torrentis illi dulces fuerunt.* Et tantost nostre Seigneur arrosera de son sang ce torrent d'espines. Ioel 2.

Le voila qui passe la mer, & le Iordain, pour nous introduire vray Iosué en la terre de promission, *il trauerse à present l'eau, & tantost le feu, pour nous conduire du refrigere.*

Et le torrent de Cedron, voila ce grand Aigle qui ne se paist que de la moëlle du Cedre.

Cedre incorruptible, figure de son impeccabilité, & de sa patience impenetrable, aux dures trauerses que nous luy verrons souffrir.

Il sera ce Cedre exalté; non sur *le Liban*, mais sur le Caluaire, *& le Cyprés funeste esleué sur le mont de sion*; aussi appelle-il son esleuation en Croix, son exaltation.

De là il entre en vn Iardin du village de Gethsemani,

Y ij

rompons icy pour reprendre demain ces brisees & apprenez de ce discours preparatoire, 1. les figures de la Passion de nostre Seigneur, 2. l'horreur qu'elle doit exciter en toute ame capable de tendresse, 3. l'Ordre Methodique que nous auons proietté, & en 4. lieu l'Acheminement du Cœnacle au Iardin. Où nous verrons en la 1. Station ce qui s'y est passé.

MARDY SAINCT.

Premiere Station au Iardin.

HOMELIE XXXVI.

Æneid. 2.
Infandum pia turba iubes narrare dolorem
Christiadæ vt opes, &c.
Sed si tantus amor casus cognoscere duros,
Et breuiter Christi supremum audire laborem,
Quamquam animus meminisse horret, dictuq; refugit
Incipiam.

Et cela en reprenant cõme les bons chasseurs, les brisees de nostre enceinte où nous relançasmes hier nostre Cerf eslancé, nostre Cheureil bondissant, nostre Lyon amoureux, nostre Fan de Lycorne, ce fut dans le Iardin de Gethsemani, premiere station & relais de sa mortelle chasse. Là nous le considererons en 4. manieres, 1. priant, 2. Trahy, 3. pris, 4. abandonné.

L'Antidote contre-pointe le mal. Le premier Adam faut dans vn iardin, le second repare sa cheute dans vn iardin, celuy là iardin des delices produit le peché, cet autre de douleurs la grace, là les roses produisent les espines qui destruisent la terre, icy les espines enfantent des roses de benedictions.

O iardin des noyers, vous le sçauez mes freres, *nux ego iucta via, &c.* Iardin d'angoisses & de battures

Iardin où nostre Suzanne est prise, & ne se trouue aucun Daniel pour sa deffence.

Iardin clos où la *fleur des champs* est arrachee, desrobee, pressee, foulee, escrasee, fl·trie.

Ses emissions sont vn Paradis, car celuy qui y est pris, est le Paradis mesme, *hæc est vita æterna vt videamus Iesum Christum*.

Le monde est vn iardin où nostre Seigneur est venu, *descendant des cieux, & s'inclinant*, rum nez doctes ceste proposition.

L'ame penitente, pecheresse, & vertueuse, sont autât de Iardins où nostre Seigneur se trouue, mais auec combien de differences? I à y pleut la Myrrhe, en l'autre il suë le sang, en cestuy cy il distille la rosee de ses blonds cheueux, le comblant de ses diuines graces.

Iardin d'Oliuiers qui ne symbolisez que paix, & neantmoins ce n'est icy que guerre, qu'armes, que carnage, que sang. *Est-ce icy ceste vigne plantee au coin des Oliuiers*, qui rend des grappes onctueuses d'Amour, ou ceste mauuaise *vigne*, *qui bien labouree de toutes façons, ne rend que des espines au lieu des raisins*, ô c'est ceste diuine *quomodo versa es in amaritudinem vitis mea*!

Entré dans ce Iardin, il se retire à part pour prier, bel enseignement de pratiquer pour l'oraison la retraite spirituelle. Nostre Dieu est vn grád Roy, qui veut estre serui à plats couuerts, *vn Dieu caché, qu'il faut prier & seruir à cachettes.*

Oyez ceste Espouse sucree & sacree, *qui me donra mon frere, que ie vous treuue à l'escart, & ie vous baise?* elle ne le trouue pas dans son lict mollet, mais en vagabondant, *per vicos & plateas,* par monts, & vaux, & solitudes.

Agar n'est consolee par l'Ange qu'en la solitude, Moyse ne veit Dieu que dans les deserts.

Elie est raui au ciel estant à l'escart.

Dans la mesme retraite Elisee y reçoit auec son manteau son double esprit.

S. Iean en Pathmos, reçoit ses admirables reuelations.

Israël ne reçoit le Man que dans les arenes solitaires. Elie le boccal d'eau, & la fouace en fuyant Iesabel.

Iacob en vn desert eut la vision de son eschelle mystique.

S. Iean Baptiste fit toutes ses merueilles dans les deserts, *Factum est verbum Domini ad Ioannem in deserto.*

Dauid, *s'esloigne fuyant, & cherche la solitude,* pour mieux prier, & se compare *au Pelican seulet, au Hybou, & au Passereau solitaire.*

Dieu chez Osee, *parle au cœur seulement en la solitude,* c'est là où l'homme, *se taisant,* dit le Sage, *s'esleue par dessus soy-mesme.* Voila donc, 2. circonstances de la priere de nostre Seigneur, 1. qu'elle est faicte en vn iardin, 2. en vne retraicte.

La 3. est la ferueur qui se remarque, & en la reiteration, & en ceste sueur miraculeuse, & surnaturelle qu'elle espreint de ce cher corps.

Homelies Quadragesimales. 343

Conuersion estrange, Symptome non iamais ni veu, ni leu, ni ouy. Il se lit bien dans les histoires que quelquefois il a pleu du sang, mais encores les Physiciens qui naturalisent tous les prodiges, en ont trouué le secret.

Il est commun de voir le moust escumer & s'enfler iusques à ietter les fonds du vaisseau qui le resserre trop.

Le pot qui bout s'espanche, & le fleuue trop enflé se boursouffle contre ses digues, & sortant de son lict s'espanche au riuage de la cápagne, seroit ce l'excez de l'Amour ou de l'apprehension, qui auroit ainsi poussé hors du corps du Sauueur cette sueur sanglante?

Voyez ce vray Demophoon, qui tremble au Soleil de la iustice de son pere, & suë à l'ombre de la froide nuict : ô mes pechez comment dois ie transir pour vous, si vous pressez, pressurez, & oppressez ainsi vostre expiateur.

Narcille, dit le conte, ennyuré de son amour, s'escoula en fontaine, & se mua en fleur, voicy le Nazareen qui veut dire flory, qui mourant d'excez d'Amour deuient *fons aquæ viuæ, si quis sitit veniat ad eum & bibat, hauriat aquas cum gaudio de fontibus saluatoris*, & aussi fleur, *ego flos campi, & lilium conuallium*.

Qui a iamais veu le laboureur appanché sous l'ardante Canicule, fondre tout en sueur, en tondant d'vne faucille les nourrissans cheueux de la blonde Ceres, & qu'il remire N. S. suant l'eau & le sang, *faisant sa moisson de Myrrhe, & d'aromates*, peut il pas dire qu'il s'est espanché cóme l'eau, & que son nó est vne huile espádu, seló vne autre lecture, *vn*

Y iiij

sang aneanty, Peut-il pas dire, *Mon cœur s'est liquefié comme cire fonduë au milieu de ma poitrine?*

La feruuer de ceste priere agonizant attire du ciel (4. circonstance) la consolatió, car voicy vn Ange qui le vient consoler & conforter. Ainsi Iacob luittant auec vn Ange veinquit en restant veincu, & boitteux remporta sa benediction.

Ainsi nostre premiere Mere ayant esté seduite par vn mauuais demon en vn Iardin, le reparateur de ceste faute en vn iardin *est conforté* par vn bon Ange.

Voicy nostre Tobie assisté d'vn Ange en son voyage de Ragés où il va souffrir maintes rages, & surmonter les esprits malins de Sara, la Synagogue meurtriere, qui ne respiroit que son sang.

Icy fut verifié ce que le tentateur luy auoit autrefois allegué pour le surprendre, *Angelis suis Deus mandauit de te, &c.*

Voicy Agar consolee par vn Ange en ses extremes destresses.

Mais ny ceste consolation exterieure, ny son interieure desolation ne leuent aucunement à ce bó Pasteur le soin de ses oüailles, qui s'endorment à la gueulle des loups rauissans qui approchent, 5. Circonstance d'vne Oraison soucieuse, & remplie de l'Amour de Dieu, & du prochain.

Vous dormez ô Apostres! *somno luctuque sepulti*, tandis que Iesus, *vostre cœur veille sur vous*: ô peu soigneux Pasteur Pierre, *tu rerumque oblite tuarum?* est-ce ainsi que vous gardez vostre thresor Iesus, qu'on va embler, & le troupeau commis à vostre conduitte, qui se va dissiper & dis-

Homelies Quadragesimales. 345

perser le Pasteur estant feru. Les enfans de tenebres veillent pour le mal, ceux de lumiere ne peuuent pour le bien.

Vt iugulent homines surgunt de nocte latrones,
Vt teipsum serues non expergisceris.

Craignez-vous point le sort de ces dormants, Samson, Noé, Saül, Holopherne, Isboseth, Tobie?

Le Lyon & le Lievre, deux animaux si dissemblables, dorment à paupieres ouuertes, celuy là par courage, cestuy-cy de peur, symboles de la Vigilance des pasteurs sur leurs troupeaux, ou par Amour, ou par crainte.

Euesques, tandis que vous dormiez, l'homme ennemy est venu qui a sursemé la Zizanie de l'heresie.

O Dieu! fuyons l'oysiueté, c'est la mere de tous vices, la Laye Cromnienne ne remplit iamais de tant de marcassins la forest d'Erymanthe, que la fetardise comble l'ame d'imperfections.

L'eau relante & putrefiee n'engendre que serpens & crapaux.

Le fer inusité est rongé de rouille.

Le corps non exercé n'amasse que cacochimie, & peccantes humeurs.

Demandez à Ægysthe, chante le Poëte, qui l'a fait adultere, il respondra sa faineantise.

Le Cocodrille beant au Soleil auale l'Icneumon qui luy ronge les entrailles.

Les vers s'engendrent en vn corps mort, & qu'est l'oysiueté, sinon vne mort viuante, ou comme dit cet Ancien, *le tombeau d'vn homme vifs*; Donc, freres, *veillez, agissez, & de peur d'entrer en tentation*, & de peur que les vers de la tentation n'entrent en vous, & vous rongent le cœur, Recueillons de ce 1. point, 5. Circonstances de l'Oraison de N. S. 1. qu'elle est faicte en vn iardin, 2. à l'escart, 3. auec feruenr extréme, 4. qu'elle fut sa consolation, 5. & son soin de ses Apostres dormans, d'où nous extrairons ces documens, 1. que la priere est de grande efficace dans le parterre de l'Eglise, 2. en lieu secret, 3. faicte auec grande attention, zele & larmes, 4. qu'on y reçoit de douces visites & contentemens, 5. qu'on ne doit tant s'y abandonner que l'on en oublie le salut du prochain, & de tout cestuy-cy; que l'Oraison est vn souuerain azyle és violentes afflictions.

II. Venons au 2. Poinct qui sera de sa Trahison. Ie laisse ainsi le fil & narré de l'histoire que ie resigne à vostre iugement.

Le traistre s'aduance, & baise Iesus. O Brutus Brutal, qui massacre ce Cesar ton pere!

O rebelle Absalon, qui te reuolte contre ton Pere & souuerain, & qui subornes ses subiects par fausses blandices!

O singe malheureux qui veux estouffer celuy que tu embrasses!

Vous souuenez-vous point, Auditeurs, de ces larrons appellez *Philetres*, ou *les baiseurs* chez Seneca, qui esgorgeoient les passans, sous pretexte d'amitié.

Ne voyez-vous pas Ioab qui tuë Amasa en le saluant? Perfide desloyauté, non iamais assez exaggeree. Cet ancien auoit raison de dire, que

dans le cœur humain il y auoit tant de cachettes, recoins, replis, Meandres, & gouffres, que
l'homme estoit le plus caché, & traistre de tous
les animaux : Aussi, dit le Sage, *qui peut sonder
l'abysme, & le cœur de l'homme?*

Les edifices, dit Seneca, *craquettent auant que
tomber ; les animaux menacent auant que blesser, les
Lyons fremissent auant qu'offencer : mais de l'homme
traistre on sent plustost le mal qu'on ne l'a preueu.*

Mais Iudas deuant ces yeux de Linx,
que tu trahis, cest artifice n'est pas de mise : Car ils profondent ton cœur, & tes
reins.

Et ceste voye d'Amour qu'il te lance te fles-
chit-elle point? non, Tygre : car tu enrages à
la Musique, & ceste huile enuenime d'auantage
l'vlcere de ton mal talent.

Si l'Amour ne te fiert, du moins que la terre
t'effraye. Voy-tu pas quand il dit à tes satelli-
tes, *ego sum*, qu'ils tombent à la renuerse.

Moyse pasme quand Dieu luy dit, *Ie suis celuy
qui suis.*

Sainct Iean s'esuauoüit quand il ouyt la voix
du fils de l'homme, *comme la voix de plusieurs tonnerres.*

Voila la voix qui *fracasse les Cedres, voix de vertu, voix de magnificence.* Voix puissante, *& à destruction*, tesmoin Hiericho, & à edification.

C'est la voix de ce Verbe, *per quem omnia facta
sunt, & sine quo factum est nihil.* C'est ceste voix
qui dit & fait en mesme temps.

Voix si pleine de Maiesté, que le peuple d'Israël crioit à Moyse, *non loquatur nobis dominus,*

ne fortè moriamur.

III. Ces Antees releuez plus furieux de leur terrassement par sa permission le prennent, (nostre 3. poinct.)

Voila nostre arche prise, tout est perdu.

Voila ces chiens enragez qui font curee de nostre pauure Cerf.

Voila nostre Hypolite trainé & deschiré par des cheuaux furieux, pour satisfaire à la vengeance de la Synagogue, ceste marastre & impudique Phædra.

Voicy les vents qui se portent d'impetuosité contre ce Roc de Constance.

———venti velut agmine facto,
Quà data porta ruunt.———

La gresle ne pleut point si dru sur les fleurs, que les coups sur son sacré Chef, tous à qui mieux mieux.

———certant illudere capto.

S. Pierre esueillé de son lethargique sommeil, plein de courage, ne peut endurer cet Insulte.

Arma amens capit, & non sat ratione in armis,
Sed glomerare manum bella, &c.

Il couppe les oreilles à vn de ces pendars, N. Seigneur le reprend de ceste boutade.

Ipsum autem sumptis Petrum furialibus armis
Vt vidit, quæ mens tam dira miserrime Petre,
Impulit his cingi telis? aut quò ruis, inquit,
Non tali auxilio nec defensoribus istis
Tempus eget.———

Et comme il l'auoit autrefois appellé Satan quand il s'opposoit à sa Passion, ores il le menace s'il ne resserre son glaiue, luy representant sa

Homelies Quadragesimales. 349

volonté, sa puissance, sa prouidence.

―― si Pergama dextra
Deffendi possent, saltem hac defensa fuissent.

Quoy ! Seigneur, quel procedé, impugner ceux qui vous deffendent, & deffendre ceux qui vous impugnent ? reattacher miraculeusement, & humainement l'oreille à ce bourreau Malchus, qui tantost vous soufflettera ? O abysme inscrutable de bonté ! c'est parler que vous admirer ! C'est vous admirer que se taire, c'est vous adorer.

S. Pierre argué, voila que tous *les Disciples laissans nostre Seigneur, s'enfuirent, & l'abandonnerent.* Nostre 4. consideration. C'est ores que nous pouuons dire,

IV.

Excessere omnes adytis, arisque relictis,
Dij quibus imperium hoc stetterat, &c.

Tels sont les amis du siecle empressez en prosperité, escartez en aduersité. Mousches qui ne viuent que l'Esté, & ne cherchent que les cuisines, & meurent l'Hyuer.

Hyrondelles qui ne cerchent que le chaud.

Pigeons qui ne s'arrestent qu'aux Colombiers blancs, & remplis de mangeaille.

Ombres qui n'accompagnent le corps, que tant qu'il fait Soleil.

Amis qui ne regardent que l'Orient, disoit cet Empereur mourant, & tournent le dos à l'Occident.

Heliotropes, qui se tournent, & ouurent au Soleil, se resserrans és tenebres.

Poux qui ne rongent que les viuans, & non les morts.

Bas or qui pallit à la touche du desastre.
Torrens enflez en l'abondance des neiges, &
qui restent à sec icelles escoulees.

*Non est qui consoletur eum ex omnibus charis eius,
omnes amici de longè steterunt.*

Excepté cet adolescent recité au texte (que
quelques vns tiennent auoir esté S. Iean le Disciple fauory) qui affublé d'vn linceul suiuoit N.
S. mais de loin. Il me souuient de l'Euryale du
grand Poëte courant apres l'enleuement de son
cher Nisus.

Æneid. 9. *Euriale infœlix quâ te regione reliqui,
Quâue sequar? &c.*

Retenez, mes bien-aimez, de ceste Station
premiere. 1. les 5. Circonstances de N. S. priant
en ce funeste Iardin, 2. Comment il fut malheureusement trahy par Iudas, 3. Pris par les Iuifs,
4. Delaissé de ses Apostres.

MERCREDY SAINCT.

II. & III. Station chez Anne & Cayphe.

HOMELIE XXXVII.

Æneid. 2. *Qvis cladem illius noctis, quis funera fando,
Explicet? &c.*

Du Iardin ces victorieux insolens *capta parda,*
entrainent Nostre Seigneur emmy les tenebres
de l'obscure nuict, esclairez des deux beaux
yeux de ce doux Agneau, comme des astres iu-

meaux de Castor & de Pollux, ou comme des feux ardans dedans les belles prées. Si mieux vous n'aymez penser qu'ils ont leurs yeux pareils à ceux du cruel Tibere, esclairans la nuict par les rays estincelans de leur rage forcenée. Ou bien comparer N.S. à ceste columne de feu, si tenebreuse au iour suiuât, illuminant ces faux Israëlites parmy les ombres espesses de la nuict, & de leur aueugle courroux. Voyez-vous pas comme la fureur les fouruoye, ils vont chez Anne, qui n'estoit plus en charge ; & de là ils sont renuoyez chez Cayphe Pontife en exercice. Ce sont les deux Stations que nous parcourons en ceste Homelie, chacune rengée en 4. membres. Ceux de ceste 1. seront, 1. le Tiraillement de N. S. 2. son acusation, 3. son interrogatoire, 4. son soufflettement.

Estre tant de loups sur vn Agnelin, ô Iuifs.

Egregiam verò laudem et spolia ampla refertis.
Ne le pressez pas, il ira prou, son oblation est volontaire. Nouueau Curtius, il se donne librement à la mort pour le salut du genre humain, *son heure est venuë qu'il doit estre clarifié* par vos honnissemens.

Qui a iamais leu chez les Poëtes le desmembrement de Penthée par les Bacchantes? en voicy la peinture en Iesus.

Toutes les fureurs qu'ils descriuent au rapt d'Helene par Paris sont icy verifiées.

Il est fait comme vn but aux flesches embrasees de leur courroux.

——— *Incensa Danai dominantur in arce.*
Hostis habet muros, ruit alto à culmine Troia.

I.

Voila tous les freres de Ioseph qui mettent la main à le descendre en la Cisterne, chacun le meurtrit, chacun descharge sa manie sur cet Innocent, qui le frappe, qui le huë, qui le bastonne, qui le traîne, qui le lie, il n'y a pas assez de place sur luy pour s'acharner, ils n'ont plus de lieu, *super quo percutiant.*

I I. Ainsi demené, & mal traitté, ils le fisrent deuant Anne, & commencent leurs accusations par des hurlemens desreiglez, des sons confus, comme mugissemens. *Circumdant illum vituli, multi tauri pingues obsident eum, circumdant eum sicut apes, exardent sicut ignis in spinis.*

Calomnies & impostures en campagne, mais quoy? si l'accuser suffit, où sera l'innocence? si le controuuer preuaut, où sera la verité? Toutefois le Soleil peut bien estre offusqué de nuages, iamais esteint.

La calomnie ressemble au poisson appellé *sepia*, qui prise au filet, espanche vne ancre noire pour troubler l'eau, & eschapper la veuë & la main du pescheur, mais en fin ceste noirceur se dissipe.

Ils ne cessent neantmoins d'imposer, croyans comme cet ancien calomniateur, que si la playe guerit, la cicatrice en demeure tousiours; aussi bien ont ils resolu à droict ou à tort, qu'il faut qu'il meure. La prophetie mesme a determiné *qu'il estoit expedient qu'vn homme mourust pour tous le peuple.* Nostre Seigneur pouuoit donc dire: *Aperuerunt super me os suum tanquam leo rapiens & rugiens.*

Voyez en ceste extrauagante accusation le procedé

Homelies Quadragesimales. 353

procedé de l'heresie contre l'Eglise Espouse de cet Agneau, il luy suffit, pourueu qu'elle nie, qu'elle crie, qu'elle broüille, renuerse, remuë, change le quarré en rond, mesle le ciel à la terre, falsifie, s'arme d'impostures, d'alibis, somme, vraye Cameleonne, qu'elle muë en toutes couleurs, sans changer la blancheur de la verité.

III.

Ceste procedure exorbitante est suiuie d'vn interrogatoire à l'aduenant. Anne passant les bornes de son pouuoir jà expiré, enquiert N. S. de deux choses. La 1. de ses Disciples, surquoy nulle response. Car qu'eust-il peu dire de leur lascheté, leçon pour nous apprendre à cacher les fautes d'autruy, ou du moins à les voiler auec le rideau d'vn modeste silence.

O grand Constantin, qui voulez couurir de vostre propre chappe les coulpes & imperfections des Prestres.

La 2. fut de sa doctrine: Dequoy, comme de chose tres-sainte & tres-sainctement, il respond haut & clair, franchement & couuertement, ne rougissant point de l'Euangile, qui est vertu à tout croyant.

Voicy nostre Daniel pertinent en ses oracles, & professe sa creance au peril de sa vie.

Beau front de Diamant brillant de flammes claires d'innocence, de candeur, & de verité.

Il passe declaration qu'il n'a nullement parlé à cachettes, il renuoye ces enquesteurs au ciel, à la terre, aux Anges & aux hommes, tesmoins publics & irreprochables de ses faicts, & de ses dits, de ses enseignemens & deportemens.

Voyez combien la vie est saincte, & comme

IV.

Z

ses rays sillent les yeux à ces hyboux qui n'en peuuent supporter l'esclat, cet oyseau du iour *qui ne faisoit que des œuures de lumiere*, est attaqué de dents & de griffes par vn malheureux pendart de Ministre, ainsi dit le texte, *Vnus ex Ministris dedit alapam Iesu dicens, sic respondes Pontifici?*

O soufflet dont le son retentit aux quatre coins du monde, au Ciel mesme, & aux Enfers, saisissant d'effroy les Anges, & les diables, encores le diable sur le Pinacle s'y porta-il plus respectueusement.

Mais ce fut vn grād pendart de Ministre, peuple, qui fit ceste insolence, nullement le Prestre, qui comme nous pouuons pieusement croire, ne l'approuua pas. Aussi est-ce le propre des Ministres ou bourreaux, car ces mots ont mesme signifiance en l'Escriture, de souffletter Iesus en sa parole. Lors qu'il dit, Cecy est mon Corps, le Prestre quand bien il seroit vicieux, le croit & l'adore. Mais le Ministre le nie, perché sur les ergots de ses raisons naturelles, cōme s'il estoit question d'epiloguer les volontez de Dieu, & mesurer son pouuoir à son aulne. Mais remirōs icy la patience de N. S. apres l'impudence & l'ingratitude de ce grand pendart de Ministre.

Il respond doucement à cet outrage, selon le Sage, qui dit, *que le doux discours amollit l'Ire*. Desireux du bien de ceste ame esgarée, & prest de donner, dit S. Augustin, non pas l'autre iouë, mais tout ton corps pour son salut.

Voila la Cruche de Gideon, qui brisée rend vne lumiere, iointe à vne flute douce.

Voila l'enclume, qui frappee, rend vne harmonie, sur laquelle Iubal, frere de Tubal-Cain pere des forgerons inuenta la musique.

Voila le bon caillou, qui heurté, rend des estincelles d'Amour : mais b'uettes qui ne rencontrent point de mesche. Voila comme sont buffettez, & baffouez ceux qui preschent la verité.

Soufflet prefiguré en celuy de Sedecie à Michee.

O Impudent Oza, oses-tu bien toucher nostre Arche sacree?

O temeraire Ozias, oses-tu bien mettre la main à l'encensoir?

Effronté Abiron, comment te reuoltes-tu contre Moyse?

Voila que c'est, les orgueilleux ne peuuent souffrir vne parole libre, moins vne iuste reprehension, allusiuement *tange montes & fumigabunt*.

Mais quelle ingratitude! ce mesme Ministre estoit l'essorillé Malchus que S. Pierre auoit si mal mené, & que nostre Seigneur auoit promptement guery, *hæccine reddis Domino tuo serue stulte & insipiens, ipse est qui seruauit te*. Ce n'est point vn maistre qui t'aye percé l'oreille, en te donnant la liberté, mais plustost qui te l'auoit restitué, *Holocaustum pro peccato non postulauit, aures autem aptasti tibi*; en te parlant si doucement, & cordialement.

O Asne desnaturé, tu ruës à ta mere apres que tu l'as tettee.

Tu es vne Mer de mescognoissance qui amertumes les eaux douces qui tombent en ton sein.

Tu es vne conche qui l'eau puisee, tournes le

Z ij

dos à la fontaine.

Farouche Abante tu sagettes le Soleil qui te leche le dos par la chaleur de ses rays.

Venons maintenant à la 3. Station chez Cayphe, où Anne renuoye cet Innocent entre les mains de ceste furieuse cohorte, où nous esplucherons, 1. Son accusation deuant ce Pontife, 2. Son adiuration, 3. le reniement de S. Pierre, 4. les risees & illusions qui luy sont faites.

> ―― *Inde lupi ceu*
> *Raptores atra in nebula, quos improba ventris*
> *Exegit cæcos rabies, catulique relicti*
> *Faucibus expectant siccis.* ――

V. De pareil air ces Anthropophages tracassent le Sauueur de Tribunal en Tribunal, pour assouuir leur passion desmesurée, & satisfaire aux coniurations.

Ils subornent deux faux tesmoins pour le preuenir deuant Cayphe, qui s'accordent comme ceux de Susanne en Daniel. Mauuaise race, *Genus hominum publico exitio natum, & pœnis nunquam satis coërcitum.*

Ioseph, Daniel, Naboth, & S. Estienne sont de riches tableaux de l'Innocence circonuenuë.

Mais tousiours Dieu permet qu'ils se coupent, *mentitur semper iniquitas sibi, & omnis iniquitas oppilat os suum.* Ce qu'on peut remirer en la discordance de ceux-cy qui accuserent nostre Seigneur, *Insurrexerunt in eum testes iniqui.*

L'vn declare qu'il luy auoit ouÿ dire qu'il destruiroit le temple & le reedifieroit, l'autre: que si on le destruisoit, il le rebastiroit en trois iours, disconue-

Homelies Quadragesimales. 357

nance aux termes. Et puis aueugles qu'ils estoient ils ne voyoient pas qu'il entendoit parler de son corps.

Oyez les heretiques sur les interpretations de ces paroles plus claires que mille Soleils: *Cecy est mon corps*, vous les trouuerez tous discordans, mille routes destournent du blanc, vne seule y arriue, le faux à vn monde de visages, le vray n'en a qu'vn.

VI.

Sur ceste accusation telle quelle, le grand Prestre l'adiure *par le Dieu viuant*, de luy declarer s'il estoit le Christ. Grande obeyssance de N. S. grand respect à son Pere, pressé par là il respód, *tu l'as dit*. Tirons de là qu'elle doit estre la force des exorcismes Catholiques, que donnent la gesne ordinaire & extraordinaire aux demons.

Apprenons 2. que ceste specieuse coniuration ne fut faicte par ce malicieux Pontife, *que pour circonuenir le Iuste, mettre du bois en son pain, & le surprendre en parole, pour apres le tailer de la terre des viuans*.

Voyez-vous l'appeau auec quoy il tasche de surprendre l'Innocent oyselin? Le tresbuchet est tout preparé, *vt decipiant ipsi de vanitate in id ipsum. La fosse toute apprestee*.

Sa proposition est molle & douce, mais dessous il y a des traits qui trauersent occultement les droits de cœur.

C'est ainsi que les flatteries sont dangereuses, puis qu'elles ne tendent qu'à piper, & attraper, ce sont toiles d'araigne, pieges pour les mouches de vanité.

De ceste sorte de gens sont remplis les Palais de grands du siecle, *qui mollibus vestiuntur in do-*

Z iij

mibus regum sunt. Et ils couchent leurs paroles auec complaisance, comme des vestemens delicats s'approprient au corps.

Ce sont les chiens du Lazare qui leschent les playes des imperfections, & fomentent ainsi les vlceres.

Cayphe sur la nette declaration de nostre Seigneur, deschire ses vestemens, & crie qu'il a blasphemé, & comme coulpable de mort, le renuoye au bras seculier, où nous le verrons conduit aux stations suiuantes.

VII. Cependant voila S. Pierre, qui oubliant toutes ces protestantes rodomontades renie à la porte du Palais de Cayphe, *vt Dominus iustificetur in sermonibus suis, & vincat cùm iudicabit.*

O Dieu! *qui stat videat ne cadat*; si la Colomne deuient roseau, que sera-ce du roseau mesme? Voila vne petite contradiction d'vne simple chambriere, comme ceste pierrette de la montagne, qui fracasse le Colosse des promesses de cet Apostre.

Voila que c'est de se fier en ses forces: *Qui confidunt in virtute sua, Deus meus, pone illos vt rotam, & sicut stipulam ante faciem venti, & sicut lutum platearum dele eos.*

Voyez comme Nabucadnezar, qui faisoit le Dieu, est humilié comme vne beste; & n'est-ce pas faire le Dieu, que de se confier plus en soy qu'en la diuine grace.

Qu'est ce de l'humaine fragilité? c'est vn verre, c'est vn nauire sur la mer des accidens du monde, qui se froisse au moindre heurt. L'homme a beau proposer, si Dieu ne dispose.

Au demeurant, iugez si ce sage Persan n'auoit pas quelque raison, d'estimer la femme *pour la plus forte de toutes les choses?*

Mon frere, euitez ces escueils, vous n'estes ny plus vertueux que Dauid, ny plus fort que Samson, ny plus sage que Salomon, ils y ont fait naufrage.

Heu fugito inuisos scopulos, fuge littus iniquum.

Fuyez aussi la gourmandise: car c'estoit vne cuisiniere, & vous sçauez que le luxe, & la panse sont confederez; mirez-vous au riche gourmand, voire & en Adam nostre protoplaste.

Euitez encores l'auarice Simoniaque; ô Ecclesiastiques! c'est ceste portiere qui laisse entrer les loups rauissans au lieu des chiens fidelles, c'est elle qui donne entree aux traistres.

Æternumque adytis aufert penetralibus ignem.
C'est elle qui esteint toute deuotion, suffoque la pieté, & qui rauale à la terre nostre condition, *qui ne doit conuerser qu'aux cieux.* Neantmoins ce malheur de Hieremie se peut encore redire.

Omnes auaritiæ student, etiam sacerdotes, & Leui- Hier. 6. *tæ, cuncti faciunt dolum.*

Ce S. Apostre ne porte pas long temps en son sein vipereau de ceste lasche renonciation; car nostre Seigneur l'ayant regardé, soit spirituellement, comme tiennent quelques Docteurs, soit corporellement auec d'autres, *soudain il sortit dehors, & plora amerement.*

Beaux soleils qui fondez les glaces de ceste pierre, & qui resoluez en la pluye de ses yeux, les exhalaisons des repentirs de son cœur.

Z iiij

Doux vent de midy qui soufflez ces roses, *flabit spiritus eius & fluent aquæ.*

Belle verge qui *frappez la pierre, & elle donne des eaux.*

L. 17. des Diuersi- tez, ch. 3. & l. 29. chap. 1.
Il sort dehors, 1. quittant la conuersation des peruers, 2. detestant son peché, 3. en fuyant les occasions, & les pleurs saillent de ses prunelles, *exitus aquarum deduxerunt oculi sui.* Vous pourrez mon liseur, estendre & enrichir ces larmes du renuoy costé à costé.

VIII. Cependant en attendant le iour on ne peut dire les insultes, les irrisions, les mocqueries, les huees, les baffoüemens & les execrables insolences que ces loups commettent contre le Sauueur, luy cracher au visage, le souffleter, l'esgratigner, le voiler, l'adorer par mocquerie, le siffler, le maudire, l'iniurier, le meurtrir, ce sont les cruels ieux dont ils le balottent comme vne pelotte. Quel roc ne se creuseroit à tant de vagues? *Omnes fluctus suos induxerunt super eum.* Quel si gros arbre ne se romproit à tant d'atteintes?

Æneid. 4.
Ac veluti annosam valido cum robore quercum,
Alpini boreæ, &c.

Disons la verité, toutes choses sont supportables à vn grand courage, excepté le mespris, & la mocquerie: Et comment donc à Dieu à qui est deu *tout honneur & gloire*? Sacree humilité de mon Maistre, iusques où vous estes vous abbaissee?

Mithridates, Cleopatre, Brutus, esliseur plustost la mort que de tomber és mains insolemment victorieuses de leurs ennemis.

Saül la choisit plustost que de suruiure à sa hôte

Elisée, Samson, Noé, Iob, quelques parfaicts qu'ils fussent, surmontans tout par leur patience, ceste patience fut surmontee par le mespris.

Il n'appartenoit qu'à vn seul Iesus d'aualer ce calice, encores auoit-il les yeux bandez.

Colligez, mes ames cheres, de ceste 3. Station, 1. l'accusation, 2. l'adiuration faite à nostre Seigneur, 3. sainct Pierre pechant & plorant, 4. les mocqueries & indignitez faictes au Sauueur du monde, & tirés des 8. points de ces deux actes, autant de documens, 1. à abhorrer la cruauté, 2. la calomnie, 3. à protester franchement nostre foy, 4. à souffrir des coups pour l'Amour de nostre Seigneur, hayssans l'impudence & l'ingratitude, 5. à detester le faux tesmoignage, 6. à respecter le nom de Dieu adorable, 7. à imiter sainct Pierre en sa penitence, si nous l'auons suiuy en son peché, 8. à endurer patiemment les risees & mocqueries du monde.

IEVDY SAINCT.

Quatriéme & cinquiéme Station chez Pilate & Herodes.

HOMELIE XXXVIII.

VOus sçauez le *Diuidatur*, du Iugement de Salomon, mes tres chers, & le voicy representé au tracassement des Iuifs qui promenent Iesus, & tousiours auec nouueaux accessoires de douleurs, ores aux Tribunaux Ecclesiastiques, ores aux Seculiers, Anne l'enuoye à Cayphe, cestuy-cy à Pilate, de là à Herodes, derechef renuoye à Pilate, & ou non ? afin que celuy là fust iugé par tous qui venoit patir pour tous, les Iuges sont appellez Dieux, & d'eux a dit cet Ancien, *Dij quasi pilas nos homines habent*, ce qu'on peut voir en ces balotages : imaginez vous Orphee despecé par les Bacchantes. & voyez ceste feinte renduë vraye au bon Iesus. Or sus nous vous allons deduire les deux Stations de Pilate, & d'Herodes, chacune reduite sommairement à 4. points dont la 1. vous representera 1. la presentation à Pilate, 2. la mort malheureuse de Iudas, 3. l'accusation deuãt ce Iuge, 4. l'Examen qu'il fit. Soyez attentifs, sinon que vous voulussiez marier vos souspirs & sanglots à ma voix lamentable.

I.

Iamque dies infanda aderat, fera sacra parari,
Et salsæ fruges & circum tempora vitæ.

Mane facto, dit le texte, grande diligence des peruers à mal faire, ils ameinent ou enleuent le Redempteur à la maison de Pilate, Iuge Gentil, deputé par Cesar, & luy presentent comme ià conuaincu & digne de mort.

Med. 1.

Voila que la Synagogue, ceste desloyale Dalila, liure le beau Samson entre les mains des payens Philistins, pour accomplir la propre Prophetie du Verbe, *Tradetur gentibus ad illudendum, flagellandum & crucifigendum.*

Voila nostre Andromede exposee aux monstres, & qui n'a point de Bellerophon.

Grande diuision toutefois sur ce liurement

fut en la Synagogue, *schisme estoit entr'eux*, car nostre Seigneur y auoit tout plein de secrets disciples, Nicodeme representoit ses miracles, Gamaliel les malheurs suruenus par les morts des Prophetes, *dissecabantur cordibus*.

In partesque ruunt multas, perque omnia versant.

En fin la force, la rage, & la pluralité l'emportent, car le nombre *des fols est sans fin*. Mais l'heur des Tribunaux & compagnies, où souuent le plus de voix a le moins de raison, *numerantur sententiæ, non ponderantur*.

Pilate choisissez, *vtrumque feceris pœnitebis*, si vous voulez sacrifier, voicy vn Agneau sans macule, mais il n'est pas propre à supplicier, s'il meurt, vous voila coulpable, s'il meurt, nous perissons.

III. Tandis qu'il desueloppe son agonie, voicy Iudas qui enlasse sa perplexité desesperee auec son col en vne hart. L'horreur de son forfait execrable comme vn autre Architophel le fait pendre. C'est vn Oreste agité des furies pour son parricide. *Omnibus vmbra locis adest*, la coulpe à la peine aux talons, *culpam pœna premit comes*, & ne se separent non plus que l'ombre du corps, *raro antecedentem scelestum deseruit pede pœna claudo*.

Il pense comme vn autre Cain, *que sa faute est si grande qu'elle soit irremissible*, detestable qui pense estre plus que Dieu, & pouuoir faire ce qu'il ne puisse, ou deffaire, ou pardonner, desespoir plus damnable que sa trahison.

Ainsi dit on que la Harpie se tuë apres qu'elle a estouffé vn homme, à cause de quelques traicts de ressemblance qu'elle a en sa teste de la face humaine.

Æneid. 4. *Sic trepida & cœptis immanibus effera Dido*
Sanguineam voluens aciem, &c.

Mirez en la mort de ceste furieuse amante ce traistre desesperé. *En quid agat.*

Æneid. 2. *Heu quæ nunc tellus, inquit, quæ me æquora possunt*
Accipere? &c.

O! *hautesse de la science & prouidence de Dieu, que ses voyes sont inscrutables!* Contrepointez des deux Apostres faillans, Pierre, & Iudas & quelle diuerse issuë, les pleurs sauuent celuy là, le cordeau damne cestuy-cy, gracieux rencontre en ce tetrastiche qui met le hazard au train de la raison,

Qui laqueum collo nectebat reperit aurum,
Thesaurique loco condidit hic laqueum.
At qui condiderat postquam non reperit aurum,
Aptauit collo qui fuit hic laqueum.

Ainsi de deux Galeres qui nauigent sur mesme mer agitee de pareille tourmente, l'vne se sauue au port, l'autre se submerge & se brise au Roc.

Iudas depesché de sa trahison & de sa vie, les Iuifs de leur part sont bien empeschez à former des accusations assez fortes pour rauir la vie à l'innocent Iesus. Ces furieux comme des animaux enragez, plantent le venin auec la dent, & coulent la mort par leur morsure.

Et comme on dit des Lyons qui engendrent la pourriture en ce que leur gueulle attaint, ainsi leur accusation ne respire que mort. *parauerunt in ea vasa mortis, sagittas suas ardentibus infecerunt,* pource N.S. pouuoit dire, *salua me ex ore leonis, & à cornibus vnicornium*, qui frappent sans recognoistre, *humilitatem meam, ne absorbeat me in profundum, nec aperiat super me puteus os suum*, car leur bouche criarde & blasphemante, estoit vn abysme ouuert qui ne demandoit qu'engloutissemens.

Ils l'accusent d'estre seducteur, seditieux, & mutin, de reuolter les peuples, leur inspirer la rebellion contre Cesar, de se vouloir faire Roy, mensonges & impostures plus noires que le charbon. Mais accusations plausibles, & que les esprits du vulgaire s'impriment auec beaucoup de credulité. Ils cerchent *des nœuds en vn ionc*, selon l'ancienne paroemie, pointillans sur ses mots, & les interpretans à leur malicieuse poste.

Vn baston droit dans l'eau de leur animosité paroist tortu, estomacs cacochimes qui tournent en bile les meilleures viandes.

Ils ont recours à la Calomnie, *qui porte le venin d'Aspic sous la langue*, au deffaut de vrayes accusations, & calomnie sanglante pour imiter leur *pere le diable* (Car ce mot en Grec sonne Calomniateur) *lequel a esté homicide dés le commencement*.

Pilate leur ayant presté vne oreille, porte l'autre pour entendre les responces de l'accusé qui se taisant par patience, modestie, & mansuetude, le fait venir à l'Examen, mais Examen conforme à son humeur, & à la vanité d'vn Gentil. *Es-tu Roy?* luy demande-il, les ambitieux pensent tousiours aux grandeurs, au demeurant estant suiet de Cesar, il n'a deuant ses yeux que l'interest de son Maistre.

IV.

Pilate pense à toy, tu tiens en main la balance de la vie & de la mort, le feu & l'eau est deuant toy, esgale les bassinets, sois droit & iuste.

Estimez iuges, que vous maniez le rasoir du Chirurgien, pour peu que vos mains gauchissent elles perdent & tuent; c'est du fer rouge que vous accommodez, ayez des pincettes de grande circonspection. *Entendez donc iuges, & marchez droit, vsez de vostre puissance selon Dieu, & equité, &c.*

Sap. 2. Principalemét où il s'agit de la mort d'vn hôme, & d'vn pas irreuocable, pesez & dilayez vn peu.

——Habent paruæ commoda magna moræ,
Nulla vnquam de morte hominis cunctatio longa.

la verité fille du temps sort en fin auec son aide du puits de Democrite, elle peut estre blessee, iamais occise.

A l'Interrogat de la Royauté, nostre Seigneur declare *que son Royaume n'est point de ce monde, mais qu'il y est venu testifier la verité*, qu'est-ce que verité? luy dit ce President qui volage, voyant que la Couronne de Cesar estoit sauuee par ceste negatiue, sans attendre la responce que c'estoit que verité, sort au Paruis pour declarer l'innocence de nostre Sauueur, surquoy vous noterez 1. que ceste mousche s'arrestant sur la paroy scabreuse & rabotteuse de la Royauté, ne pose point le pied sur la glace de la verité, 2. que nostre Seigneur renonce aux grandeurs terriennes pour induire à ce mépris tous ses sectateurs, mépris plus esleué que tout Empire. *Regnum est*, dit Seneca, *nolle regnare cùm possis*, & de fait l'antiquité nous fait plus de feste de la volontaire deposition de Diocletian, & en ces derniers siecles de Charles Quint, que de toutes les forcenees ambitions de ceux qui ont aspiré à ce Diadéme, 3. vous noterez que plusieurs qui font profession de bouche d'aymer la verité, en destournent leurs oreilles quand on la veut dire. Chacun porte son nez quand on chante l'eau beniste, mais cligne des yeux quand on en fait l'aspersion.

Pilate ne pouuant auoir raison de ce populas echarné, beste qui a mille langues, & point d'oreilles, s'aduise d'vn stratageme, proiettant vne desfaite, vous dites qu'il se desseigne Roy, les Rois ne doiuét courre à la lice qu'auec les Rois, estre iugez que par des Rois, estre traittez en some que Royalement, menez-le à Herode vostre Roy, c'est son interest, son gibier, sa cognoissãce.

Tandis que ces Gelons y cõduisent nostre Sauueur, repensez, mes ames cheres, 1. à la presentation, 2. au funeste buscher de Iudas, 3. à l'accusation, 4. à l'interrogatoire.

Et cependant ie me prepare à la 5. Station chez ce Roy de Iudee, où nous traitterons 4. poincts, 1. Son accusation, 2. l'interrogatoire, 3. l'habit blanc, 4. la reconciliation de ce Roy, & de ce iuge auparauant ennemis.

V. 2. Æn.

Ecce manus Christum interea post terga reuinctis
Crudeles magno ad Regem clamore trahebant
  Hebræi, &c.
Vndique visendi studio Iudæa iuuentus
  Circunfusa ruit.

Arriuez deuãt ce Roy, voila ces loups qui hurlét & forhüent, les autres auec vn bruit cõfus pour venir à la proye. Voila ces grenoüilles, ou plustost crapaux, qui croassent dásles bourbeux marais de leur fangeuse malice. Ils roulent des grodemens & des murmures confus *comme les voix de plusieurs eaux*, & les cheutes des torrés, ils veulent donner leur tintamarre pour verité, & faire croire ce qu'ils disent, parce qu'ils crient bien haut, ils repetent leurs calomnieuses chansons, qui tousiours *sua per mendacia crescunt.*

A tout cela le Redempteur ne daigne seulemét respondre. C'est vn Socrates qui ne veut s'apologiser contre Anytus, & Melitus, tant il mesprise la mort.

Pareil à ces gros Dogues de garde, qui desdaignent les abois des menus cagnolins qui n'ont de la voix que pour iapper. Roc qui ferme se polit par les molles attaintes des vagues, ces traits s'amoussent contre la rigidité de sa constance. *Ego autem tamquam surdus non audiebam, & sicut mutus aperiens os suum, Obmutui & humiliatus sum, & silui à bonis,* pouuoit il dire.

C'est les conuaincre, que ne respondre à leurs absurditez, c'est leur respondre que de se taire. Ainsi Susanne, ainsi Ioseph veinquirent leurs accusateurs en se taisant. *Dieu est le protecteur de ceux qui esperent en luy, il est protecteur de la vie de l'Innocent que doit-il craindre?*

La calomnie le peut enuironner comme l'eau, *circundederunt me sicut aquæ, circundederunt me simul, &c.* mais non le penetrer ny trauerser.

De pareil silence il paye les friuoles, curieuses & impertinétes enquestes de ce fantasque Roy,

lequel

Homelies Quadragesimales. 369

lequel l'enquerant de sa diuinité, de ses miracles & comme les Iuifs autresfois luy demandant des signes, fut rebutté de nostre Seigneur, par la taciturnité, *iniquitatem in excelso loquebatur, ponebat in cælum os suum, meditabatur inania*, le tacet estoit la vraye monnoye dont on deuoit payer son ineptie.

Eleuat se homo ad cor altum, & exaltabitur Deus, les bastisseurs de Babel croyoient que les cieux s'esleuoient, à mesme qu'ils haussoient leur ouurage.

L'Esprit de Dieu ne se repose que sur les humbles & les craintifs, il ne reuele ses secrets qu'aux petits, non aux sages superbes.

Nostre Aigle ne desploye point les ongles de ses respontees aux mouches inutiles des demandes du fol Herodes.

Qui vray fol estimant folie, la taciturnité, indice plustost de la vraye sagesse, fit vestir N. Seigneur en fol auec vn habit blanc, grande prouidence du ciel qui a tourné ceste derision en edification, car 1. *la folie du monde est vne sagesse deuant Dieu*, 2. c'est le signal declaratoire de l'innocence de nostre Seigneur, 3. la marque de la pudicité, candeur, & integrité de sa vie, 4. cela nous enseigne comme le monde malin, bafoüe les simples & deuots. *Hi sunt quos habet in derisum*, estes vous de ces niais, fait-il, ô que vous estes idiot, ce mot de simple en son iargon, c'est vne iniure, apprenons de là que l'amusement ordinaire des grands, sont les bouffons qui les entretiennent de plaisanteries.

Seneca plaignant le sort de Harpaste la folle

VII.

A a

de sa femme, dit qu'il ne se delectoit nullement à ceste maniere de personnes, mais quãd ie veux voir vn fol, dit il, ie me mire. O Herodes si tu veux voir vn insensé mire toy.

Cependant remirez la Sagesse increée & eter-nelle reputée icy bas pour folie, quelle humiliation. *Omnes videntes me deriserunt me.*

Iamais le Roy d'Edom ne fit vn tel affront aux Ambassadeurs de Dauid.

En cét equipage nostre Agneau à la toison blanche est renuoyé à Pilate, *& de ceste heure*, recite le texte, *ces deux ennemis furent reconciliez*, & qui ne sçait que la Passion de N. Seigneur, *est nostre reconciliation auec l'Eternel Pere?*

Il est nostre paix qui vnit tout, il est la pierre angulaire, commune à la face de la gentilité & du Iudaisme, & qui a assemblé ces deux nations en son Eglise.

Voyez comme ces loups qui d'ailleurs s'entrehayssent, se reünissent pour faire curee d'vne brebis.

O sang! ô colle fine qui vnissez indiuisible-ment les cœurs plus dispathiques.

O ciment de sag & de chaux viue, qui attachez inseparablement les volontez plus desiointes.

O ennemis iurez, coniurez, & reconcilia-bles, si ce sang precieux ne vous excite à reconciliation n'estes vous pas pires que des Pilates & des Herodes?

S. Gualbert auant sa conuersion, se trouuant auec vn grand aduantage possesseur de la vie, ou de la mort d'vn sien ennemy qui l'auoit outrageu-sement offencé, luy pardonna, coniuré par l'Amour de ce precieux sang, ô cœur diamantin! obstiné en ton inimitié ne t'en amolliras tu pas?

Mirez toutefois en ceste reconciliation conspirante & monopolante la mort de Iesus, le procedé des Heretiques, qui bien que fort discordans & diuisez en sectes, se ramassent neantmoins pour ruiner, s'ils pouuoient la saincte Eglise espouse de l'Agneau.

Tirons, mes bien-aymez, des 8. points de ces 2. Stations autant de documens 1. à ne suiure l'aueuglement du courroux, 2. ne se desesperer iamais, 3. euiter la calomnie, 4. abhorrer les grandeurs du monde, 5. à ne respondre aux mesdisances, inuectiues & sornettes, 6. fuir la Curiosité, 7. ne se mocquer des pauures, 8. se reconcilier pour l'Amour de Nostre Seigneur, il soit beny à iamais. Amen.

VENDREDY SAINCT.

VI. & VII. Station au Pretoire, & au Caluaire.

HOMELIE XXXIX.

LE fils de Cresus nay muet, recouura la parole par vne tenduë & vehemente apprehension qui le saisit voyant vn soldat qui poursuiuoit son pere à mort sans le recognoistre, C'est le Roy, s'escria-il, que veux-tu faire? l'autre transi d'estonnement pose les armes, demande misericorde. Quand bien i'aurois la lãgue liée de mille filets, si me semble-il que l'horreur de la sanglãte mort de Iesus Pere & Roy de mon cœur, seroit capable de rompre tous ces nœuds Gordiens, & me remplir la bouche de discours, sinon façóds, du moins feconds en vne matiere si plantureuse. Moyse declare qu'il *ne peut parler au peuple des merueilles du Dieu viuant*, Dieu par vne verge luy donne sa parole en main. Qui pourroit estre capable de raconter les souffrances du Dieu mourant sans la verge florissante de la Croix, où est esléué le vray serpent qui nous guerit des playes du peché?

Saincte Croix, c'est vous qui estes toute la gloire du bien dire & de la predication de S. Paul, vous estes ce chesne de Dodone, dont les fueilles sont autant d'Oracles, peussé-je auoir autant de langues, & aussi penetrantes que vostre sommité est enfaistée d'espines, ô poignans esguillons! percez nos cœurs auec autant de ressentiment, que vous trauersez auec vn douloureux sentiment le cerueau de mon maistre.

O Dieu! & que ne suis-je venu à temps pour crier à plaine teste, ô Iuifs! ne tirez pas le Roy du ciel & de la terre. *Car sans doute*, dit l'Apostre, *s'ils l'eussent cogneu ils ne l'eussent iamais crucifié*. Mais vous deuiez estre *immolé, ô sainct Agneau, dés le commencement du monde*, & par le decret de vostre immuable prouidence, & par la rage insatiable de ces bourreaux inflexibles.

———*quid vota furentes.*

Quid delubra iuuant irata est flamma medullas.

Sus donc faisons ce qui nous reste, qui est de representer ceste triste fin és deux dernieres Stations, dont chacune fournira 4. chefs, ceux de la prochaine sont, 1. la Preference de Barrabas, 2. la Flagellation & Couronnement d'espines, 3. la production de *l'Ecce Homo*, 4. la Condemnation de nostre Seigneur, le ciel conduise nostre barque emmy tant de tempestes.

1.

Pilate en l'habit blanc que Iesus auoit rapporté de la maison d'Herodes lisant vne preuue peremptoire de l'innocence de cet Agneau immaculé remuë toute pierre pour le monstrer à ces bourreaux, & le liberer de la mort, il proteste haut & clair par diuerses fois qu'il ne trouuoit en luy aucune cause de le faire mourir : il est vray, President, il est incoulpable, quant à luy, mais non quant à nous; voyez vous pas que c'est vn Iacob qui veut attirer la benediction de son Pere chargé de peaux de nos ordures ? ô Barbares !

Meme adsum qui feci, in me conuertite ferrum
Hebræi, mea fraus omnis, nihil ille nec ausus,
Nec voluit. ———

O cher Absalon, qui me donra que ie meure pour vous !

Mais vous n'en ferez rien cruels, car vous estes trop alterez *du sang de ce iuste*, & puis quelle hostie condigne pourroit estre subrogee en son lieu ?

Le President s'aduise d'vn stratageme pour ne charger sa consciéce d'vn forfait si horrible que de la condemnation d'vn innocét manifeste. Il leur propose le choix de Iesus, ou de Barrabas, seló leur coustume, qui les priuilegioit de deliurer vn prisonier à la feste de Pasques, il leur represéte la simplicité de celuy-là, & les abomina-

Aa iij

tions de l'autre, il prie, il coniure, il remonstre
Ire iterum in lachrymas, iterum tentare precando
Cogitur, & supplex animos submittere amori,
Ne quid inexpertum frustra intentatumque re-
linquat.

Cela ne fait rien vers ces enragez qui plus furieux que des Tygres, lesquels du moins s'accoisent à la veuë d'vn Agneau, choisissent selon leur passion, nullement selon la raison, & demandent la liberté de l'execrable Barrabas, & la mort du debonnaire Iesus ; Crians à gueulle beante, *Crucifiez-le, Crucifiez-le.*

Æneid. 2. *Aduersi rupto seu quondam turbine venti*
Confligunt, &c.

O Hyboux malencontreux qui cherissez plus les tenebres que la lumiere, si est-ce quoy que vous fassiez qu'elle ne *se peut cacher*, elle perce & vos calomnies, & les obstacles de vos mensonges. *O enfans des hommes que vous estes iniustes en vos balances, voyla que vous conceuez la douleur, engendrez l'iniquité, & enfantez l'iniustice.*

Cœlum pro tanto scelere & pro talibus ausis,
Persoluat grates dignas. ——

Vous auez, ô frenetiques ! les pasles couleurs en l'esprit, vostre goust reiette les bonnes viandes pour se repaistre des corrompuës, c'est l'enuie qui depraue ainsi vostre Palais, ainsi

Alba ligustra cadunt, vaccinia nigra leguntur.

O mondains quantes fois auez vous crucifié Iesus pour embrasser Barrabas ; toutes les fois que pour vne momentanee vanité, volupté, auarice, ou pour vn potage de létilles vous auez laschement vendu voltre primogeniture, & la part de vostre eternité.

Vous preferez donc, ô Iuifs, Manasses à Ephraïm, & le cadet à celuy qui est *le premier nay* de toute creature.

Vostre rage ne demeure pas là, mais *vostre orgueil & vostre hayne monte tousiours*, vous attirez sur vous (ventouses infortunees) & sur vos enfans ce sang que le Iuge mesme declare estre incoulpable: ô Caïns redoutez vous point que le sang de ce *iuste Abel reclame contre vous* la iustice des Cieux?

Ce sang voirement est & sera non seulement sur vous, mais dedans vous, & vostre race miserable, car mes bien-aymez, vous sçaurez que les Iuifs depuis ce temps, ie dis les hommes, sont suiets aux menstrues, *secundum consuetudinem mulierum*, & leurs fleurs sont extraordinaires en la Lune de Pasques, ce qui les rend communemét pasles, oliuastres & deffigurez, *en sanguis eius exquiritur*, comme disoient les freres de Ioseph.

Pilate, ceste corde rompuë, en rebande vne autre bien plus sonante & tenduë. Il s'aduise à l'instigation du diable, de le faire foüetter couronner & desuisager en sorte que ceste hideuse façon fasse pitié à ces cœurs de bronze.

II.

C'est icy, ma chere ame, qu'il faut auoir des ressentimens, n'est-il pas raisonnable que nous qui sommes les membres, compatissions par vne harmonieuse sympathie aux douleurs de nostre chef?

Quel est ton bien-aymé? regarde, il est blanc d'Innocence, & vermeil de son sang.

————————quale
fulget ebur Tyrio quod fœmina tinxerit oſtro.
C'eſt luy qui vient d'Eſdron auec des veſtemens teints de pourpre, & *fuit flagellatus tota die, & caſtigatio eius in matutinis. Ecce in flagella paratus eſt, & dolor eius in conſpectu ſuo ſemper.*

C'eſt luy qui a *laué ſon eſtole dans le vin de ſon ſang, car ſes mammelles ſont plus douces que le vin.*

C'eſt ores que la pierre (*petra erat Chriſtus*) eſt frappee de la verge, & *torrentes inundauerunt*, & que faites-vous Iuifs, perdez-vous pas voſtre peine de frapper contre vne pierre de conſtance? eſtes vous pas ces abeilles qui picquez en vain la vache d'airain de Myron?

O cruels comment vous violentez ſa patience!

Æneid. 2. *Ac velut ſummis antiquam in montibus ornum Eruere agricolæ certant, &c.*

O fournaiſe d'amour que vous ruiſſelez de flames! mon cœur que ne ſers tu de vaſe pour recueillir ces ſainctes & purifiantes liqueurs?

N'eſtes-vous pas ce ieune Tarquin, qui pour acquerir Ardea à ſon Pere, ſe laiſſa foüetter iuſques au ſang?

O courageux Zopire, qui pour conquerir Babylone à ſon Roy, ne deſdaigna d'auoir ---*truncas inhoneſto vulnere nares.*

Ainſi deſchiré, ces bourreaux laſſez, non iamais ſaoulez de ſes peines, s'aduiſent d'vn tourment nouuellement ſorty des enfers, & inouy de tous les ſiecles.

Ils tiſſent vne couronne de Ioncs marins (il n'eſt rien ſi aigu que ces eſpines) & la luy enfoncent à coups de baſtons dans la teſte douleur, mes ames cheres, que ie laisse à penser à vostre meditation.

O beau lys entre les espines! ô Dieu de la playe de mon cœur! navrez ma poictrine d'autant de traicts, & d'attraicts de vostre sainct Amour.

Est ce ainsi, doux Redempteur, que vous attirez sur vostre Chef la malediction de la terre? ouy, Seigneur, la plus riche guirlande de vostre misericorde, c'est la remission de nos pechez.

La figure de ce mystere est commune au Belier du sacrifice d'Abraham.

Non content de ceste manie, ils en inuentent vne autre. Voila que pour luy deschirer la main ils luy font empoigner, & serrer vn baston espineux de rosier, ou comme d'autres veulent de roseau marin, canne vuide & espineuse, & par derision en forme de sceptre, & par malice pour le picquer & naurer.

En cet equipage ridicule pour ces malins, mais lamentable, pour les pitoyables ames, & qui ont encores quelque reste d'humanité, ils le produisent au peuple sur le Perron du Pretoire, où Pilate leur crie, *Voila l'homme.*

III.

Tu as menty, President, ce n'est point là vn homme, il n'en a pas la figure, c'est vn ver escrasé: *Ego vermis & non homo, opprobrium hominum, & abiectio plebis.*

O vous tous qui passez par la voye, consideres, & voyez, s'il est vne douleur pareille à la sienne. Voila l'estalement de la precieuse marchandise de nostre Redemption. Si quelqu'vn *a soif, qu'il vienne & boiue, sa misericorde est desbondee, & nostre rançon copieuse, la mesure surabondante.*

Iacob accablé d'vlceres, ne fit iamais si mal au cœur à ses amis, que Iesus nous doit faire en cet arroy, *nous le voyons comme vn lepreux, qui n'a ny beauté, ny visage.*

Obstupuere animi, gelidusque per ima cucurrit Ossa tremor.

Le considerant en ceste coniecture. Non, ie croy qu'vn pauure chien nous feroit pitié, accoustré de la sorte, quoy? le sage Vlysse plora bien à la mort moins cruelle du sien.

Il me souuient icy de l'apparition d'Hector tout sanglant, excellemment descrite par le Poëte incomparable.

Æneid. 2.
In somnis ecce ante oculos mœstissimus Hector Visus adesse mihi.

Quoy? la beauté de Phryné eut bien le pouuoir d'amollir le cœur de l'austere Areopage & la pitoyable defformité *du plus beau des hommes* n'aura-elle aucun ascendant sur ceste feroce troupe?

IV. Nullement, ils redoublent leurs acclamations Crucifiantes, & y adioustent des menaces qui font peur à Pilate, & qui donnent le dernier branfle à son irresoluë resolution de se damner, & condâne le Sauueur. Sentence extraordinaire, & non iamais entenduë, diametralemét contraire à toute equitable formalité, *tradidit illum voluntati eorum.* Car qui a iamais entendu de liurer vn criminel entre les mains de ses parties?

Cependant il colore son iniustice, & la pretexte d'vne force forcée, & d'vne feinte innocence. Il laue ses mains, & non son cœur, curieux obseruateur de la ceremonie, non de la

Simonie qu'il commettoit en liurant Iesus: *ainsi il excuse, des excuses en son peché.* Ainsi Adam, ainsi Cain, pecherent en s'excusant, qui eussent eu pardon en s'accusant, *le iuste est accusateur de soy: mais le peruers couure son iniquité, mais apres il est enuelopé de double confusion.*

O Pilate, que ce dicton du Sage reuient bien à ta vaine crainte de perdre l'office ou les graces de Cesar, *ne sois point Iuge si tu crains la face du Puissant, de peur que tu ne faces scandale en ta legereté.*

Voila ces bourreaux contens, ils tiennent en leurs sanglantes griffes leur proye desiree, ils se lancent dessus à la foule, & à corps perdu.

Non sic aggeribus ruptis cùm spumeus amnis   Æneid. 2.
   Exiit, &c.

Il peut bien dire, ce doux Agneau, *Veni in altitudinem maris, & tempestas demersit me. Infixus sum in limo profundi, & non est substantia.*
Icy, mes bons amis.

Riuales oculi mei non ferunt mea labia.

C'est trop parler sans plorer à ses torrens de bouche pour desbonder ceux des yeux, fermez vous sources de l'abysme de mon estomach, pour desboucher les Cataractes superieures des spheres de mes prunelles. Si mes paroles ont esté larmoyantes, mes larmes feront parlantes, *& exaudiet Dominus vocem fletus mei, auribus percipiet lachrymas meas. Lachrymæ pondera vocis habent.* Alte donc pour vn peu, afin d'essuyer ses playes, tandis que ie me prepare au dernier acte, & à la deplorable Catastrophe de ceste horrible Tragedie.

Cefte 7. Station vous representera en 4. pieces, 1. L'allee au Caluaire, 2. Le Crucifiement de N. S. 3. Sa Mort, 4. Sa Sepulture. Et si vous ne plorez à ce lugubre spectacle, quand, ô cœurs empierrez, ferez vous touchez de Compassion?

V.
Æneid. 2.
Ecce trahebatur passis Priameia virgo
Crinibus à templo Cassandra, &c.

Où est icy vn Chorœbe affollé d'Amour, qui se iette à la trauerse pour arrester ce funeste conuoy? Helas! *Ecce quomodo moritur iustus, & nemo percipit corde.*

Eamus & nos, & moriamur cum eo; exeamus extra castra, improperium eius portantes.

——*moriamur, & in media arma ruamus.*

Voicy le vray Isaac portant son bois sur ses espaules qui s'en va estre sacrifié sur la montagne. Voicy ce Roy, *cuius principatus super humerum eius.* Voicy *la clef de Dauid* que son fils, selon la chair, porte sur son dos.

Sacré bois, qui auez esté supporté, & puis auez porté le bon Iesus, tige venerable, arrosee de son sang & baignee de sa sueur. Vous serez deformais mon anchre salutaire emmy les orages des tentations.

Ma table de reserue apres le naufrage de mes offences.

Ma cité de refuge en cet exil. Mon azile emmy les persecutions, *hæc ara tuebitur omnes.*

Vous estes l'arbre de Daniel, sur lequel ie me veux percher. Beau *Plane exalté pres des eaux* des angoisses.

Havre de grace à ceux qui sont battus de la tourmente.

Homelies Quadragefimales. 381

Arche de Noé, qui fauuez du deluge de damnation.

Eschelle de Iacob auec laquelle *les violens escaladent les cieux*.

Mais que di ie, ô fardeau insupportable aux espaules de mon Iesus! voyez comme il gemit dessous, regardez comment il choppe à chaque bronchade; mais s'il tombe, comment est il rudement releué par ces mastins?

——— *quater ipso in limine portæ*
Substitit, inque humeros sonitum quater arma dedere.

——— *scandit fatalis victima muros,*
Ictibus effœta, & circum pueri atque puellæ
Sacra canunt, funemque manu contingere gaudent.

Les sainctes Dames de Ierusalem qui luy souloient rendre tant de pieux deuoirs, le suiuent comme vn Cerf nauré, & chassé à la piste de son sang, & meslangent ces celestes gouttes auec les torrens de leurs pleurs.

Accablé de douleurs & de charge, il console ces desolees, & tasche d'asseicher leurs larmes à l'ardeur de ses feux. Ce n'est point moy qu'il faut plorer, car ie meurs content, & auec plus de courage que mes ennemis n'ont de rage, mais plorez sur vous & vos enfans.

O mon ame, il est vray, tes productions plus communes sont tes pechez, tu les cheris *comme vne fille le bouquet de son sein*, c'est ceste engeance miserable qui est la cause dont ceste cruelle mort n'est que l'effect, plore pauurette, tes fautes, qui occasionnent tant de douleurs à ton cher Espoux.

Criton plore la mort de Socrate Innocent, comment, luy fit-il, voudrois tu que ie mouruſſe coulpable? c'eſt la coulpe qui aggraue le ſupplice.

Eſt que pati pœnam quàm meruiſſe minus.

Pericles & Pelopidas à leurs enfans qui les plaignoient de ce qu'on les faiſoit mourir à tort. Ceſſerez-vous de nous regretter, firent ils? mais gemiſſez pour le mal de nos faux accuſateurs.

O deuotieuſes Dames! vous ſerez deſormais ces tourterelles delaiſſees, dont la voix ne ſera plus autre qu'vn gemiſſement.

Quoy? la vigne plore bien le retranchement de ſon bois, vous auez bien raiſon de plorer, de vous voir ſeparees de ce tronc de *vigne dont vous eſtiez les pampres.*

Fluez, *belles piſcines d'Eſebon, roulez douces Colombelles, iouxte les ruiſſelets, que vos larmes ſoient voſtre pain*, & gemiſſez à iamais pour ceſte perte ineſtimable.

Cependant vos pleurs, au lieu de ſoulager, debilitent le cœur, patiſſans, & compatiſſans de noſtre vnique Amour qui creue, *& ilia ducit* ſous le poids de mes pechez, & de ceux de tout le monde, qui ſont annexez à ſa Croix.

O cher Eſpoux! *mes maux ſe ſont multipliez, & comme vn fardeau ſe ſont griefuement aggrauez ſur vous.* O peché tres-lourd! ô talent *de plomb* inſupportable aux eſpaules de Dieu meſme! comment te peux ie ſouſtenir, & retenir en mon cœur?

Seigneur, c'eſt maintenant, que les pecheurs fabriquent sur voſtre dos, en prolongeant leur iniquité, & retardant leur conuerſion.

O Cyreneen Simeon, que ie porte vne ſaincte ialouſie de Dieu à ton bon-heur, qui te rédit premierement forcé porteur, puis volôtaire ſectateur & confeſſeur de ceſte Croix, & du Crucifié.

Mes cheres ames, ſi iamais vous eſtes touchees de la Croix Crucifié, vous voila à luy, vous voila conuertis.

Bien-heureux attouchement, quand frapperez-vous la robbe de mon cœur? plante chere, quand vous attendray-ie en ſorte, que iamais plus ie ne vous abandonne? Quand pourray-ie dire, que ie ſuis cloüé auec Chriſt en Croix? & que mon cœur & ma chair y ſeront affichez auec les cloux de ſon ſainct Amour? O Amour, quand? quand? quand? helas quand?

O mon eſpoux, helas! ie vous aide, & que ie vous porte encores, & Croix, & cordes, & tout.

Eia age chare pater ceruici imponere noſtræ, ipſe ſubibo humeros, nec me labor iſte grauabit.

Que portez-vous, ô Simeon? ce n'eſt que du bois; mais que portez-vous Agneau ſacré? Ho! ce ſont les pechez de tout le monde. O que ce bois eſt leger au prix de celuy cy. Faites moy ceſte miſericorde, vnique Amour de mon cœur, que ie ſois de ceux qui portent la Croix, & vous ſuiuent, puis qu'on ne peut entrer triomphamment au ciel qu'en cet equipage.

Nous voicy venus au Caluaire, theatre des plus grandes & extrêmes douleurs, icy mon cœur, fendez-vous en ſanglots; icy mes yeux, fondez-vous en fontaines.

I V.

Laissons aux Rheteurs les circonstances du narré, riche manteau à l'insuffisance de nostre stil, trop bas pour soustenir la hautesse d'vn subiet si releué. En fin il est attaché à la Croix.

O verge d'Aaron vous voila florie, c'est à present que, *duræ quercus sudabunt roscida mella.*

Vous voila exalté, ô nostre Roy! *tirez maintenant tous les cœurs à vous*: Celuy n'a point de cœur qui ne vous le donne en cet estat.

Ames pieuses, sus venez hommager Salomon assis en son throsne d'Iuoire entouré de Lyons.

Si l'inconstance rend vos cœurs de paille: Voicy vn ambre capable de les enleuer.

Si la dureté les rend de fer: Voicy vn aymant qui les attirera, pourueu qu'ils ne soient engraissez de l'huil pestilent du peché.

Haussez les yeux, ames aueuglees & terrestres, & voyez ce beau Soleil qui attirera vos plus crasses exhalaisons, pour les resoudre en la serenité de sa grace.

Lasche tes branches, arbre trop rigide, vois-tu pas que tous les tendons, veines & cartilages luy fendent, ploye vn peu ta dureté, regarde comme on luy conte les os.

O Cathedrant! vous voila sur le pulpitre, que ces Iuifs ne se taisent-ils pour me laisser entendre distinctement ses dernieres paroles? car c'est la fleur de son testament.

Nam vera voces tum primùm pectore ab imo
Exoriuntur, & eripitur persona, manet res.

Ie n'en ay pas le loisir, mes bons amis, & puis ce seroit passer les bornes des quatre poincts, & de la briefueté que ie me suis prescrit. Ie coule

pour

Homelies Quadragesimales. 385

pour cela maintes, & maintes particularitez, sans leur donner atteinte.

Contentez vous que c'est vne Harpe bandée qui resonne melodieusement, & raisonne Angeliquement.

Contentez vous que c'est vne cloche montee sur le clocher de la Croix, qui appelle chacun à ses obseques.

Contentez vous que c'est vn Srentor, lequel *exclamat voce magna*, & dont la voix s'entend, & s'estend par toute la terre, & aux fins bouts du monde.

Contentez vous de sçauoir, que comme les rays du Soleil sont les plus doux quand il se couche: ainsi que Iesus auoit reserué ses traicts plus sauoureux pour le poinct de sa mort.

Laquelle approche, car helas! le voila qui incline la teste pour nous donner le baiser de paix, & puis expire.

VII.

Voluitur Euryalus letho, pulchrósque per artus It cruor, ínque humeros ceruix collapsa recumbit. Æn. 9.

Voila que le grand Paon est mort, heurlez maintenant, ô toute l'Arcadie. *Pausan. in Arcad.*

Quand le Phœnix se refond, & se refait, on dit que tous les oyseaux de l'Arabie roulent des accents lugubres.

Sans doute, quand il est eclypse du Soleil, chacun ressent en soy vne manifeste pesanteur.

Saincte Brigitte vierge miraculeuse, en ses admirables reuelations, liure loüé par la bouche d'vn Concile, comme ouurage tres excellent, raconte qu'en la mort de N. Seigneur toutes les creatures animées tant irraisonnables que rai-

Bb

sonnables sentoient vne certaine amertume & tristesse.

Voila en fin nostre Pelican, qui rauiue ses petits par sa mort.

Mere dolente, ie n'ay encores dit pas vn mot de vous, ô ! & ie n'ay qu'vn mot à vous dire, si encores ie deuois dire ce mot, il vaut bien mieux se taire, que dire peu de vos douleurs inenarrables.

Vostre transe est si grande qu'elle merite vn discours à part, pour n'aggrauer par la compassion de la Mere, la Passion du fils, rechargé sur charge.

Vous estes *Sancta Sanctorum*, & ie mettray vos douleurs sous le rideau du silence.

Il me seruira du voile de Timanthe, car bien que i'aye aucunement coloré la douleur du corps du fils, ie n'ay point d'assez puissans traits pour exprimer les transes du cœur de la Mere.

Ie ne suis pas si temeraire comme non assez suffisant pour tracer vne autre ligne sur celle de Policlete. Plorons sur nostre Maistre, & reseruons vn autre torrent pour compatir à *ceste mer de contrition*. Si nous pouuons au moins auoir quelque reste en plorant sur Iesus nostre Tout.

L'appeller Noëmy, mere de Tobie, Agar, c'est raualer ses outrances par des comparaisons si inesgales.

Somme contentons-nous de ne faire boüillir le Cheureau dans le laict de la Mere.

VIII. Vous sçauez, mes tres-chers, le narré de la descente de la Croix, & de la sepulture. Surquoy vn monde de considerations que ie laisse ruminer à vos esprits, m'arrestant à ce seul & dernier poinct de la garde du Sepulchre.

O Seigneur, vostre Sepulchre sera desormais ma continuelle demeure, ce sera là mon repos perpetuel, i'y habiteray, puis que i'ay esleu ce manoir. Il ne faut point d'autre garde que moy, ô Pilate, l'y seruiray d'vn Argus tout plein d'yeux, *ie ne donneray aucune trefue à mes tempes, ny aucun sommeil à mes paupieres,* que ie ne l'en voye releué.

Rien ne me pourra separer ny escarter de ce sacré lieu, ny la faim, ny la nudité, ny l'angoisse, ny la persecution, ny la mort. I'y seruiray de ceste sentinelle, à ces soixante vaillans, & veillans, qui entourent ceste couchette de Salomon.

Là dedans est enclos tout mon thresor, & mon bien, ie le veux veiller comme ce Dragon, les pommes d'or des Hesperides. Là est enferré tout l'Amour de mon ame. *Ille meos amores habeat secum, seruetque Sepulchro.* Ie ne veux plus viure, puis que ma vie est morte, & esteinte, la scintille de celuy qui estoit la lumiere de mes yeux.

L'Hermite Onophrius fit penitence tres-austere tout le reste de ses iours, auprés du tombeau d'vne fille qu'il auoit abusée. Et pourquoy ne demeurerois-ie pas tousiours auprés de ceste tombe où mes malheureux pechez ont reduit mon Iesus?

Ce sont là les trous de la pierre, & les pertuis de la masure où l'ombre de cet Amant appelle mon ame. *Ie m'y tiendray, & ne les laisseray point.* Asseuré que si i'ay le courage de compatir

Bb ij

j'auray le bon heur *de corregner auec luy, & d'auoir la couronne de vie, si ie reste fidelle iusques à la mort.*

O mon cœur desolé, que n'es-tu digne de luy seruir d'vn notable Mausolee, mais encores tel que tu es, il ne desdaignera aucunement d'y reposer si tu te veux preparer auec des linges blancs d'vne conscience purifiee, & lauee dans l'hyssope d'vne salutaire penitence.

En fin, Daphnis ce *bon Pasteur*, est mort pour le salut de son trouppeau, que pouuons nous sinon honorer sa tombe?

Eglog. 5.
Spargite humum foliis, inducite fontibus vmbras,
Pastores, mandat fieri sibi talia Daphnis,
Et tumulum facite, & tumulo superaddite carmen,
Daphnis ego in syluis hinc vsque ad sydera notus,
Formosi pecoris custos, formosior ipse.

Et de ma part ie prie que,
Tousiours du haut des cieux sur ceste saincte tombe,
Tousiours, tousiours le miel, tousiours la manne tombe,
Tousiours son chapiteau soit parsemé de fleurs,
Et ces fleurs soient tousiours nourries de mes pleurs.

Quintessencions, mes tres-chers, des huit poincts de ces deux dernieres Stations autant d'enseignemens, 1. à choisir en nostre vie le train que nous voudrions auoir tenu en nostre mort, 2. à supporter les fleaux & poinctures des tribulations, 3. les hontes & vergongnes publiques auec humilité, 4. à n'excuser iamais ny pallier nos fautes, 5. à porter allaigrement nostre Croix apres N. S. puis qu'il *en a rendu le ioug* suaue, & le fardeau leger, 6. à n'auoir iamais deuant les yeux autre Idee que Iesus crucifié, 7. plorer sa mort, & compatir à sa saincte Mere, 8. à luy preparer vn reposoir en nostre cœur qui luy soit agreable.

En fin finale, tirons de toutes ces Homelies, & en somme de la Passion de N. S. ce seul & vnique fruict compris en ce bref eslancement: O Iesus mon cher espoux, vous estes donc mort pour mes pechez! O mes malheureux pechez, mourez donc pour l'Amour de Iesus.

DIMANCHE DE PASQVES.

De la Resurrection de nostre Seigneur.

HOMELIE XL.

Surrexit non est hîc. Marc. 16.

LEs Cymbres anciennement menoient dueil au coucher du Soleil, & à son leuer demenoient grand' ioye. Voicy nostre beau Soleil dont nous auons depuis trois iours lamenté l'Eclypse, *qui sort comme vn Espoux bien paré*, du lict de son tombeau par sa triomphante Resurrection. *C'est le iour que le Seigneur fait, auquel il nous faut resiouyr.* Auiourd'huy est complette ceste Prophetie, *ad vesperum demorabitur fletus, & ad matutinum lætitia.* De quel autre subiet, mes amis, vous peux ie entretenir en ce iour solemnel, sinon du mystere qu'on y celebre? Monstrons donc, 1. les beautez de ceste Resurre- Psal. 117. 24.
Psal. 29.

&ction, 2. les moyens de la cognoistre, 3. ses figures, 4. ses propheties, 5. ses causes, & 6. ses preuues par demonstrations naturelles. Entrons auec allegresse en vne si spacieuse & specieuse lice.

Non bel Astre, lampe du iour, œil de l'Vniuers, Pere de lumiere, ce n'est pas pour nous que tu tires auiourd'huy de l'Ocean les longs filets dorez de ta perruque blonde. Ton Orient nous menace d'vn propre Couchant. Vn Soleil plus beau sort auiourd'huy du sein de la terre pour nous illuminer, dont les rays sont des traicts & & des attraicts qui esclairent les entendemens, & eschauffent les volontez. Bel Orient, *Oriens ex alto*, qui ne recognoist plus d'Occident : *Car Christ ressuscitant des morts, ne meurt plus, la mort n'a plus de prise sur luy, ce qu'il est mort vne fois a esté pour le peché, mais ce qu'il reuit est eternellement pour Dieu.*

Ta splendeur est quelquefois rebouschee des nuages, mais la sienne fend tous obstacles, & dompteur de la mort, il dissipe les broüillards.

Tu varies les saisons, mais nostre Soleil n'a qu'vne perpetuelle primeure ignorant de l'hyuer, voire il ne veut faire qu'vn iour de l'eternité. *Ego hodie genui te.*

Tu donnes la vie & la mort, cestuy-cy ne donne que la vie, *il est la vie & la voye.* Bien que d'ailleurs le Seigneur *mortificet & viuificet*.

Tu es quelquefois subiect aux eclypses par les oppositions de la Lune, cestuy-cy desormais non plus suiet aux changemens symbolisez par ce Planette ne sçauroit eclypser, sinon que les inconstances du peché destournassent les rays de sa grace de dessus nos ames.

Le peché t'a rauy sept parties de ta lumiere, & en la renouation du siecle elles te seront renduës; mais ceste-cy impeccable; est non seulement plus radieux que toy, mais il est ta lumiere mesme, & tu n'es qu'vne estincelle, ou l'image d'vne bluette de ta splendeur.

En ton incorruptibilité tu as quelque Idee du nostre.

Tu dissipes les tenebres, & le Chaos, & le nostre. *Venit illuminare hos qui in tenebris, & in vmbra mortis sedent, ad dirigendos pedes eorum in viā pacis.*

Tu essuyes la terre, & rassereine tout, cestuy-cy accoise les rages, & orages des turbulentes passions.

O que ne sommes-nous des Aigles pour poincter droit aux excellences de ce mystere!

Que ne sommes-nous des Clities passionnees de ses beautez Beautez & excellences representees en ces paralleles, auec le flambeau du monde.

En la creation duquel *Dieu fit deux grands luminaires, l'vn pour presider au iour, l'autre à la nuict.* Figure des deux moyens qui nous conduiront par la main à la cognoissance de ce grand secret de nostre Religiõ, Sçauoir la foy astre du iour, & la raisõ naturelle Planette de la nuit de ceste vie.

I I.

Beaux yeux de l'Espouse, l'vn simple, *& de Colombe*, l'autre curieux, *qui faict enuoler l'Espoux*. Lequel n'en veut qu'vn, celuy qui est son fauory, sçauoir la foy, *vulnerasti cor meum in vno oculorum tuorum*. Ce n'est pas encores qu'vn *chevelu*, foibles de l'humaine raison ne luy plaise, & *in vno crine colli tui*, pourueu que ce soit en consequence de la foy.

Ce sont les deux bras qui enlassent le col de l'Espouse, l'vn *dessous, qui est la gauche*, la lumiere naturelle, l'autre *dessus, qui est le droict*, le flambeau de la foy.

Ces deux moyens sont proprement figurez en Esau & Iacob, celuy-là velu, l'autre poly, l'vn esleu, l'autre reprouué, tous deux bessons. La foy est vn Iacob, la raison est vn Esau.

Il faut proceder en ce monde comme en mer auec la bouzolle de la raison naturelle, & la tramontane de la surnaturelle, pour faire surgir la nauigation à bon port.

Ce sont les deux poles Arctique, & Antarctique, qui doiuent diriger la barque de nostre creance.

La Colomne qui conduisoit Israel hors d'Egypte, estoit de feu la nuict, & de nuee le iour, hieroglyphe du feu de la foy, & de la lumiere naturelle, qui est vn nuage auec quoy nous deuons sortir de l'Egypte de l'Infidelité. Seruons nous de ces lumieres bessonnes l'vne apres l'autre. La foy nous proposera des figures des propheties, & des causes Theologiques, & la nature des similitudes de son gibier.

III.
Ionas 2.

Ionas est la plus commune de toutes les figures de la Resurrection, & non sans cause, car ceste Allegorie a esté Authentiquée par l'Oracle de la viue voix de nostre Seigneur, qui declara à ces Curieux qui demandoient des signes, qu'ils n'en auroient autre que celuy de Ionas le Prophete. Lequel comme il fut trois iours dans les entrailles d'vne Baleine, ainsi seroit le fils de l'homme trois iours dans le ventre de la terre, puis en ressortiroit triomphant.

Ioseph fera la 2. figure, qui sorti d'vne cisterne & vendu aux Ismaelites, deuint grand en la maison de Putiphar; qui sorty de la prison où il auoit esté iniustement relegué, fut constitué par Pharao sur toute l'Egypte. *Gen. 37. & 39.*

Samson, la 3. qui assiegé dans Gaza, en fracaça les portes qu'il enleua brauant les Philistins: autant en a fait nostre Seigneur, à la mort & à l'enfer. *Iud. 16.*

Ce genereux Iouuenceau estrangla vn Lyon, dãs la gueulle duquel se nicha par apres vn exain d'abeilles, qui dõna lieu à cet enigme si renommé qu'il proposa au festin de ses nopces, & de nostre Lyon de la tribu de Iuda ensanglaté en sa Passion, sort le rayon de miel de sa resurrectiõ.

Daniel fera la 4. qui tiré de la fosse aux Lyons est esleué sur Babylone. *Dan. 6.*

Les morts ressuscitez par Helie, Helisee, presages de ce mystere, feront la 5. *3. Reg. 17. 4. Reg. 4.*

La Colombe son ame, reuenant à son corps glorieux comme à son arche apres le deluge de la Passion, la 6.

La verge d'Aaron seiche & refleurissante fournira d'vne 7. figure. *Num. 10.*

Mardochee destiné par Aman au gibet, & honoré de royales faueurs par Assuere, la 8.

Dauid triomphant de Goliath, & deposant pour memorial au tabernacle le glaiue de ce Geant enueloppé dans l'Ephod, la 9. *Est. 7.*

En voyla bien assez, venons aux propheties. Celles du Roy Prophete comme plus claires me semblent tres-energiques, d'autant qu'il sçauoit que selon la chair le Messie deuoit sortir de sa semence. Voicy comme il chante en diuers lieux.

VI.
Psal. 3.
Ego dormiui & soporatus sum, & exurrexi, quoniam dominus suscepit me, n'est-ce pas là le sommeil du second Adam, du costé duquel en sa mort est issuë son Eglise, mais ne voyla pas aussi son glorieux réueil?

Psal. 15.
Encores, *quoniam non derelinques animam meam in inferno, nec dabis sanctum tuum videre corruptionem.* Voyla pas l'Arche du bois de Sethim, incorruptible sa sacrée humanité? Voyla pas vn nouuel Antee qui se releue de son terrassement?

Psal. 29.
Derechef, *Conuertisti planctum meum in gaudium mihi, conscidisti saccum meum & circumdedisti me lætitia.* Voyla pas le Soleil qui perce la nuee? Voyla pas la haute couleur de sa gloire qui brille à trauers les decoupeures de sa chair? Voyla pas la couppe d'argent dans le sac de Benjamin?

Psal. 70.
Le mesme, *Quantas ostendisti mihi tribulationes multas & malas.* (Helas les playes de sa Passion saignent encores) *& conuersus viuificasti me & de abyssis terræ iterum reduxisti me.* Voyla pas Israël qui sort sauué des gouffres de la mer rouge, & du fonds du Iordain? Ce seul Prophete nous doit suffire.

V.
Passons aux causes, i'en ay tiré & tire quatre entre plusieurs qu'apportent les maistres.

La 1. de la Resurrection de N. S. a esté sa gloire, car c'est le propre de Dieu, comme disoit mesme Diogenes, d'exalter les humbles & deprimer les hautains. Or Iesus s'estant humilié *iusques à la mort, & la mort de la Croix*, sa Resurrection glorieuse a fait faire amende honorable à la mort, & l'a fait triompher du monde & de l'enfer.

C'est icy le retour de la iuste balance, car comme nous l'auons veu deprimé par l'infamie de la Croix, il se rehausse d'autre part en se ressuscitant puissamment.

Iustice en luy, suiuie de sa misericorde en nous, car (qui est la 2. cause) nostre esperance a esté fort releuee par sa resurrection que nous resusciterions comme luy, *& qu'il nous tireroit apres soy en l'odeur de ses parfums*, comme vne autre Panthere, puis qu'il est, *Pântéros*, c'est à dire tout amour.

Quel si lasche soldat n'espere se ramper où se guinde son Capitaine?

Par tout où passe la teste, se passe tout le corps & se glissent les membres, Iesus est nostre chef, *qui nous retarde de tout quitter pour le suiure?*

Où est le corps glorieux de ceste diuine humanité *pourquoy ne s'y congregeront les Aigles*, des ames pies? *La resurrection de Christ, tire la nostre*, dit S. Paul, *par vne infaillible consequence*.

La 3. cause a esté pour testifier contre les erreurs qui se deuoient esleuer, qu'il estoit vray Dieu & vray homme, il auroit fait voir sa vraye humanité en la mort, & en ses souffrances il a fait recognoistre sa diuinité en resuscitant par

1. Cor. 15.

fa propre vertu, traict reserué à Dieu seul, *exurge gloria mea, exurge psalterium, & cithara, exurgam diluculo.*

Psal. 59.

La 4. a esté pour nous exciter à vne spirituelle resurrection de nos vices. Ainsi appelle-il la resurrection du Lazare, figure du pecheur, lethargiquement engourdy, vn *resueillement de sommeil*, S. Paul, *si consurrexistis cum Christo, quæ sursum sunt quærite, &c.* Il n'est rien si verifié que ce mystere par la foy, il n'est rien plus visible aux yeux de la creance.

Coloss. 3.

VI. Empoignons maintenant l'autre lampe des naturelles comparaisons pour contribuer à la gloire de Dieu ce peu que pourront fournir les debiles forces de nostre foible nature.

Le Soleil se leuant & couchant tous les iours, n'est-ce pas vne image quotidienne de ceste resurrection?

Le Phœnix en est vne peinture tres-viue, sans en allonger d'auantage les rapports.

Le Pelican rauiuant ses petits par son sang, & rauiué apres par la chaleur, symbolise grandement ce mystere.

L'Aigle aussi muant & se raieunissant, laué en vne fontaine, secoüant ses vieilles plumes, & s'estendant au Soleil.

Comme semblablement l'Autour, *expandens alas suas ad Austrum*, & changeant son antique plumage en nouueaux cottons.

Le Serpent despoüillant sa vieille peau, vous semble-il pas se ressusciter?

Le Cerf qui iette son bois & en reprend de neuf, en outre qui se renouuelle en escrasant des serpens, n'est-ce pas vn crayon fort vif de nostre mystere?

Le petit animal pere de la soye, qui entre ver dans la prison qu'il se file, & en sort en papillon, qu'en dites vous, mes bien-aimez, n'en est ce pas quelque ombrage?

Les saisons mourantes & renaissantes l'vne en l'autre, representees par les anciens par vn Serpent mordant sa queuë, n'est-ce pas vn tableau largement estalé d'vne resurrectiō vniuerselle?

Le Dauphin qui reçoit ses petits dans son ventre durant les tempestes, & les repousse, la bourrasque passee, vous peut il pas figurer la terre, qui a receu nostre celeste Dauphin dans ses entrailles, au partir de patir à la Croix, puis l'a laissé sortir de ses flancs, apres ceste fiere tourmente.

Vn verre cassé, vne cloche fenduë & brisee, tout cela se fond dans le fourneau, & se peut restituer en son pristin estat, portraicts naturels de la resurrection.

Mais les arbres qui semblent morts en hyuer, & qui se rauiuent, refloriss̄ans aux iours printaniers, c'est à vray dire la representation plus expresse que ie sçache, & N. Seigneur se peut-il pas dire auec le Prophete Roy, *refloruit caro mea*?

Le froment tombant en terre meurt-il pas pour reuiure Psal. 27. *& centupler?* nostre froment esleu, y est il pas entré, pour en sortir plus glorieusement florissant?

Nous auons veu mourir, flestrir, faner, & ternir *ceste fleur des champs, & de la racine de Iessé*, la voicy qui se releue & rauigote. Ces naturelles speculations meritent bien d'estre plus amplement ruminees & digerees.

Le profit que nous tirerons de ce discours sera mes tres-aimez, 1. d'admirer les grandeurs de ce mystere, 2. luy preparer nostre foy qui sera fortifiee, 3. par figures, 4. par Propheties, 5. par causes de doctrine, & 6. luy donner pour humble seruante nostre naturelle raison. Retirons nous auec ce mot excellent de sainct Pierre, *Benedictus Deus & pater domini nostri Iesu Christi qui secundum misericordiam suam magnam regenerauit nos in spem viuam per resurrectionem Iesu Christi ex mortuis in hæreditatem incorruptibilem, & incontaminatam, & immarcessibilem conseruatam in cœlis vobis.*

1. Pet. 1.

LVNDY DE PASQVES.
De la Recheute au Peché.

HOMELIE XLI.

Mane nobiscum Domine. Lv c. 24.

LEs playes qui se r'ouurent sont perilleuses, & les os recassez tres que difficiles à ressouder, c'est ce qui a fait dire qu'és maladies la recheute est pire que le premier mal, notamment les cheutes spirituelles ont cela de miserable qu'on retombe tousiours plus bas qu'auparauant, car l'ingratitude adiouste vn poids qui reaggraue *ce talent de plomb.* C'est le mal que nous auons plus à redouter en ce temps, car sortans freschement de l'Egypte de nos pechez, il est à craindre que le desert de la penitence & la fermeté d'vne plus dure vie, ne nous face comme

Homelies Quadragesimales. 399

Sangliers retourner à la bauge. Ces disciples 2. Petr. 2.
desbandez, dont l'Euangile de ce iour despeint
la desroute, couroient risque de retomber dans
les noires ombres de l'infidelité, si N. Seigneur
n'eust redressé leurs pas, & accouru au secours
de leur infirmité, ce que nous pouuons aisement
colliger de l'esprit de la lettre. Ce qui nous prestera lieu de discourir de la Recheute au Peché,
& 1. comment il y faut absolument & entierement renoncer. 2. combien ce retour est peril-
leux, 3. pernicieux, & 4. les preseruatifs & le regime de vie, pour nous garder de recheoir.
Voyons.

Il ne faut point traiter les vices de main mor- I.
te, parce que *numquam bona fide vitia mansuescunt*,
il en faut extirper les racines du cœur, non en
couppoter les branches.

Au sortir de l'Egypte il n'y faut rien laisser,
& ne vngulam quidem.

Saül fit mal de reseruer du bestail des Payens
vaincus, mesmes pour sacrifier.

De la playe du peché, il en faut effacer s'il y a
moyen iusques aux vestiges & à la cicatrice.

Et consumer au feu d'vn sainct oubli tout ce
qui a esté infecté de ceste peste.

Helas, tous les Israëlites de corps quitterent
l'Egypte, ne firent pas de cœur, aucuns en re-
gretterent les marmites, & les aulx.

Combien de pecheurs guignent le peché en
le quittant comme les malades les melons, &
comme ceste femme salée, la Sodome.

Chiens abominez aux sacrifices anciens, & re- Prou. 26.
iettez en la loy, qui raualent leurs vomissemens. 2. Pet. 2.

Ces demy penitens, & à moitié conuertis, voudroient bien s'ils pouuoient comme les Philistins, accarer l'Arche, & Dragon.

Et comme Chauue souris, tenir de deux natures, comme Grenoüilles viuoter en deux Elemens, estre Amphibies.

L'Aigle estoit rebuté és sacrifices de la loy ancienne, parce que volant bien haut il a tousiours la veuë recourbée contre terre, & quoy qu'esseué ne pense qu'à la proye. Outre cela il retourne aux charognes qu'il a goustées iusques à trauerser les mers pour les aller retrouuer, voyez vous là la peinture du pecheur retombant?

l. 10. c. 3. Pline fait mention d'vne espece d'Aigle Amphibie, qui a les deux pieds dissemblables, l'vn en forme d'oye pour nager sur les eaux, l'autre de Gryphon, pour happer & serrer la proye, & qui vit en l'air & en l'eau, miroir du pecheur pendillant entre la laideur & la delectation du peché.

Le Cygne estoit rebuté és sacrifices anciens parce qu'il est blanc au dehors, noir au dedans, il a des pieds & n'en peut marcher sur terre des aisles, & n'en peut voler, viuotant dans les eaux, bien qu'il semble nay pour les airs, y voyez vous pas la peinture du pecheur irresolu, & qui traine l'aisle en l'abandonnement de ses vices?

Croyez moy, ce n'est pas traitter cóme il faut de son salut, il faut couper, trâcher, tailler, pour empescher le cours de ceste mortelle gangrene.

On ne peut estre homme de bien à moitié.

Dieu

Homelies Quadragesimales. 401

Dieu comme Alexandre auec Darius ne veut point partager auec le monde l'Empire de nostre cœur, il y veut estre, *ou Cesar, ou nul*, *on ne peut seruir à deux maistres*.

C'est traitter indignement auec Dieu, que de luy associer vn adultere en la couchette de nos affections: helas! nous n'auons pas assez de cœur pour cét infiny, & nous en voulons estendre la courroye à vn autre? non, non, le renoncement doit estre absolu & entier.

La grace, la vertu, la probité, comme la lumiere vient en vn instát, se descouure toute entiere, non à parcelles, & se perd aussi tout à coup. *La splendeur & les tenebres ne conuiennent point ensemble, elles s'entrechassent, Christ & Belial sont incompatibles, les œuures de Dieu, contraires à celles du diable, vn clou chasse l'autre*. Il faut donc pour estre nets, *se renouueler tout à fait*, & faire auec le peché vn diuorce irreuocable, *res suas sibi habeat*, & s'en separer de cœur, comme de corps, *pour ne faire plus les membres de Christ, les membres d'vne meschante*.

Autrement la recheute sera extrémement perilleuse tant de la part de Dieu, que de celle du pecheur, comme de celle du diable.

De la part de Dieu, qui en fin tourne sa longanimité en fureur, ou son zele en oubly, *la longue maladie attiedie le Medecin*, pour affectióné qu'il soit à la cure du malade. *Voila que nous auons pensé Babylon, & elle n'est point reuenuë à conualescence, il la faut abandonner*, grand danger d'estre abandonné du Medecin des medecins. *Eccle.* 10.

Ierem. 51.

Cc

Quelle malediction quand vn Pere voyant vn enfant incorrigible le laisse là, apres l'auoir expulsé de sa maison, & deietté de son heritage? qu'y feroit on quand les foüets ne seruent de rien? *In quo percutiam vos vltra addentes prauaricationem, dimittantur in desideria cordis sui, eant in adinuentionibus suis.* O Dieu! *ne proycias me à facie tua, &c.*

Isa. 1.
Psal. 50.

Les meules de Dieu, dit la prœmie, *sont lentes, mais puissamment escrasantes*, son zele à la fin s'embrase comme vn feu, & il tombe comme vn carreau de foudre apres auoir prou esclairé. *Parauit in arcu vasa mortis, sagittas ardentibus infecit*, il prend au pied leué lors qu'on y pese le moins, tesmoin ce Chanoine mal viuant, repris souuent par sainct François, corrigé, puis retourné à son ordure, accablé d'vne subite ruine de maison.

S. Bona. in rit. S. Fr. c. 11.

Apres maints miracles, voila Pharao accablé sous les ondes.

Exod. 15.

Apres auoir pardonné à Achab la mort de Naboth, voila qu'il est tué pour l'emprisonnement du Prophete Michee.

3. Reg. 20

Apres auoir oublié l'homicide adultere de Dauid, voyez comment il le chastie pour le seul denombrement de son peuple, tant il est vray qu'vne patience reblessee deuient fureur.

3. Reg. 12. & 24.

Tel qu'vn grand coup n'auoit peu faire mourir, le moindre excez l'emporte reuenant à vne conualescence non assez affermie.

Ainsi est perilleuse la recheute de la part du pecheur, les corps vlcerez craignent le heurt, &

les nouueaux gueris sont frappez des moindres impressions du Soleil & de l'air.

Le corps retombé est pour ceste raison malaisé à guerir que la nature debilitee, & par la vehemence du mal passé, & par l'effort des drogues & medecines, est si exangue & abbatu, qu'il ne peut plus supporter, ny son mal, ny ses remedes. La saignee l'acheuera de tuer, la potion enleuera le bon quand & le mauuais, en raclant le superflu elle emportera le necessaire, que faire plus ? garde la mort. Dites le semblable des maladies de l'esprit qui sont les pechez.

Voyez comme des relaps sont mal traitez en fait d'heresie par la discipline Ecclesiastique, & sur l'estampe de l'entendement, iugez des erreurs de la volonté.

Ceux qui sont mordus des bestes enragees guerissent difficilement deuant ceux qui sont atteints de pareil mal, & si le pecheur ne se destourne des occasions de peché, il court grand peril de recheoir estant en vne pente molle & glissante, portant la cause dans le sein de ces mauuais effects, & le dard dans le flanc.

De la part du diable, ô que de danger ! C'est vn geollier qui serre dans vn crotton les fugitifs qui luy sont ramenez, *circumplexi funibus peccatorum*, ô quand il les retient qu'il les relasche malaisément! sinon pour les enuoyer au gibet de la damnation.

Comme les serfs fuitifs il les marque à son coin, ce sont ces *hommes lettrez*, dont se

C c ij

mocque Plaute.

Ces larronneaux fustigez, & nottez sont pendus apres à la moindre escapade. Voila les dangers de la recheute.

Et quoy de ses dommages & laideurs, le serf ingrat vers son liberateur estoit remis en perpetuel esclauage par les loix anciennes. Le pecheur recidiuant & laschement ingrat, & mescognoissant des graces de Dieu, doit-il pas craindre pareille peine?

Nostre Seigneur ayant guery le Paralytique, luy dit, *ecce sanus factus es, iam noli peccare, ne peius quid tibi contingat*, & que luy pouuoit-il pis arriuer, dit là dessus S. Chrysostome, *que d'estre perclus trente huict ans? O combien Dieu sçait-il en sa prouidence ineffable de plus estranges punitions.* Cependant remarquons de quelle menace il terrifie les recidiuans.

Ioan. 5.
Matt. 12.

Hom. 44.
in Matt.

Que profite, dit le Sage, *de se lauer apres auoir touché le mort, & le retoucher encores*, sinon perdre son temps & son lauement, & prendre plaisir à se polluer? spirituellement toucher vn mort, c'est commettre le peché.

Eccl. 34.

Vn qui bastit, & vn autre qui destruit, qu'est-ce sinon trauail? qu'est-ce sinon bastisser des petits chasteaux pour les abbattre, & iouer aux barres comme les enfans, & se mocquer de Dieu, & de toute religion?

Eccl. 34.

Celuy qui a despouillé sa tunicque mauuaise, & laué la crasse de ses pieds, dit le deuot S. Bernard, apres l'Espouse Sacree, *comment voulez-vous qu'il reueste celle-là, & resalisse ceux-cy.*

Serm. 3.
in Cant.

Lauer vne tuille, c'est vn ancien prouerbe qui

signifie ne faire rien que de la bouë & se salir, tels sont ceux, *Qui admissa legent*, comme parle S. Gregoire, *nec tamen deserunt quia flendo inaniter se inundant qui viuendo se nequiter inquinant, & quasi in lutosa aqua semetipsos voluunt, & ante Dei oculos sordidas ipsas etiam lacrymas faciunt.*

En fin quel plus grand dommage voulez-vous que d'estre maudit de Dieu? or il est escrit, *que la terre qui boit souuent la rosee & la pluye, & ne produit que ronces, sera maudite*, tel est le pecheur qui arrose frequemment des salutaires eaux de la grace, continuë tousiours à pousser les espines de ses iniquitez. *Heb. 6.*

Il est temps de venir aux preseruatifs de ceste dangereuse & pernicieuse recheute. IV.

Le 1. & fort excellent, est l'examen iournalier de soy-mesme, car là nous descouurirons les embusches de l'ennemy, formerons de bonnes resolutions, establirons en nous des habitudes vertueuses, c'est la pepiniere de tout nostre bien. *V. és Dilier. uers. l. 26. cap. 11.*

Il faut remonter soir & matin, voire mesmes sur iour par frequentes recollections la monstre de nostre cœur qui se relasche & desbande sans cesse.

Les plus lauez sont les plus nets, *qui est net se nettoye encores.*

C'est là où *nous penserons à nos voyes, & conuertirons nos pieds aux sentiers de Dieu*, c'est la vraye estude digne de l'homme.

Le 2. sera l'humble recognoissance de nostre foiblesse que nous recommanderons sans cesse à la main de Dieu, S. Pierre tomba par trois fois pour s'estre trop fié en ses forces.

Hé ! que sommes-nous sinon des roseaux, le iouët des vents, le ballotage de l'aure ?

Celuy qui relevé de maladie, prend garde à tout ce qu'il fait, à tout ce qu'il mange, sentant sa debilité, & n'ose se hazarder à rien, nous sommes plus fresles que verres.

Le 3. sera sur ce propos de manger, de restablir nos forces perduës par de bonnes viandes, & quelle plus exquise que l'Eucharistie, *pain des forts, vraye viande, vray breuuage,* d'immortalité & de la vie ?

L'vsage des Sacremens, l'audition de la diuine parole, la lecture des liures pieux y conferera aussi beaucoup.

Et sur tout, d'euiter les *aigres grappes*, des occasions malignes, *qui agacent les dents* de nos desirs.

En 4. lieu, comme les moderez exercices renouuellent les forces. Il faut de plus beau s'adonner aux œuures pies, notamment au satisfactoires, l'Oraison, l'Aumosne, le Ieusne, & insister principalement sur celles qui sont opposees aux imperfections qui nous trauaillent le plus.

C'est proprement cela faire *des fruicts dignes de penitence.*

A tant vous auez appris 1. Qu'il faut entierement renoncer au peché, 2. Combien en est perilleuse la recheute, 3. & dommageable, 4. & les preseruatifs, desquels ie vous prie instamment de vous seruir.

MARDY DE PASQVES.

De la Paix.

HOMELIE XLII.

Pax vobis, ego sum. Lvc. 24.

Es temps plus calmes de la mer s'appellent *Alcyonia*, c'est lors que les Alcions font leurs nids sur les ondes. Voicy nostre Alcide, & nostre Alcyon, qui apres beaucoup de trauaux & de tempestes, se vient nicher au milieu de ses Apostres, & leur rapporte la serenité de la Paix. Belle Colombe qui apres le deluge de son sang, reuient auec le rameau de pacification.

De ceste paix, mes doux agneaux, sera nostre dernier discours qui vous fera voir 1. que c'est, 2. ses dignitez, 3. ses commoditez, 4. ses delices & pour Catastrophe, nous prendrons congé non pas de vous, car ie suis trop vostre, *& seruus sempiternus*, mais de la course de ceste saincte & penible Quarantaine. Entendez.

Ce mot de *Pax*, selon les Ethymologistes, vient à *Paciscendo*, de maniere que ce nom de *Paix*, & de *Pact*, sont correlatifs & correspondans, encores que selon l'vsage commun, cestuy-cy s'entende seulement des conuentions faites pour les negoces, dequoy il y a des tiltres entiers *de pactis* és liures de droict. & celuy là signifie seulement vn accord de volontez, & vne consonante harmonique de cœurs conspirans vniformement au repos.

Or comme il est peu de paches qui ne soient paisibles, aussi est il peu de paix qui ne se facent auec quelque pache. Iob en fait 1. auec ses yeux pour auoir trefue auec les mauuaises pensees, *pepigi fœdus cum oculis meis, vt non cogitarem de virgine.*

Dieu faisant la paix auec Noé apres le Deluge luy donne l'arc du ciel pour signe de son pact.

Les Payens souloient faire leurs pacifications assommans vne truye, & faisans dessus quelques imprecations.

Ibant & cæsa iungebant fœdera porca.
pour auoir la paix de l'ame, il faut matter le corps.

La paix est vne espece de *Compagination*, qui rassemble vne Republique, comme vous voyez qu'vn nauire est composé de diuerses pieces, & tout ainsi que *nauem si diuidas, perdas*, de mesme la diuision & discorde fait perir les plus florissans estats, *desole les Royaumes*, & ruine les corps mieux cimentez.

Voicy donc sa deffinition, où nous recognoistrons à plein sa nature, *la paix c'est vne bien ordonnee concorde d'esprit auec Dieu, soy-mesme, le prochain*, elle est composee & ramassee de plusieurs descriptions des peres, qui dit que c'est *vne tranquillité d'ordre*, qui *vne harmonie*, qui *vne bonne intelligence*, diuers diuerses, c'est le col de pigeon qui varie en cent lustres.

Sa diuision y est claire, ie dis son essentielle, sans m'arrester à tant d'autres distinctions accidételles qu'on en va tissant. Paix auec Dieu, de laquelle il est dit : *Ipse est pax nostra. Pax Dei. Beati pacifici, quia filij Dei vocabuntur.* Paix auec soy-mesme, de laquelle il est escrit: *Iustitia & pax osculatæ. Erit opus iustitiæ pax, cultus iustitiæ silentium & securitas vsque in sempiternum.* Paix auec le prochain, de laquelle on lit, *pacem habete inter vos.* Et encores, *solliciti seruare vnitatem spiritus in vinculo pacis.*

Rom. 5.
Psal. 84.
Isa. 32.
Marc. 9.
Eph. 4.

Si mieux vous n'aimez plus commodément la diuiser en *Interieure* auec Dieu & soy, & *Exterieure* auec l'autruy, ce qui reuient à vn.

La 1. Dignité de la Paix se tirera de ce que Dieu s'appelle, & est nommé en maints lieux des sacrées panchartes, *Dieu de paix:* En Isaye, *Ego Dominus faciens pacem,* & les paisibles sont nommez enfans de ce Pere de paix.

II.
Phil. 4.
2. Cor. 5.
Isa. 45.
Matt. 5.

Les grands Seigneurs portent ordinairement le nom de la plus signalée terre qu'ils ayent, & vn grand Monarque du principal de ses Royaumes, & Dieu, duquel comme chante le Psalmiste. *Factus est in pace locus eius,* ce tiltre Dieu de paix, parce qu'il se plaist en la pacification.

Psal. 75.

Non, le Soleil ne chasse point mieux les tenebres, nuages, ombres, ne resoult point mieux les vapeurs, ne resiouyt point tant, n'apporte point plus de fruicts, que la paix rameine d'honneurs & de biens.

Dauid aima Salomon plus que tous ses autres enfans, & le constitua pour heritier de son throsne. Salomon cet edificateur du temple de Dieu, ce prodige de Sagesse, ce Roy tant admirable. Et son nom que sonne-il autre, sinon Roy pacifique? Hierusalem mesme siege de son Empire, n'est ce pas à dire, *vision de paix?*

Vrbs Hierusalem beata,

Aug.l.9. c.11. de Ciuit. Dei.

Dicta pacis visio. Chante l'Eglise, & ainsi l'interprete S. Augustin en ce verset du Psalmiste, *Qui posuit fines tuos pacem.* Tout cela nous apprend combien Dieu fait d'honneur aux ames paisibles.

Cant. 8.

Elles sont inebranlables au peche, inecrouslables aux secousses des tentations, fermes au bien, & fecondes en vertus, pource dit l'Espouse: *Ie suis vne muraille, & mes mammelles comme vne tour, depuis que i'ay trouué la paix deuant mon bien-aimé.*

L'huile, simbole de la paix, surnage toute liqueurs: ainsi, *Pax Dei exuperat omnem sensum.* Et est à preferer à toutes choses, *nil placidum est sine pace.*

Et recerchable sur tout, & auant tout: *Inquire pacem & persequere eam. Non dabo requiem temporibus meis donec inueniam locum Domino* (& c'est ce lieu de paix) *& tabernaculum Dei Iacob,* tabernacles de conscience du Prophete, *& vn opulent repos.*

Abraham aimoit beaucoup Loth son frere, neantmoins pour euiter noise entre leurs Pasteurs, il luy baille le choix d'aller à droict ou à gauche, quoy que par droit de primogeniture ceste election luy appartint. Ainsi *la paix descēdit sur ces hommes de bonne volonté.* Et leur apporta vne extréme abondance.

Car (pour venir aux commoditez) qui reuoque en doute que la paix ne soit ceste corne d'Amalthée, & d'abondance, que la Gentilité s'alloit vainement imaginant?

Toute chose est tranquille en son centre, iusques aux insensibles & inanimees, nostre centre c'est la paix, hors d'icelle nous ne deuons attendre qu'inquietudes.

Les elemens, quoy que dispathiques, s'accordent neantmoins pour la conseruation de l'Vniuers, les humeurs contraires pour la manutention des corps, rien, comme poursuit bien au long S. Gregoire Nazienzene en ses Oraisons de la paix, ne peut subsister sans cela, villes, peuples, Eglises, Estats, Empires, le monde vniuersel.

Au desbroüillement du Chaos ceste paix fut publiee.

Hanc Deus, & melior litem natura dirimit.

car auparauant,

Frigida pugnabant calidis, humentia siccis.

Les horloges ne se maintiennent en iustesse que par la consonance des roüages. Il n'est rien plus desagreable qu'vne Musique discordante, qu'vn instrument dont les cordes sont dissonantes, la paix accorde les discordans accords, & range tout en son lieu. *Orig. hom. 26. in Num.*

C'est la conseruatrice des autres vertus, comme les pampres du raisin, sans elle c'est ruiner que bastir, c'est perdre que semer.

Tout present est desagreable à Dieu, voire à l'Autel, si on n'est reconcilié auec son frere Chrestien.

Dés qu'vne muraille commence à s'entr'ouurir, les pierres à se disioindre, le cimét à se descrouter, la liaison à se descoller, la breche est incontinent faite; les ennemis ont entree, nulle-

Hom. 14.
in ep. ad
Cor.

ment, si tout est bien enduit & serré, cecy est de S. Chrysostome.

La paix dit Clement Alexandrin, en ses tapisseries, nous *meine comme par la main à l'eternelle felicité*. Quel profit plus grand sçaurions-nous desirer?

2. Stro.

Elle nous facilite la voye du Ciel, nous eslargit en chemin qui semble si estroit. Oyez Dauid *Statuisti in loco spatioso pedes meos, viam mandatorum tuorum cucurri cùm dilatasti cor meum. Ambulabam in latitudine quia mandata tua exquisiui*, applanit ceste route qu'aucuns trouuent si raboteuse, *facit asperam in vias planas*, oste les contradictions, *pax multa diligentibus legem tuam, & non est illis scandalum*.

IV. Bref, la paix, *omne tulit punctum*, d'autant que, *miscuit vtile dulci*. Elle donne vn auant goust de la future Beatitude: car il est tout asseuré, que s'il y a vn Paradis en ce monde, il consiste en la paix du cœur. C'est ce *regnum cælorum quod est intra nos*.

C'est le placard & l'image de nostre eternel bon-heur.

Ainsi cogneut Alexandre le voisinage, & la proximité des Isles fortunees par leur assentiment.

O qu'il est bon, ioyeux & delicieux, de voir des freres vnis ensemble. C'est l'onguent d'Aaron, symbole de l'honneur de la paix. C'est la rosee d'Hermon, qui descend sur Sion. Marque de sa fecondité, vtilité, & suauité. Et ce parfum d'Aaron va iusques aux extremitez de son vestement: car chacun, iusques aux plus petits, se ressent des fruicts de la paix, & gousté ses delices.

C'est le beau Soleil qui fait esclorre les fleurs, meurir les fruicts, qui concourt auec tout, qui chasse la melancholie, qui tire tous les biens du sein de la terre, & sans qui le monde ne seroit qu'vne caverne sombre, & vne retraicte de brigandages.

Le labourage est aisé, le commerce & trafic libre, les chemins asseurez, la iustice en regne, *opus pacis iustitia*, aussi bien que *iustitiæ pax*.

La lyre, instrument plaisamment harmonieux, estoit emmy les Egyptiens son Hieroglyphe.

Somme, iugez combien le calme est plus gracieux que la tempeste, le repos plus doux que le trauail, le printemps plus amœne que l'hyuer, le iour plus agreable que la nuict, le serain plus plaisant que le nubileux & pluuieux, la santé plus aymable que la maladie, le port plus asseuré que les vagues, la ioye plus delicieuse que la tristesse; & pensez sur tout cela: *Quàm pulchri sunt pedes euangelizantium pacem, euangelizantium bona.*

Croyez moy, mes amis, si Platon a dit que l'Amour estoit l'ame de l'Vniuers, ie peux dire auec plus de verité, qu'il est l'ame & la perfection de la religion Chrestienne.

O combien sommes-nous esloignez de ceste Charité de l'Eglise naissante quand *credentium erat cor vnum, & anima vna*. Beau feu qui vnis les metaux plus disconuenables: Helas! on t'a laissé amortir, resuscitons-le, mes tres chers,

Act. 4.

auec nos plus chauds foufpirs nos plus ardantes affections.

Si iamais l'Eglife eut befoin de l'vnion de fes enfans, c'eft maintenant qu'elle eft de toutes parts attaquee; poiffons ce nauire battu des flots de l'herefie, nous nous fions trop fur ce que cefte barque peut eftre agitee, iamais fubmergee, qui fçait fi nos diuifions ne feront point caufe que Dieu tranfporte, & tranfplante ailleurs fa vigne, s'en allant autre part, pour eftre mal traicté chez nous? l'Eglife Grecque nous fert de miroir.

Ramaffons-nous comme pouffins, fous les aifles de noftre mere.

Serrons nous *comme vne armee bien ordonnee, pour eftre terribles* aux troupes aduerfaires & impenetrables à leurs efforts.

V. és Diuerf. l. 17. cap. 7. Entaffons-nous comme les grains clairs, & vermeils dans la pomme de Grenade, ainfi nous ferons *ficut fragmen mali punici abfque eo quod intrinfecus latet.*

A propos, ce fruict eft couronné, & la fin couronne l'œuure: par où fçaurions-nous donc mieux finir noftre carriere, que par la paix, comble des vertus, l'vnion, mot du guet des Chreftiens, & l'amoureufe Concorde & Charité fraternelle, fommet de la Chreftienne perfection. Trop heureux, fi tant de difcours que ie vous ay faits, vous pouuoient grauer en l'ame cefte fentence, & fa pratique: *Filioli diligite vos inuicem,* clofture de tous les fermons du Difciple bien-aymé.

Or sus, mes plus que tres-chers, il est temps de boucher les canaux, les prez ont assez beu. Ce que i'ay à vous epiloguer aboutit à quatre poincts, le 1. de vous remercier, le 2. de vous offrir, le 3. de vous prier, le 4. de vous recommander.

Quant au premier, nous serons bien tost quittes, car comme ce vous a esté trop d'honneur d'ouyr la parole de Dieu; aussi m'est-ce trop de faueur d'en estre l'Ambassade. Laissons donc là les ceremonies, & les grand mercy.

I.

Ce n'est ny la trompette, ny l'instrument qu'il faut regracier, mais le ioüeur, si i'ay serny d'organe, Dieu a esté le diseur: à luy seul, *grace, honneur, & gloire.*

Vos remerciemens me seroient à vne extréme iniure, car il ne faut pas remercier le Thresorier qui paye de l'argent du Roy ses pensionnaires, la parole que ie vous ay annoncee *n'est pas mienne, mais de Dieu qui m'a enuoyé.* Si vous m'en remerciez comme de la mienne, ie serois ou vn sacrilege, m'arrogeant ce qui est à Dieu, ou vn faux monnoyeur, vous baillant du billon pour de fin or.

Quant à l'offre que ie vous desire faire, elle est de peu, car ie ne suis rien; mais c'est bien neantmoins de tout ce rié que ie suis, ma langue vous est hypothequee, elle n'a que les fruicts & les fueilles: mais voicy le fonds, & les racines que ie vous apporte, c'est mon pauure cœur que ie constituë irreuocablement tout vostre.

II.

Croyez-moy, il est miserable, qu'il ne vaut

pas que vous le receuiez, mais tel qu'il est, c'est tout ce que ie peux offrir à Dieu.

Alexandre refusa la bourgeoisie de Sicyone, puis l'accepta, sçachant que ceste grace auoir esté offerte au seul Hercules.

Tenez pour certain que la langue parle seulement aux oreilles, mais le cœur au cœur, *Loquimini cor Hierusalem*, est il commandé aux predicateurs, si ie ne l'ay fait, le desplaisir m'en reste, si m'y suis ie essayé. Tel qu'il est ie le vous offre, donc cóme vn morceau friand reserué à la bouche du maistre, deu premierement à Dieu, secondement au prochain, seló les loix de la Charité; & en ce cœur ie vous offre tout ce que ie suis. C'est le fonds dont la langue ne vous a presenté que les apports.

III. Quant à la priere que i'ay à vous faire, c'est que vous ne soyez point de ces vains auditeurs que sainct Paul appelle, *prurientes auribus*, qui ne demandent qu'à paistre leurs oreilles, non leur esprit, receuans par l'vne, & vuidans par l'autre.

Vous sçauez que i'ay aussi peu d'eloquence, que d'eau vne pierre ponce, & que *non ambulant in magnis, nec mirabilibus*. Et que, *sermo meus & prædicatio mea, non in persuasibilibus humanæ sapientiæ verbis, sed in ostensione spiritus, & virtutis fuit*.

Sur tout ne ressemblez pas aux Marguilliers, ne destapisez pas vos ames de ces beaux paremens de grace & de deuotion, dont pendant ceste feste vous les auez ornees.

Ne faites pas vne parenthese de ces sainéts iours

iours pour reprendre, iceux paſſez, le mauuais fil de voſtre precedente vie.

N'ayez pas comme ſerpens, vomy voſtre venin pour puis apres le r'engorger. *Pſ.l. 8. 8.*

Ou comme le meſſager, poſé le faix de vos iniquitez, pour ſauter plus aiſément le torrent de ces feſtes, & apres le recharger comme deuant. 39.

Les ſermons comme les baings doiuent deſcraſſer pour eſtre bons, que voſtre inconſtance ne rende pas mes exhortations inutiles.

Quant à la Recommendation. Apres en general vous auoir recommandé les Eſtats Eccleſiaſtic, & Politic en vos prieres. Ie vous coniure par les entrailles de la miſericorde de noſtre Seigneur, d'auoir ſoin de trois choſes. IV.

En 1. lieu d'embraſer voſtre deuotion vers la ſaincte & ſacree Euchariſtie. C'eſt Dieu meſme, c'eſt le gage de noſtre Salut, ame de noſtre ame, obiect de noſtre pieté, centre de la Religion Chreſtienne, myſtere ineffable, abyſme de la diuine charité & bonté.

C'eſt noſtre Arche ſacree noſtre manne ſalutaire, il faut combattre pour elle, comme *pro aris & focis. Hac ara tuebitur omnes.*

Apres le Fils, venerez, aymez, & cheriſſez tendrement la Mere, la Vierge Marie. C'eſt noſtre Palladium, noſtre Azyle, noſtre Cité de refuge, noſtre eſtoille de mer, elle eſt Mere de noſtre Souuerain Pere, & conſequemment noſtre grãde Mere, ayons vers elle vn cœur de petits enfans. Qu'elle ſoit noſtre Mere nourrice, noſtre tutrice, noſtre protectrice.

Dd

En 3.instance, Pensez & repensez, & repensez encores à ceste longue Eternité de l'autre vie, où ceste-cy, qui n'est qu'vn brief passage, nous conduit : *C'est le moment d'où despend nostre eternel bonheur ou malheur.* C'est la fin de nostre course, le blanc de nostre visee, la mer où tendent les ruisseaux de nos actions, en fin, en fin, il faudra venir à ce temps qui n'aura point de fin.

Tremblez vous point seulement, quand ie vous crie à pleine teste *voce, magna, iamais, iamais, le grand iamais.*

Au demeurant, tres-cher troupeau,
Si bene quid de te merui, fuit aut tibi quicquam Dulce meum.

Ie vous demáde, mes oüailles tendres, que vous recommandiez tousiours ma pauure ame à la misericordieuse bonté de IESVS, nostre amour, comme de ma part ie vous desire ses plus fauorables benedictions.

Fin des Homelies Quadragesimales.

APPROBATION DES Docteurs.

NOvs soubs-signez Docteurs en la Faculté de Theologie de Paris, certifions auoir leu les *Homelies Quadragesimales de Messire Iean Pierre Camus, Euesque & Seigneur de Belley*, esquelles n'auons rien trouué qui ne soit conforme à la doctrine de l'Eglise Catholique, Apostolique & Romaine, ains les auons iugees tres-dignes d'estre mises en lumieres. Faict à Paris, le 3. iour d'Auril 1615.

GOHIER.

FORGEMONT.

www.ingramcontent.com/pod-product-compliance
Lightning Source LLC
Chambersburg PA
CBHW070607230426
43670CB00010B/1433